Sinfonica 研究叢書

国際拠点空港が周辺地域に与えた影響
～地域メッシュ統計による人口・産業の分析～

平成 27 年 3 月

公益財団法人　統計情報研究開発センター

研究叢書「国際拠点空港が周辺地域に与えた影響」の正誤情報

Sinfonica 研究叢書「国際拠点空港が周辺地域に与えた影響」の表中データの一部に誤りがありましたので訂正いたします。なお、本修正による分析結果に変更はございません。

● 文章の訂正

該当箇所	誤	正
75頁　7行目	0.93	0.94
131頁　3～4行目	人口総数は2447万人から2746万人へ、世帯数は768万世帯から950万世帯へと増加した。	人口総数は2455万人から2758万人へ、世帯数は770万世帯から953万世帯へと増加した。
134頁　5行目	1.38	1.37
134頁　9行目	1.54	1.53
137頁　14行目	0.88	0.87

● 表の訂正（訂正箇所のみ抜粋）

・71頁　表2-10　製造業事業所数及び構成比の推移

【誤】

事業所数［事業所］	電気機械器具製造業		
	1991年	1996年	2001年
1次メッシュ圏域	7,390	6,618	5,778
構成比［％］	電気機械器具製造業		
	1991年	1996年	2001年
路線5km圏	30.84	30.28	30.04
第3区　岸和田・貝塚	0.68	0.62	0.57
第4区　泉大津・高石	0.72	0.77	0.78
第5区　堺	1.53	1.19	1.16
第6区　大阪市南	6.09	6.13	5.68
第7区　大阪市中心	9.17	8.46	8.31
第8区　大阪市北・吹田	8.44	8.63	8.53
第9区　大阪空港周辺	3.90	4.20	4.78

【正】

事業所数［事業所］	電気機械器具製造業		
	1991年	1996年	2001年
1次メッシュ圏域	7,421	6,649	5,778
構成比［％］	電気機械器具製造業		
	1991年	1996年	2001年
路線5km圏	30.71	30.14	30.04
第3区　岸和田・貝塚	0.67	0.62	0.57
第4区　泉大津・高石	0.71	0.77	0.78
第5区　堺	1.52	1.19	1.16
第6区　大阪市南	6.06	6.11	5.68
第7区　大阪市中心	9.14	8.42	8.31
第8区　大阪市北・吹田	8.41	8.59	8.53
第9区　大阪空港周辺	3.88	4.18	4.78

・71頁　表2-11　製造業従業者数及び構成比の推移

【誤】

従業者数［人］	電気機械器具製造業		
	1991年	1996年	2001年
1次メッシュ圏域	269,826	241,677	220,060
構成比［％］	電気機械器具製造業		
	1991年	1996年	2001年
路線5km圏	22.25	21.81	21.13
第9区　大阪空港周辺	6.28	7.17	6.98

【正】

従業者数［人］	電気機械器具製造業		
	1991年	1996年	2001年
1次メッシュ圏域	269,969	241,820	220,060
構成比［％］	電気機械器具製造業		
	1991年	1996年	2001年
路線5km圏	22.24	21.79	21.13
第9区　大阪空港周辺	6.28	7.16	6.98

・72頁　表2-12（b）　製造業事業所数と従業者数の変化（路線5km圏）

【誤】

相対変化指数	電気機械器具製造業	
	1996年	2001年
事業所数	0.98	0.97

【正】

	電気機械器具製造業	
	1996年	2001年
	0.98	0.98

・74頁　表2-12（d）　製造業事業所数と従業者数の変化（第3区：岸和田・貝塚）

【誤】

相対変化指数	電気機械器具製造業	
	1996年	2001年
事業所数	0.92	0.84

【正】

	電気機械器具製造業	
	1996年	2001年
	0.92	0.85

・75頁　表2-12（g）　製造業事業所数と従業者数の変化（第6区：大阪市南）

【誤】

相対変化指数	電気機械器具製造業	
	1996年	2001年
事業所数	1.01	0.93

【正】

	電気機械器具製造業	
	1996年	2001年
	1.01	0.94

・132頁　表3-1　人口及び世帯数と構成比の推移

【誤】

実数	人口総数[人]			世帯数[世帯]		
	1975年	1980年	1985年	1975年	1980年	1985年
1次メッシュ圏域	24,468,150	25,988,867	27,464,952	7,684,846	8,786,565	9,504,575
構成比	人口総数[%]			世帯数[%]		
	1975年	1980年	1985年	1975年	1980年	1985年
路線5km圏	22.93	21.36	20.47	24.20	22.80	21.80
第1区 成田空港周辺	0.06	0.07	0.07	0.05	0.06	0.07
第2区 成田・富里	0.19	0.27	0.32	0.17	0.26	0.29
第3区 佐倉	0.21	0.27	0.31	0.17	0.22	0.25
第5区 習志野	1.80	1.84	1.91	1.70	1.75	1.79
第6区 市川・船橋	2.11	2.19	2.17	2.03	2.15	2.13
第7区 都区東	3.93	3.63	3.42	4.03	3.67	3.46
第8区 都区北	6.78	5.87	5.40	7.48	6.48	6.00
第9区 都区中心	3.45	3.07	2.84	3.82	3.68	3.44
第10区 都区南	3.37	3.02	2.90	3.82	3.49	3.35

【正】

実数	人口総数[人]			世帯数[世帯]		
	1975年	1980年	1985年	1975年	1980年	1985年
1次メッシュ圏域	24,554,399	26,095,584	27,584,682	7,703,871	8,811,619	9,533,263
構成比	人口総数[%]			世帯数[%]		
	1975年	1980年	1985年	1975年	1980年	1985年
路線5km圏	22.84	21.27	20.38	24.14	22.73	21.74
第1区 成田空港周辺	0.06	0.07	0.07	0.04	0.06	0.07
第2区 成田・富里	0.19	0.27	0.32	0.16	0.26	0.29
第3区 佐倉	0.21	0.27	0.30	0.17	0.22	0.25
第5区 習志野	1.79	1.84	1.90	1.70	1.74	1.79
第6区 市川・船橋	2.10	2.18	2.16	2.03	2.15	2.12
第7区 都区東	3.92	3.61	3.41	4.02	3.66	3.45
第8区 都区北	6.76	5.85	5.37	7.46	6.46	5.98
第9区 都区中心	3.44	3.05	2.82	3.81	3.67	3.43
第10区 都区南	3.36	3.00	2.89	3.82	3.48	3.34

・132 頁　表 3-1　人口及び世帯数と構成比の推移（つづき）

【誤】

実数	年少人口[人]			生産年齢人口[人]			老年人口[人]		
	1975年	1980年	1985年	1975年	1980年	1985年	1975年	1980年	1985年
1次メッシュ圏域	6,011,261	6,143,601	5,700,041	17,057,068	18,067,056	19,613,677	1,374,576	1,743,237	2,132,633
構成比	年少人口[％]			生産年齢人口[％]			老年人口[％]		
	1975年	1980年	1985年	1975年	1980年	1985年	1975年	1980年	1985年
路線5km圏	20.75	19.10	18.42	23.43	21.78	20.69	26.19	24.99	23.85
第1区 成田空港周辺	0.05	0.06	0.08	0.06	0.07	0.07	0.11	0.09	0.09
第2区 成田・富里	0.20	0.31	0.40	0.19	0.26	0.30	0.27	0.27	0.28
第3区 佐倉	0.21	0.31	0.38	0.20	0.25	0.29	0.28	0.29	0.30
第4区 八千代	0.87	1.03	1.00	0.62	0.76	0.81	0.45	0.53	0.60
第5区 習志野	2.14	2.12	2.15	1.72	1.80	1.89	1.23	1.33	1.41
第6区 市川・船橋	2.31	2.36	2.33	2.07	2.17	2.17	1.71	1.78	1.80
第7区 都区東	3.88	3.41	3.12	3.95	3.69	3.48	3.92	3.79	3.70
第8区 都区北	5.51	4.57	4.20	7.06	6.09	5.50	8.91	8.26	7.67
第9区 都区中心	2.52	2.22	2.10	3.64	3.20	2.91	5.08	4.60	4.10
第10区 都区南	2.74	2.41	2.41	3.55	3.16	2.97	3.88	3.68	3.54
第11区 東京空港周辺	0.33	0.30	0.28	0.36	0.33	0.31	0.35	0.36	0.35

【正】

実数	年少人口[人]			生産年齢人口[人]			老年人口[人]		
	1975年	1980年	1985年	1975年	1980年	1985年	1975年	1980年	1985年
1次メッシュ圏域	6,029,692	6,166,110	5,725,335	17,115,417	18,138,348	19,692,332	1,384,035	1,756,058	2,148,220
構成比	年少人口[％]			生産年齢人口[％]			老年人口[％]		
	1975年	1980年	1985年	1975年	1980年	1985年	1975年	1980年	1985年
路線5km圏	20.69	19.03	18.34	23.35	21.69	20.61	26.01	24.81	23.68
第1区 成田空港周辺	0.05	0.06	0.07	0.06	0.07	0.07	0.11	0.09	0.09
第2区 成田・富里	0.20	0.30	0.40	0.19	0.26	0.30	0.26	0.27	0.28
第3区 佐倉	0.21	0.31	0.37	0.20	0.25	0.28	0.28	0.29	0.30
第4区 八千代	0.86	1.03	0.99	0.62	0.76	0.81	0.44	0.53	0.60
第5区 習志野	2.13	2.11	2.14	1.72	1.80	1.88	1.23	1.32	1.40
第6区 市川・船橋	2.30	2.35	2.32	2.06	2.16	2.16	1.70	1.76	1.79
第7区 都区東	3.87	3.40	3.10	3.94	3.67	3.47	3.89	3.76	3.68
第8区 都区北	5.49	4.56	4.18	7.04	6.06	5.47	8.85	8.20	7.61
第9区 都区中心	2.51	2.21	2.09	3.63	3.19	2.90	5.04	4.57	4.07
第10区 都区南	2.73	2.40	2.40	3.54	3.15	2.96	3.85	3.66	3.52
第11区 東京空港周辺	0.33	0.30	0.27	0.36	0.33	0.31	0.35	0.36	0.34

・134 頁　表 3-2（c）　人口及び世帯数の変化（第1区：成田空港周辺）

【誤】

	生産年齢人口		世帯数	
	1980年	1985年	1980年	1985年
相対変化指数	1.14	1.24	1.38	1.54

【正】

	生産年齢人口		世帯数	
	1980年	1985年	1980年	1985年
相対変化指数	1.14	1.23	1.37	1.54

・134 頁　表 3-2（d）　人口及び世帯数の変化（第2区：成田・富里）

【誤】

	年少人口	
	1980年	1985年
相対変化指数	1.54	2.00

【正】

	年少人口	
	1980年	1985年
相対変化指数	1.53	2.00

・135 頁　表 3-2（e）　人口及び世帯数の変化（第3区：佐倉）

【誤】

	老年人口	
	1980年	1985年
相対変化指数	1.03	1.08

【正】

	老年人口	
	1980年	1985年
相対変化指数	1.03	1.07

・135 頁　表 3-2（f）　人口及び世帯数の変化（第 4 区：八千代）

【誤】

	人口総数		生産年齢人口	
	1980年	1985年	1980年	1985年
相対変化指数	1.21	1.25	1.24	1.31

【正】

	人口総数		生産年齢人口	
	1980年	1985年	1980年	1985年
相対変化指数	1.21	1.24	1.23	1.31

・137 頁　表 3-2（j）　人口及び世帯数の変化（第 8 区：都区北）

【誤】

	人口総数	
	1980年	1985年
相対変化指数	0.87	0.80

【正】

	人口総数	
	1980年	1985年
相対変化指数	0.87	0.79

・137 頁　表 3-2（l）　人口及び世帯数の変化（第 10 区：都区南）

【誤】

	世帯数	
	1980年	1985年
相対変化指数	0.91	0.88

【正】

	世帯数	
	1980年	1985年
相対変化指数	0.91	0.87

・138 頁　表 3-2（m）　人口及び世帯数の変化（第 11 区：東京空港周辺）

【誤】

	人口総数		生産年齢人口	
	1980年	1985年	1980年	1985年
相対変化指数	0.91	0.86	0.90	0.85

【正】

	人口総数		生産年齢人口	
	1980年	1985年	1980年	1985年
相対変化指数	0.91	0.85	0.90	0.84

・163 頁　表 3-17（b）　運輸・通信業事業所数と従業者数の変化（路線 5km 圏）

【誤】

	事業所数		従業者数	
	1981年	1986年	1981年	1986年
絶対変化指数	1.54	1.07	1.54	1.04

【正】

	事業所数		従業者数	
	1981年	1986年	1981年	1986年
絶対変化指数	1.54	1.54	1.07	1.04

・200 頁　表 3-33（a）　人口・産業集積の変化と公示地価の変化

【誤】

	夜間人口［人］		
	1975年	1980年	1985年
1 次メッシュ圏域	24,468,150	25,988,867	27,464,952

【正】

	夜間人口［人］		
	1975年	1980年	1985年
	24,554,399	26,095,584	27,584,682

・200 頁　表 3-33（c）　人口・産業集積の変化と公示地価の変化（相対変化指数）

【誤】

	夜間人口	
	1980年	1985年
第4区 八千代	1.21	1.25
第8区 都区北	0.87	0.80
第11区 東京空港周辺	0.91	0.86

【正】

	夜間人口	
	1980年	1985年
第4区 八千代	1.21	1.24
第8区 都区北	0.87	0.79
第11区 東京空港周辺	0.91	0.85

平成 29 年 3 月 31 日
（公財）統計情報研究開発センター
〒101-0051　千代田区神田神保町 3-6
能楽書林ビル 5 階
tel： 03-3234-7471　fax： 03-3234-7472

はじめに

　関西国際空港は、本体事業費だけでも2兆円規模に及ぶ大規模プロジェクトであり、1987年に始まった建設段階から周辺地域の社会経済に大きな影響を及ぼしてきた。そして、1994年9月の開港により運用段階に入ると、年間利用者数1千万人以上の大規模公共施設として、建設段階とは別の側面から周辺地域に多大な影響を及ぼしている。
　一般に、空港のような大規模公共施設が立地することによる周辺地域への影響は、社会経済における影響分野と、空間的な影響範囲の2面から検討されなければならない。
　社会経済への影響は、空港建設においては大規模投資による直接的な生産誘発・雇用創出という側面から、また空港運用時において空港立地による周辺地域のポテンシャル向上、あるいは流通・交流の拠点という空港機能そのものの向上という側面から、それぞれ捉える必要がある。
　一方、空間的な影響範囲は、決して空港周辺だけに限定されるものではなく、むしろ大都市圏における産業・人口の立地状況や、鉄道・道路などの交通網の整備状況によって、複雑な広がりを見せることになると考えられる。

　この研究の目的は、関西国際空港の建設時（運用前）～運用開始直後～現在という時系列の中で、関西国際空港立地が周辺地域に与えた社会経済影響を、定量的に把握することにある。上述のように、その影響分野は産業・経済面、社会・文化面、市民生活面、都市構造面など、広範囲に及ぶものであるが、空港建設時という過去まで遡って（連続性を維持して）入手できる統計データを用いる必要がある。加えて、行政的観点から区分された「市区町村」のような区画単位ではなく、空間的観点から区分された区画単位で得られる統計データでなければ、複雑な空間分布を設定して分析することができない。このような要求に応えるものが、「国勢調査」や「事業所・企業統計調査」（1996年より前の「事業所統計調査」を含む）などの地域メッシュ統計データである。
　具体的には、関西国際空港を中心として近畿圏主要都市との間を結ぶ主要道路沿線地域や鉄道沿線地域に注目し、国勢調査と事業所・企業統計調査の地域メッシュ統計から得られる産業・人口等に関する諸指標の時系列変化を詳細に分析する。また、統計データ以外の分析として、公示地価（1970年から整備され、地域経済状況をはかる指標としても適切である）や施設分布などの指標も取り入れていきたいと考えている。

ところで、我々の一連の研究においては、成田国際空港（1969年着工、1978年開港）立地がその周辺地域に与えた影響の分析を、比較対象として常に平行して行うこととした。これによって、地域メッシュ統計を用いた空間的な分析手法の有効性を、客観的に示すことができると考えたからである。比較対象として中部国際空港（2000年着工、2005年開港）を加えることも検討したが、現時点では開港前後にわたる分析を行うための十分な時系列データが入手できないことから今回は断念し、今後の課題とした。

　ここに挙げた国際拠点空港の正式名称は「関西国際空港」、「成田国際空港」、「中部国際空港」であるが、我々の一連の研究においては、それぞれを「関西空港」、「成田空港」、「中部空港」と省略して呼称することとした。また、各空港の影響圏域を考える際には、"対"になる既設空港「大阪国際空港（伊丹空港）」、「東京国際空港（羽田空港）」、「名古屋飛行場」の存在が重要であり、それぞれを「大阪空港」、「東京空港」、「名古屋空港」と省略して呼称することとした。

平成27年3月

統計分析プロジェクト研究会第1班を代表して

草薙　信照

目　次

はじめに

第1章　研究の概要 ……………………………………………………………… 1

1－1　空港及び空港周辺地域の概要 ………………………………………… 1
　1－1－1　我が国における空港の種類と機能 …………………………… 1
　1－1－2　空港利用の概要 ………………………………………………… 7
　1－1－3　国際拠点空港及び周辺地域の概要 ………………………… 10
　1－1－4　空港影響圏域の考え方と地域メッシュ統計データ ……… 14

1－2　空港立地による経済効果 …………………………………………… 17
　1－2－1　空港立地による経済効果 …………………………………… 17
　1－2－2　空港立地と地域整備 ………………………………………… 18
　1－2－3　空港立地による経済効果の具体例：
　　　　　　関西空港の事例を中心として ………………………………… 20

1－3　空港影響圏域と区間の定義 ………………………………………… 26
　1－3－1　メッシュ統計データの利用に関する基本的な考え方 …… 26
　1－3－2　影響圏域の設定に関する技術的な留意事項 ……………… 27
　1－3－3　空港影響圏域の考え方と分析例 …………………………… 28
　1－3－4　関西空港エリアの路線5km圏と区間分割 ………………… 35
　1－3－5　成田空港エリアの路線5km圏と区間分割 ………………… 37

1－4　その他の技術的課題と解決方法 …………………………………… 39
　1－4－1　1991年事業所統計調査における運輸業と通信業の推計 … 39
　1－4－2　1982年以前の公示地価に関するアドレスマッチング …… 43

第2章　関西空港エリアに関する分析 ………………………………………… 49

2－1　国勢調査メッシュデータの分析 …………………………………… 49
　2－1－1　人口と世帯の集積 …………………………………………… 51
　2－1－2　年齢3区分別人口及び世帯数の集積 ……………………… 53

2－2　事業所・企業統計メッシュデータの分析 ………………………… 61
　2－2－1　全産業の集積 ………………………………………………… 62
　2－2－2　製造業の集積 ………………………………………………… 70
　2－2－3　運輸・通信業の集積 ………………………………………… 79
　2－2－4　卸売・小売業の集積 ………………………………………… 88

2－3　公示地価の分析・・　98
　　2－3－1　公示地価の概要・・・・・・・・・・・・・・・・・・・・・・・・・・・・・・・・・　98
　　2－3－2　住宅地価の分析・・・・・・・・・・・・・・・・・・・・・・・・・・・・・・・・・　99
　　2－3－3　商業地価の分析・・・・・・・・・・・・・・・・・・・・・・・・・・・・・・・・ 103
　　2－3－4　工業地価の分析・・・・・・・・・・・・・・・・・・・・・・・・・・・・・・・・ 107
　　2－3－5　公示地価に関するまとめと考察・・・・・・・・・・・・・・・・・ 111
　2－4　人口・産業集積と地価との関連・・・・・・・・・・・・・・・・・・・・・・・ 115
　　2－4－1　分析の考え方・・・・・・・・・・・・・・・・・・・・・・・・・・・・・・・・・・ 115
　　2－4－2　人口集積と公示地価・・・・・・・・・・・・・・・・・・・・・・・・・・・ 118
　　2－4－3　産業集積と公示地価・・・・・・・・・・・・・・・・・・・・・・・・・・・ 120
　　2－4－4　まとめと考察・・・・・・・・・・・・・・・・・・・・・・・・・・・・・・・・・・ 124

第3章　成田空港エリアに関する分析・・・・・・・・・・・・・・・・・・・・・・・ 129
　3－1　国勢調査メッシュデータの分析・・・・・・・・・・・・・・・・・・・・・・・ 129
　　3－1－1　人口と世帯の集積・・・・・・・・・・・・・・・・・・・・・・・・・・・・・ 131
　　3－1－2　年齢3区分別人口及び世帯数の集積・・・・・・・・・・・・・ 133
　3－2　事業所統計メッシュデータの分析・・・・・・・・・・・・・・・・・・・・・ 143
　　3－2－1　全産業の集積・・・・・・・・・・・・・・・・・・・・・・・・・・・・・・・・・ 144
　　3－2－2　製造業の集積・・・・・・・・・・・・・・・・・・・・・・・・・・・・・・・・・ 152
　　3－2－3　運輸・通信業の集積・・・・・・・・・・・・・・・・・・・・・・・・・・・ 161
　　3－2－4　卸売・小売業の集積・・・・・・・・・・・・・・・・・・・・・・・・・・・ 170
　3－3　公示地価の分析・・・・・・・・・・・・・・・・・・・・・・・・・・・・・・・・・・・・ 180
　　3－3－1　公示地価の概要・・・・・・・・・・・・・・・・・・・・・・・・・・・・・・・ 180
　　3－3－2　住宅地価の分析・・・・・・・・・・・・・・・・・・・・・・・・・・・・・・・ 181
　　3－3－3　商業地価の分析・・・・・・・・・・・・・・・・・・・・・・・・・・・・・・・ 187
　　3－3－4　工業地価の分析・・・・・・・・・・・・・・・・・・・・・・・・・・・・・・・ 191
　　3－3－5　公示地価に関するまとめと考察・・・・・・・・・・・・・・・・・ 195
　3－4　人口・産業集積と地価との関連・・・・・・・・・・・・・・・・・・・・・・・ 199
　　3－4－1　分析の考え方・・・・・・・・・・・・・・・・・・・・・・・・・・・・・・・・・ 199
　　3－4－2　人口集積と公示地価・・・・・・・・・・・・・・・・・・・・・・・・・・・ 202
　　3－4－3　産業集積と公示地価・・・・・・・・・・・・・・・・・・・・・・・・・・・ 204
　　3－4－4　まとめと考察・・・・・・・・・・・・・・・・・・・・・・・・・・・・・・・・・ 208

第4章　関西空港エリアと成田空港エリアの比較 ･････････････････････ 211
　4－1　比較に際して考慮すべき諸条件 ･･････････････････････････ 211
　4－2　人口集積の比較 ･･ 213
　4－3　産業集積の比較 ･･ 215
　　4－3－1　全産業の集積 ････････････････････････････････････ 215
　　4－3－2　製造業の集積 ････････････････････････････････････ 217
　　4－3－3　運輸・通信業の集積 ･･････････････････････････････ 218
　　4－3－4　卸売・小売業の集積 ･･････････････････････････････ 219
　4－4　公示地価の比較 ･･ 220
　　4－4－1　住宅地価の変動 ･･････････････････････････････････ 220
　　4－4－2　商業地価の変動 ･･････････････････････････････････ 222
　　4－4－3　工業地価の変動 ･･････････････････････････････････ 223
　4－5　人口・産業集積と地価との関連の比較 ････････････････････ 224
　　4－5－1　夜間人口と住宅地価の比較 ････････････････････････ 224
　　4－5－2　卸売・小売業従業者数と商業地価の比較 ････････････ 226
　　4－5－3　製造業従業者数と工業地価の比較 ･･････････････････ 227

第5章　まとめと今後の課題 ･･････････････････････････････････････ 229
　5－1　空間情報的アプローチの有効性 ･･････････････････････････ 229
　5－2　分析手法の有効性 ･･････････････････････････････････････ 229
　5－3　今後の課題 ･･ 230

執筆者一覧

統計分析プロジェクト研究会　研究班1

主　査	草薙　信照	大阪経済大学　情報社会学部　教授	
		（第1章、第2章、第3章、第4章、第5章）	
委　員	山内　芳樹	一般財団法人　関西空港調査会　参与	
		（第1章、第2章、第3章）	
〃	辻本　勝久	和歌山大学　経済学部　教授	
		（第2章、第3章）	
研究員	新井　郁子	公益財団法人　統計情報研究開発センター	
		（第2章、第3章）	
〃	西内　亜紀	公益財団法人　統計情報研究開発センター	
		（第2章、第3章）	

第1章　研究の概要

1－1　空港及び空港周辺地域の概要

1－1－1　我が国における空港の種類と機能
(1)　空港の種類

　空港とは、誕生してからまだ1世紀余りの歴史しかない航空機が、離発着するための交通施設のことである。「空港」に似た言葉としては「飛行場」がある。空港と飛行場とはどこが違うのか。日本の法律＝「空港法[1]」では、公共の用に供する飛行場を「空港」としている。したがって、一般市民が利用しておらず、特定の個人や企業などの利用者に限定された飛行場は、法律的には空港ではない。

　我が国には、2014年4月現在で97の供用中の空港が存在しており、これらの空港は「拠点空港」、「地方管理空港」、「共用空港」、「その他空港」に分けられる。「拠点空港」はさらに設置管理者により、「会社管理空港」、「国管理空港」、「特定地方管理空港」に分けられる（図1-1、表1-1）。

　首都圏、関西圏、中部圏の三大都市圏において、後から新規整備された成田国際空港、関西国際空港、中部国際空港は、いずれも会社管理空港である。

　さらに、2012年7月の関西国際空港と大阪国際空港の経営統合に伴い、大阪国際空港は国管理空港から会社管理空港になった。

　国管理空港は、国土交通大臣が設置及び管理運営する空港で、19空港あり、国内で最大の航空旅客数（国際＋国内）の東京国際空港のほか、会社管理空港以外で新千歳、福岡、那覇など国内の重要な空港の多くが含まれている。

　地方管理空港は、地方公共団体が設置及び管理する空港で、54空港あるが、そのうち34空港が離島の空港である。

　共用空港は、米軍または自衛隊が設置及び管理運営しているが民間も利用する空港で、8空港ある。このうち、千歳空港は、民間との共用ではあるが、隣接する新千歳空港供用時に民間利用は新千歳空港に移転したため、実質的に自衛隊のみの利用となっている。

　これらの空港種類の区分に基づいて、空港施設整備の国の負担割合が定められている。

　また、定期路線のない空港は、2014年6月現在で12空港あるが、運航期間が限定された不定期路線のほか、報道・測量・遊覧等の民間航空、警察・消防等の公共航空、企業・個人の自家用機などに利用されているところもある（表1-2）。

---

[1] 昭和31年法律第80号

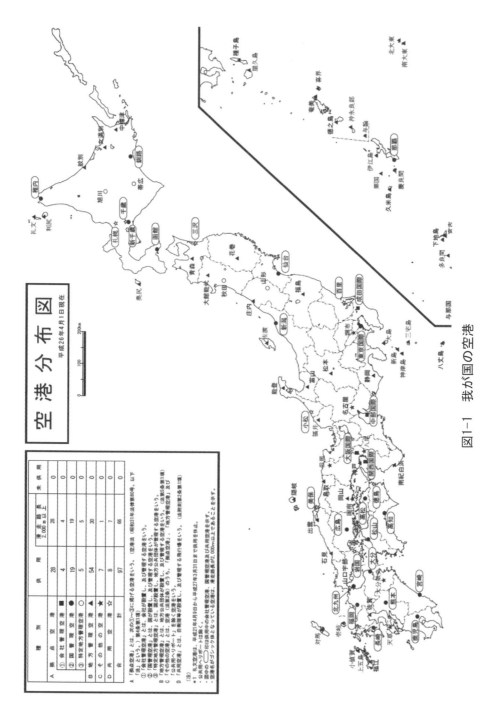

図1-1 我が国の空港

出典：国土交通省「空港分布図」（2014年4月1日現在）

表1-1　我が国の空港の種別と空港数

種別	設置管理者		空港名	空港数
拠点空港 （国際航空輸送網 または国内航空輸送 網の拠点となる 空港）	会社 （会社管理空港）		成田国際 中部国際 関西国際、大阪国際	4
	国 （国管理空港）		東京国際	19
			新千歳、稚内、釧路、函館、仙台、新潟、 広島、高松、松山、高知、福岡、北九州、 長崎、熊本、大分、宮崎、鹿児島、那覇	
	設置：国 管理：地方公共団体 （特定地方管理空港）		旭川、帯広、秋田、山形、山口宇部	5
地方管理空港 （国際航空輸送網 または国内航空輸送 網を形成する上で 重要な役割を果たす 空港）	地方公共団体		利尻、礼文、奥尻、中標津、紋別、女満別、 青森、花巻、大館能代、庄内、福島、大島、 新島、神津島、三宅島、八丈島、佐渡、富山、 能登、福井、松本、静岡（2009年6月供用）、 神戸、南紀白浜、鳥取、隠岐、出雲、石見、 岡山、佐賀、対馬、小値賀、福江、上五島、 壱岐、種子島、屋久島、奄美、喜界、徳之島、 沖永良部、与論、粟国、久米島、慶良間、 南大東、北大東、伊江島、宮古、下地島、 多良間、新石垣（2013年3月供用）、波照間、 与那国	54
その他の空港	国		八尾	1
	地方公共団体		調布、名古屋、田島、周南、天草、大分県央	6
共用空港	自衛隊		千歳、札幌、小松、美保、徳島、 茨城（2010年3月供用）	8
	米軍		三沢、岩国（2012年12月供用）	
			合計	97

資料：各空港のホームページより作成（2014年4月1日現在）

表1-2　定期路線のない空港

空港名	空港種別	設置管理者	定期便休止時期	備考
礼文	地方管理空港	北海道	2003/3/31	2009年4月19日から2015年3月31日まで供用中止
福井	地方管理空港	福井県	1976/3/31	1976年3月31日で羽田便が運休
小値賀	地方管理空港	長崎県	2006/3/31	2006年3月31日で長崎便が運休
上五島	地方管理空港	長崎県	2006/3/31	2006年3月31日で長崎便が運休
慶良間	地方管理空港	沖縄県	2006/3/31	2014年4月26日よりアイラス航空が 那覇～慶良間へのヘリチャーター運航
粟国	地方管理空港	沖縄県	2009/5/31	2009年6月より第一航空が不定期便開始 2014年6月ダイヤでは3便/日（那覇～粟国）
伊江島	地方管理空港	沖縄県	1977/2/5	2008年10月で那覇便（チャーター）が運休 2014年4月よりアイラス航空がヘリチャーター運航
下地島	地方管理空港	沖縄県	1994/7/22	パイロットの訓練用空港
波照間	地方管理空港	沖縄県	2007/12	2008年10月で石垣便（不定期）が運休
岡南	その他の空港	岡山県	1988/3/11	1988年3月11日から羽田便が岡山空港に移転
大分県央	その他の空港	大分県	定期便就航なし	農道空港として整備
八尾	その他の空港	国	定期便就航なし	ゼネラルアビエーションの拠点

資料：各空港のホームページより作成(2014年6月1日現在)

戦後一貫して供用空港の数は増加してきたが、近年国内航空需要の低迷に加え、空港を運営する地方公共団体の財政悪化に伴う維持管理費負担などの問題から、2009年8月に我が国で初めて弟子屈空港が供用廃止となり、その後、2012年11月に広島西飛行場（同日「広島ヘリポート」として供用開始）、2013年3月に枕崎空港が供用廃止となっている。また、2013年3月に新空港の供用に伴い石垣空港が供用廃止になっている（表1-3）。

　以下では、国際拠点空港「関西国際空港」、「成田国際空港」、「中部国際空港」を、それぞれ「関西空港」、「成田空港」、「中部空港」と省略して呼称し、各空港の影響圏域を考える際に必要な"対"となる既設空港「大阪国際空港（伊丹空港）」、「東京国際空港（羽田空港）」、「名古屋飛行場」を、それぞれ「大阪空港」、「東京空港」、「名古屋空港」と省略して呼称することとした。

表1-3　供用廃止空港の概要

空港名	設置管理者	供用廃止年月	廃止後の使途
弟子別	北海道川上郡弟子屈町	2009年9月	未利用
広島西	広島県	2012年11月	広島ヘリポート（2012年11月供用開始）
石垣	沖縄県	2013年3月	・新石垣空港の供用に伴い供用廃止 ・跡地利用計画策定中
枕崎	鹿児島県枕崎市	2013年3月	メガソーラ（大規模太陽光発電所） →2013年8月起工

資料：各空港のホームページより作成(2013年12月31日現在)

(2) 空港の機能と施設

　航空機の利用者が少なく、基本的には滑走路だけあれば良かった昔とは異なり、年間数百万人〜数千万人の旅客や数百万トンの貨物を取り扱う現在の拠点的な大規模空港には多くの機能・施設がある。

　空港の基本的な機能は、図1-2のように「離着陸機能」、「航空機サービス機能」、「貨客取扱機能」、「空港管理運営機能」の四つに大別され、それぞれ様々な施設で成り立っている。ただし、すべての空港が同じ機能・施設を有しているのではなく、空港が取り扱う旅客・貨物の規模、国際線の有無などによって、必要な施設は空港ごとに異なっている。

　第1の機能は、「離発着機能」である。航空機の離発着のための施設として、滑走路、誘導路のほか、旅客の乗降、貨物の積み卸しのための駐機スペース、安全な離発着をサポートする通信・照明・気象関係の航空保安施設がある。

　第2の機能は、「航空機サービス機能」であり、駐機している間に、次のフライトのため、機体の整備・点検、給油、資材の補給などを行う施設がある。

　第3の機能は、「貨客取扱機能」である。これには、旅客の搭乗手続きのカウンター、保安検査場、出発・到着ロビー、時間待ちの旅客のための飲食・物販のほか、様々なサービスを提供する利便施設が必要である。国際旅客にはCIQと言われる税関(Customs)、出入国審査（Immigration）、検疫（Quarantine）などの施設がある。また、航空貨物の積み卸しのための作業を行う貨物上屋、輸出入貨物の手続きを行う税関・検疫などの施設もある。

　第4の機能は、「空港管理運営機能」である。これには、空港全体の運営を行う空港運営体の事務所のほか、警備、管制などの官公庁の施設、空港全体のエネルギー、上下水道、廃棄物の供給や処理を行う施設がある。

　その他の空港の機能としては、世界的に観光需要が拡大するにつれて、空港が所在する国や地域の玄関口としてのシンボリックな機能、地域の物産販売・展示などの地域経済の振興拠点機能、観光情報の提供・案内などの観光拠点機能等を期待されるようになっている。さらに、大規模災害時において、道路・鉄道等の陸上輸送ルートが確保できていない段階で、災害地へ救援・救急のための人員・支援物資を輸送するなど、防災拠点としての機能も重要である。

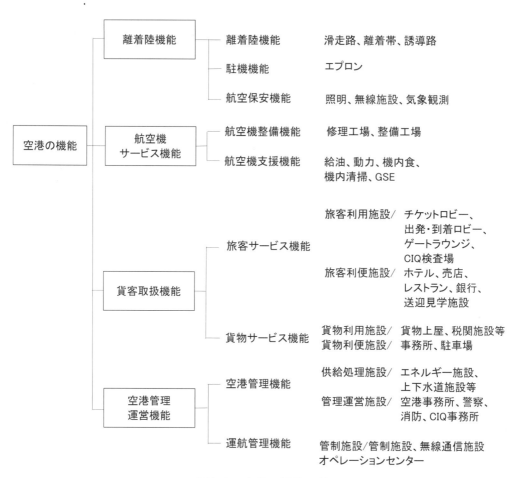

図1-2　空港の機能別施設

出典：(株)月刊同友社「2007　エアポート・ハンドブック」P50

1-1-2 空港利用の概要
(1) 航空輸送の現状

近年の世界の航空旅客輸送を見ると、テロ、紛争、感染症、経済不況などのイベントリスクによる一時的な落ち込みや停滞はあるものの、ほぼ右肩上がりの成長・拡大を続けてきている（図1-3）。

一方、日本の旅客輸送は、2000年度までは漸増していたが、2000年度以降は停滞し、特に国内旅客は2007～2011年度では5年連続で前年度マイナスとなっていた（図1-4）。2012年度以降は、国内線へのLCC[2]の新規参入により増加に転じている。

図1-3　世界の航空旅客輸送実績（定期航空会社）の推移

図1-4　日本の航空旅客輸送実績の推移

---
[2] ロー・コスト・キャリア（Low Cost Carrier：低費用航空会社）の略称

(2) 空港利用の現状

日本における空港別の国際旅客、国内旅客の取り扱い実績を見ると、拠点空港の取扱量が圧倒的なシェアを占めている。なかでも、国際旅客では成田空港がほぼ半分、国内旅客では東京空港が3割強を占め、2位以下に大きな差をつけている（図1-5）。一方、国際旅客では関西空港が第2位で2割を占め、国内旅客では大阪空港が第5位、関西空港が第6位を占めており、関西圏の空港のポテンシャルは小さくない（図1-6）。

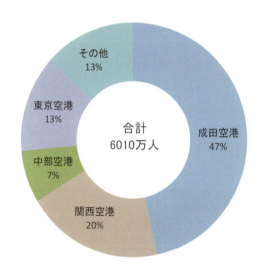

図1-5　日本の空港別国際旅客の乗降客数割合（2013年度）

資料：「空港管理状況調書」
（国土交通省）より作成

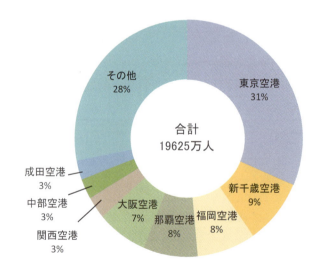

図1-6　日本の空港別国内旅客の乗降客数割合（2013年度）

資料：「空港管理状況調書」
（国土交通省）より作成
（注）人数及び割合は各空港の乗降客数の単純合計より算出した

また、関西空港、大阪空港、神戸空港の関西三空港について、空港別国際・国内別旅客数の1993〜2013年度における推移を見ると、関西空港開港前の1993年度から2000年度までは、関西空港の国際、大阪空港の国内を中心に漸増していたが、米国同時多発テロ、イラク戦争等の影響により2003年度まで減少し、神戸空港が本格稼働する2006年度まで再び増加した。

　その後は、リーマンショック（2009年）や東日本大震災（2011年）などの影響もあって、2011年度まで、三空港とも減少したが、関西空港を拠点とするピーチ航空などのLCC就航の増加、景気の回復、入国ビザの緩和などから、2012年、2013年度と2年連続で関西空港を中心として増加している（図1-7）。

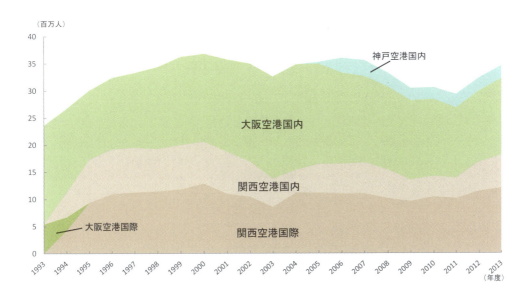

図1-7　関西圏3空港の空港別国際・国内別旅客の乗降客数の推移

資料：関西空港/関西国際空港（株）
　　　大阪空港・神戸空港/空港管理状況調書より作成

１－１－３　国際拠点空港及び周辺地域の概要
(1) 国際拠点空港の概要

　我が国における三つの国際拠点空港について、各空港の諸元を表 1-4 に、平面図を図 1-8 に示した。

　関西空港は近畿圏において、大阪空港の増加する負担と騒音問題を軽減するための新空港として計画されたもので、1987 年 1 月に着工し、1994 年 9 月に開港した。開港当初は滑走路が 1 本（3,500m）で面積は 510ha であったが、現在では滑走路は 2 本で面積は 1,055ha であり、2013 年度の国際旅客数（乗客＋降客＋通過客）は 1190 万人で、国内第 2 位となっている。

　一方、成田空港は、首都圏において、東京空港の増加する負担を軽減するための新空港として計画されたもので、1969 年 9 月に着工し、1978 年 5 月に開港した。開港当初はやはり滑走路が 1 本（4,000m）で面積は 550ha であったが、現在では滑走路は 2 本で面積は 1,145ha、2013 年度の国際旅客数（同）は 2795 万人で、国内第 1 位となっている。

　先の両空港と同様に、中部空港は、東海圏において、名古屋空港に代わる新たな国際空港として計画されたもので、2000 年 8 月に着工し、2005 年 2 月に開港した。現在の滑走路は 1 本（3,500m）で面積は 470ha あり、2013 年度の国際旅客数（同）は 431 万人で、国内第 4 位となっている。

表 1-4　国際拠点空港の諸元

	関西空港	成田空港	中部空港
位置	泉州沖約5kmの海上	千葉県成田市	常滑市沖2kmの海上
設置管理者	新関西国際空港(株)	成田国際空港(株)	中部国際空港(株)
資本金	3000億円	1000億円	837億円
第1次整備着工時期	1987年1月	1969年9月	2000年8月
開港	1994年9月	1978年5月	2005年2月
第1期事業費	1兆4582億円 (注1)	2830億円 (注2)	6431億円 (注3)
面積	1,055 ha	1,145 ha	470 ha
滑走路	3,500m×1 4,000m×1	4,000m×1 2,500m×1	3,500m×1
利用時間	24時間	6:00〜23:00	24時間
2013年度利用実績 (注4)	・着陸回数　6.7万回 ・国際旅客　1190万人 ・国内旅客　607万人 ・国際貨物　64.7万トン ・国内貨物　2.4万トン	・着陸回数　11.4万回 ・国際旅客　2795万人 ・国内旅客　518万人 ・国際貨物　198.6万トン ・国内貨物　4.5万トン	・着陸回数　4.5万回 ・国際旅客　431万人 ・国内旅客　540万人 ・国際貨物　14.7万トン ・国内貨物　3.1万トン

資料：各空港会社資料及び各種資料より作成（いずれも2013年9月時点）
(注1)「翔べ世界へ－関西国際空港株式会社10年史」(1995年6月，関西国際空港㈱) より、
　　　平成6年12月時点の総事業費
(注2)「関西国際空港の事業推進方策に関する検討会議に関する運営および調査研究」
　　　(2001年3月，関西国際空港全体構想推進協議会) より、1966〜1977年度の事業費
(注3)「中部国際空港整備事業事後評価対応方針」(2012年2月，中部国際空港㈱) より
(注4)「平成25年空港管理状況調書」(国土交通省) より、旅客は乗降客数(通過客を含む)、貨物は積卸量

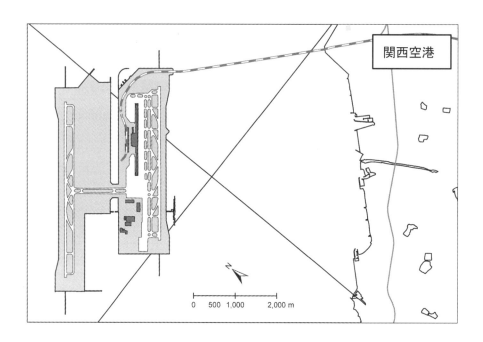

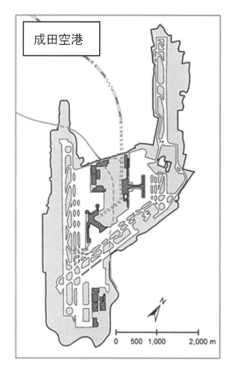
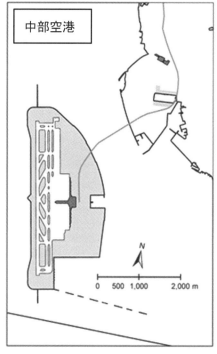

図 1-8　国際拠点空港の平面図（すべて同縮尺）

(2) 国際拠点空港周辺地域の概要

三つの国際拠点空港について、それぞれの周辺地域を都道府県単位で定義した上で、社会経済指標を整理して表1-5に示した。

関西空港の周辺地域を近畿2府4県と考えると、地域内の人口2089万人は日本総人口（1億2777万人）の16.3％を占め、地域内の全産業事業所数95.9万事業所は日本全体（591.1万事業所）の16.2％を、GDP 80兆8750億円は日本全体（513兆4608億円）の15.8％を占める。

また、成田空港の周辺地域を南関東1都3県と考えれば、地域内の人口3448万人は日本総人口の27.0％を占め、地域内の全産業事業所数142.9万事業所は日本全体の24.2％を、GDP 162兆5426億円は日本全体の31.7％を占める。

同様に、中部空港の周辺地域を東海4県と考えれば、地域内の人口1502万人は日本総人口の11.8％を占め、地域内の全産業事業所数72.6万事業所は日本全体の12.3％を、GDP 67兆3613億円は日本全体の13.1％を占める。

表1-5　国際拠点空港周辺地域の社会経済指標

	関西空港	成田空港	中部空港
周辺地域の定義	近畿2府4県 滋賀，京都，大阪， 兵庫，奈良，和歌山	南関東1都3県 埼玉，千葉，東京， 神奈川	東海4県 岐阜，静岡，愛知， 三重
面積	2万7336.8 km²	1万3556.8 km²	2万9341.9 km²
人口総数	2089万3067 人	3447万8903 人	1502万1270 人
一般世帯数	814万5316 世帯	1423万2114 世帯	545万4146 世帯
全産業事業所数	95万9382 事業所	142万9170 事業所	72万5807 事業所
全産業従業者数	938万709 人	1665万6804 人	737万4570 人
GDP	80兆8750億 円	162兆5426億 円	67兆3613億 円
人口密度	764.3 人/km²	2,543.3 人/km²	511.9 人/km²
1人当たりGDP	387.1 万円/人	471.4 万円/人	448.4 万円/人

資料：人口と世帯数は国勢調査(2005年)、事業所数と従業者数は事業所・企業統計調査(2006年)、面積(2005年)とGDP(2005年度)は「社会生活統計指標 基礎データ」より

1−1−4　空港影響圏域の考え方と地域メッシュ統計データ

　前項のように空港周辺地域を都道府県単位で定義すると、空間的な影響範囲の分析は、同じく行政的観点から区分された市区町村単位で行うしかない。しかしながら、実際の影響範囲は産業・人口の立地状況や交通網の整備状況などの要因によって、行政区分に縛られることなく複雑な空間的広がりを見せることになる。そこで、我々は、先の空港周辺地域とは別に、緯度・経度に基づく区画である地域メッシュを用いて、空港周辺地域を定義しなおすこととした。

　我が国の地域メッシュ体系では、まず緯度を40分間隔、経度を1度間隔で区分した区画を第1次地域区画（1次メッシュ）とする。これを縦横に8等分ずつ区分したものを第2次地域区画（2次メッシュ）、これを、さらに縦横に10等分ずつ区分したものを第3次地域区画（3次メッシュ）とする。特に、第3次地域区画は、基準地域メッシュあるいは1kmメッシュとも呼ばれ、鉄道沿線や高速道路沿線などの圏域を設定して分析するのに適している。

　ところで、我が国では、2001年6月に測量法が改正され、2002年4月から、測地規準系は日本測地系（旧測地系）から世界測地系（新測地系）に改訂されている。それ以降は、地域メッシュ統計の分野でも世界測地系によるデータ整備が進んでいるものの、今のところ、1995年以降のデータに限定されている。我々の一連の研究では、関西空港については1990〜2000年[3]、成田空港については1975〜1985年[4]という時系列での比較分析を考えていることから、日本測地系に基づく地域メッシュ統計データのみを用いることとした。ここでは、地域メッシュに基づく国際拠点空港の周辺地域（分析の母集団）を「1次メッシュ圏域」と呼ぶこととし、次のように定義した（図1-9を参照、4桁の数字は日本測地系に基づく1次メッシュコード）。

　・関西空港の1次メッシュ圏域；5135、5235
　・成田空港の1次メッシュ圏域；5339、5340
　・中部空港の1次メッシュ圏域；5236、5237

---

[3] 国勢調査は1990年、1995年、2000年のデータ、事業所・企業統計調査は1991年、1996年、2001年のデータを用いた（1991年は事業所統計調査）。
[4] 国勢調査は1975年、1980年、1985年のデータ、事業所統計調査は1975年、1981年、1986年のデータを用いた。

このように定義したことの理由として、次の三点を挙げることができる。
① 前節で示した都道府県単位に基づく周辺地域の定義とほぼ一致する。
② 三つの圏域がすべて二つの1次メッシュで構成され、ほぼ同じ大きさになる。
③ 各空港の影響を考える際に"対"となるべき既設空港が含まれる。

次に、それぞれの圏域に関する社会経済指標を表1-6に整理した。前項で示した周辺地域の人口や事業所数などと比べると、関西空港の1次メッシュ圏域は80%以上をカバーしており、逆に空港の影響が届きにくいと考えられる地域を除外することができている。同様に成田空港の1次メッシュ圏域は90%以上を、中部空港の1次メッシュ圏域は約70%をカバーできていることがわかる。

以上のことから、1次メッシュ圏域を分析の母集団として、例えば「〇〇鉄道沿線5km圏」のような空港影響圏域を1kmメッシュ単位で抽出して設定し、空港運用の前後における統計指標を比較すれば、空港立地による地域への影響を定量的に把握できることがわかる。

表1-6　国際拠点空港の1次メッシュ圏域に関する社会経済指標

	関西空港	成田空港	中部空港
1次メッシュ	5135, 5235	5339, 5340	5236, 5237
2次メッシュ数　国勢調査	123	107	126
事業所・企業統計調査	123	108	126
人口総数	1734万8406 人　(83.0)	3164万0859 人　(91.8)	1020万6583 人　(67.9)
一般世帯数	691万5248 世帯　(84.9)	1319万9198 世帯　(92.7)	375万3844 世帯　(68.8)
全産業事業所数	77万9289 事業所　(81.2)	131万3750 事業所　(91.9)	46万8055 事業所　(64.5)
全産業従業者数	783万2202 人　(83.5)	1565万0042 人　(94.0)	517万7577 人　(70.2)

資料：人口と世帯数は国勢調査(2005年)、事業所数と従業者数は事業所・企業統計調査(2006年)、
　　　カッコ内の数字は「周辺地域」(表1-5)の値を100としたときの割合

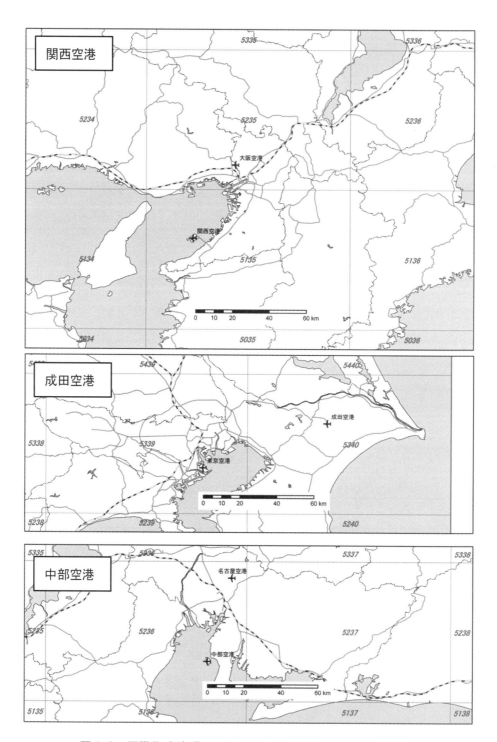

図1-9　国際拠点空港の1次メッシュ圏域（すべて同縮尺）

1-2 空港立地による経済効果

1-2-1 空港立地による経済効果

　空港が整備され、供用が開始された段階において、どのような経済効果があるのだろうか。

　空港の立地及び供用による直接的な経済効果には、大きく分けて、航空路線・便数の増加による航空サービスの向上による効果と、空港内の事業所・施設の稼働による効果の2つがある。

　航空サービスの向上による効果とは、交通施設である空港の本来的な機能による効果であり、航空利用者は時間短縮や費用節約などの便益を得ることができる。

　もうひとつの空港内事業所・施設の稼働による効果とは、具体的には、来港する人・車の流出入、これらの事業所・施設で働く従業者の雇用、施設で提供される財・サービスを来港者が利用することで生じる消費などの効果である。また、空港施設が立地する自治体には、空港の土地・建物に係る固定資産税、事業所・従業者に係る事業税・住民税などの税収効果もある。

　空港への立地・供用による交通利便性向上、来港者増加、空港内従業者増加、空港内消費額増加等の直接的な経済効果が、空港を含む周辺地域の居住条件、企業立地条件などの地域ポテンシャルの変化や関連産業の生産増加などをもたらし、その結果、空港周辺地域の人口増加、企業増加のほか、都市機能向上や地域構造の変化などの間接的な効果を生み出す。間接効果で増加した人口・企業にかかる間接的な税収効果もある。

　なお、間接的効果は直接的効果と比較して、広がりが大きい反面、効果が出るまでに時間を要する。このため、景気動向やほかの大規模プロジェクトなど、他の社会経済的な影響との重複や打ち消しがあるため、独自の効果を区別して抽出することは難しい。

　空港の立地及び供用によるその他の効果としては、空港施設の建設事業の実施に伴う財・サービスの支出による事業効果と言われる経済効果があり、政府が景気浮揚対策として用いる社会資本投資効果がこれに当たる。空港本体のほか、空港関連施設として、アクセス交通施設や、空港内事業所従業者用の住宅施設等の建設事業もある。

１－２－２　空港立地と地域整備
（１）成田空港と地域整備

　成田空港は、高度経済成長期において急増する首都圏の航空需要への対応のため、1963年の航空審議会の答申に基づき、1969年に整備着手し、1978年5月に開港したものである。航空審議会の諮問から答申まで4ヶ月、答申から整備運営主体（新東京国際空港公団）設立まで3年弱、答申から着工まで6年という驚異的なスピードで整備事業は進められたが、開港直前に反対派の管制塔占拠という事件により、開港は2ヶ月近く延期された。

　成田空港の関連施設整備では、周辺地域の公共施設整備を総合的・計画的に実施するため、国が主導で「成田財特法（成田国際空港周辺整備のための国の財政上の特別措置に関する法律）」（1970年3月制定）を成立させ、通常よりも補助率の嵩上げを行うとともに、上記財特法に基づき、「成田国際空港周辺地域整備計画」を策定した。この周辺地域整備計画の対象は、アクセス道路、鉄道などのほか、成田ニュータウンの整備、教育施設整備、農業施設整備など地域振興事業もあるが、空港周辺地域における影響対策事業的な性格が強い。

（２）関西空港と地域整備

　関西空港は、大阪空港の抜本的な騒音問題の解決と、近畿圏の将来的な航空需要増への対応を目的として、1971年に航空審議会に諮問され、1974年8月に泉州沖を最適位置とする答申を受け、1984年に整備運営主体（関西国際空港株式会社）を設立し、1987年に整備着手し、1994年9月に開港したものである。答申から着工まで実に13年の時間を要している。

　成田空港を教訓として地元の理解と協力を得るため、事業の具体化前の段階で、国土交通省（当時の運輸省）は、3点セット（空港計画案、環境影響評価案、地域整備の考え方）と言われる資料を地元に示すという周到な手続きを行った。

　関西空港の関連施設整備では、周辺地域におけるアクセス交通施設などの空港機能の補完・支援を目的とする基盤的な公共施設の総合的・計画的な整備を行うため、国は「関西国際空港関連施設整備大綱」を1985年12月に決定し、事業の基本方針を示した。整備大綱に取り上げられた施設の事業規模（1985年から開港まで）は、計画時点で約2兆4800億円（1992年に3兆4300億円に変更）に達した。整備大綱の概算事業費のうち、約7割に当たる1兆7800億円がアクセス道路の事業費であった（表1-7）。

　さらに、整備大綱を踏まえ、空港機能を活用した地域振興を主たる目的とする地域整

備事業について、大阪府が「関西国際空港関連地域整備計画」を、和歌山県が「関西国際空港地域整備計画」をそれぞれ1986年12月に策定し、総合的・計画的な整備を推進した。

このように関西空港の関連施設整備においては、国だけでなく、地方公共団体も加わり、関西空港の整備を契機にして、長期低落傾向にあった関西圏の圏域構造の強化、都市機能の向上等の国土レベル・圏域レベルの地域整備を進めようとしたことは特筆すべきことである。

表1-7 関西空港関連施設の概算事業費　　（単位：億円）

項目	概算事業費（大綱策定時）	概算事業費（1992年8月更新時）	備考
アクセス交通施設関係	18,900	25,600	
道路	17,800	23,800	
鉄道	700	1,000	
その他	400	800	海上アクセス施設 交通安全、市街地開発
アクセス以外の基盤施設関係	5,700	8,400	
住宅地、公園、下水道、水道	2,700	3,600	
河川総合開発、河川・砂防・海岸	1,000	1,100	
その他	2,000	3,700	漁業・農業施設 空港対岸部整備
行政サービス施設関係	200	300	警察・海上保安施設 消防・救急業務施設
合計	24,800	34,300	

資料：国土庁資料より作成

1-2-3　空港立地による経済効果の具体例：関西空港の事例を中心として
(1) 空港内事業所と従業者

　図1-2で示した「離着陸」、「航空機サービス」、「貨客取扱」、「空港管理運営」などの空港機能を発揮するため、空港内には様々な事業所・施設があり、その事業所・施設では多くの従業者が働いている。このような空港内事業所における従業者の雇用効果は、空港の設置・運用による経済効果として、目に見えるという点で非常にわかりやすい直接的な効果のひとつである。

　我が国の国際線乗降客の約2割を取り扱う関西空港では、2011年11月の調査で空港内事業所は320事業所、同従業者は約12,400人となっている。なお、関西空港の空港内事業所従業者数は、開港後から1999年調査までは微増して、約18,500人に達していたが、それ以降の調査では漸減している。特に、1999年～2005年の間に3千人以上の空港内従業者が減少した要因としては、米国同時多発テロ（2001年）、イラク戦争（2003年）、鳥インフルエンザ（2005年）などの国際イベントによる国際航空需要の減少があげられる。また、我が国における航空規制緩和（2000年、需給調整規則廃止、事業参入・運賃規制撤廃）を受けた航空会社間の競争激化による経営効率化、路線選別化等による国内航空需要の減少や管理機能等の縮小などによって航空会社（航空運送事業）の従業者数が減少したことも大きく影響したものとみられる（図1-10、図1-11）。

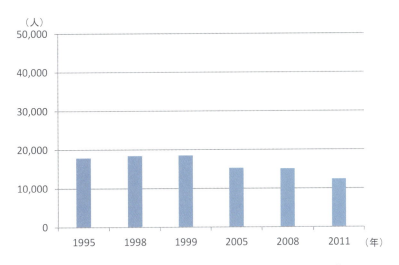

図 1-10　関西空港の空港内事業所従業者数の推移

資料：関西国際空港（株）資料より作成

図 1-11　関西空港の業種別空港内事業所従業者数割合

資料：関西国際空港（株）資料より作成

前述のように関西空港の周辺地域が、空港内事業所を中心とする事業所の集積によって、大きな雇用効果を享受した一方で、国際線が関西空港に全面移転し、国内線も一部移転となった大阪空港においては、空港内事業所の従業者数は大幅に減少し、経済的には大きな落ち込みが生じた。運輸省調査5によれば、関西空港開港前の1994年4月時点で218事業所、従業者数約18,000人であったのが、開港後の1996年7月時点では126事業所、従業者数約8,200人へと、ほぼ半減したのである。

　ところで、我が国の国際線乗降客の約半数を取り扱う成田空港では、2011年11月調査で空港内事業所は648事業所、従業者数は約39,000人で、関西空港の3倍強となっている。成田空港と関西空港の2011年度の航空旅客数が、それぞれ2540万人と1330万人であることから、空港内従業者数は航空旅客数以上の開きがある。

　なお、過去の従業者調査においては漸増であった成田空港の従業者数も、2011年では初めて減少に転じるとともに、2008年からの従業者の減少数も約9,700人（2008年調査の全従業者数の2割）と大きなものとなった（図1-12）。その要因としては、航空旅客数が2008年～2011年度で減少したことに加え、成田空港を拠点としていた日本航空が2010年に経営破たんしたことによる人員整理や、東京空港における2010年からの国際定期便供用開始等の影響があったものとみられる。

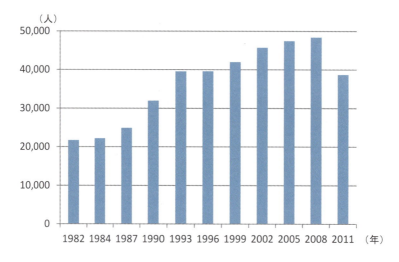

図1-12　成田空港の空港内事業所従業者数の推移

資料：成田国際空港（株）資料より作成

5　「大阪国際空港地域活性化調査　報告書」（1997年11月、運輸省航空局）

(2) 空港周辺地域における人口・産業集積

　大規模国際拠点空港の周辺地域においては、空港内事業所による雇用効果は非常に大きい。関西空港の場合、空港内事業所が存在する3市町（泉佐野市、泉南市、田尻町）では、開港前後における従業者数の伸びが、泉州地域全体あるいは大阪府全体、全国と比較して際立って大きいことから、空港内従業者の雇用効果は、比較的狭い地域に集中していることがわかる（図1-13、図1-14）。

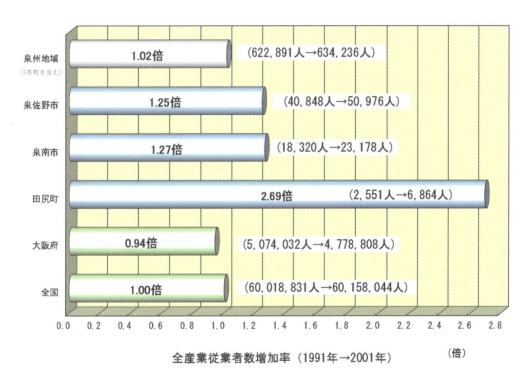

全産業従業者数増加率（1991年→2001年）　（倍）

図1-13　泉州地域及び3市町における全産業従業者数の伸び

資料：総務省統計局「事業所・企業統計調査」より作成

　さらに、「1－2－1　空港立地による経済効果」において指摘したように、空港内事業所従業者の増加等の直接効果が、地域の居住条件や企業の立地条件を向上させ、人口や事業所が増加するとともに、地方公共団体には人口、事業所増加に係る住民税、固定資産税等の税収増加などの間接的な経済効果も生み出す（図1-15、図1-16）。

　実際、関西空港の開港前後における3市町の人口及び固定資産税の伸びをみると、大

阪府下のほかの地域や全国と比べても、大きく上回っている。なお、3市町では、空港島やりんくうタウンの造成により、行政区域面積そのものが増加している。

ただし、これら3市町は、空港の設置・運用によるプラスの経済効果だけを享受してきたわけではなく、埋め立て造成事業による海面の消失、空港アクセス交通を中心とした交通量増加による沿道の生活環境の悪化など、マイナスの影響も受けている。また、関連施設事業の市町負担や、地方公共団体独自の地域振興事業の実施などによって、地方公共団体の財政需要は大きく膨らみ、その結果、泉佐野市は、2008年度決算から財政破たんの懸念のある「財政健全化団体」となった。

図1-14　泉州地域及び3市町の位置

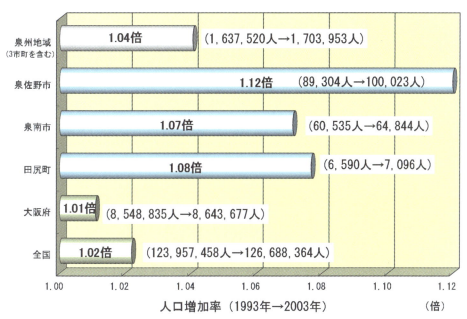

図1-15　泉州地域及び3市町における人口の伸び
　　資料：(公財)国土地理協会「住民基本台帳人口要覧」より作成

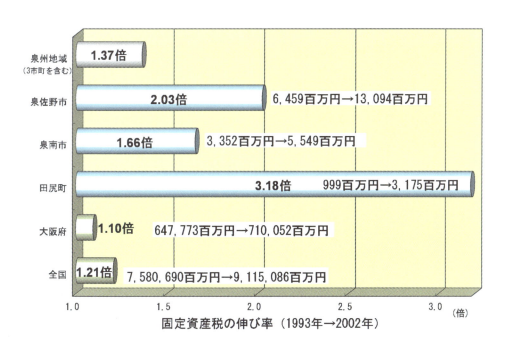

図1-16　泉州地域及び3市町における固定資産税の伸び
　　資料：(一財)地方財務協会「市町村別決算状況調」より作成
　　　　　(公財)大阪府市町村振興協会「自治大阪」1994年12月号より作成

1－3　空港影響圏域と区間の定義

1－3－1　メッシュ統計データの利用に関する基本的な考え方

　一般に、空港のような大規模プロジェクトが立地したことによる空間的な影響範囲の分析は、行政的観点から区分された都道府県～市区町村単位で行われることが多い。しかしながら現実の影響範囲は、人口・産業の立地状況や交通網の整備状況などの要因によって、行政区分に縛られることなく複雑な空間的広がりを見せることになる。そこで、我々は緯度・経度に基づく区画である地域メッシュを用いて、空港が影響を与える圏域（以下、「空港影響圏域」という）を定義することとした。

　具体的には、地域メッシュに基づく空港周辺地域（分析の母集団）を「1次メッシュ圏域」と呼ぶこととし、次のように定義した（図1-9を参照、4桁の数字は1次メッシュコード）。

- ・関西空港の1次メッシュ圏域；5135、5235
- ・成田空港の1次メッシュ圏域；5339、5340
- ・中部空港の1次メッシュ圏域；5236、5237

　そして、空港を中心とする10km圏や鉄道沿線の5km圏、高速道路沿線の5km圏などの圏域を設定して分析する際には、1kmメッシュ（3次メッシュと同義）を用いる。

　ところで、我が国では2001年6月に測量法が改正[6]され、2002年4月に測地規準系が日本測地系（旧測地系）から世界測地系（新測地系）に改訂されている。それ以降は、地域メッシュ統計の分野でも世界測地系によるデータ整備が進んでいるものの、今のところ1995年以降のデータに限定されている。

　我々の一連の研究では、関西空港については1990～2000（2001）年、成田空港については1975～1985（1986）年という時系列での比較分析を行うことから、日本測地系（旧測地系）に基づく地域メッシュ統計データに統一して用いることとした。

---

[6] 国土地理院「測量法」：http://www.gsi.go.jp/LAW/jgd2000-AboutJGD2000.htm

1－3－2　影響圏域の設定に関する技術的な留意事項

例として、ある1点を中心とする同心円状の圏域として10km圏を定義し、その中に存在するすべての1kmメッシュを抽出する方法を考えてみよう。空間情報処理を行う際には様々な前提条件と設定項目があり、それを誤ると正確な分析ができない。ここで、我々の分析と経験から導かれた留意事項を整理して示す[7]。

■ 座標系

まず、作業時の表示に用いる座標系によって、生成される10km圏の精度に差が生まれることを知っておかなければならない。基本的に、地理座標系を用いて表示した状態で10km圏を生成すると、中心から外縁部までの距離は不正確であり、投影座標系を用いて表示した状態で10km圏を生成すると距離の精度が高くなる。具体的には、大阪〜名古屋付近ではUTM座標系53帯を、東京付近ではUTM座標系54帯を採用すればよい[8]。

■ 測地系

次に、空間情報処理において「10km圏内にある1kmメッシュ」を抽出する場合を考えてみよう。このとき、10km圏のことをソースレイヤ、1次メッシュ圏域内にある1kmメッシュ群のことをターゲットレイヤと呼ぶ。本研究では、すべての地域メッシュ統計データ（ターゲットレイヤに相当）を日本測地系としていることから、ソースレイヤも日本測地系に基づくものとして作成しておかなければならない。

■ 空間検索

また、様々な抽出方法（空間検索方法）を評価した結果、「ターゲットレイヤの重心がソースレイヤ内にある」という条件が最も適切であることがわかっており、以下のすべての分析ではこの方法を用いている。

---

[7] 我々の一連の研究では、空間情報処理のツールとしてArcGIS 10.x（ESRI社）を使用しており、専門用語や名称はそのツールに準じて用いている。
[8] 平面直角座標系を用いて表示した場合でも、同等の精度が得られる。具体的には大阪付近では第6系、名古屋付近では第7系、東京付近では第9系を用いるとよい。

１－３－３　空港影響圏域の考え方と分析例
（１）三種類の影響圏域の考え方

　空港影響圏域の考え方として最も一般的なものは、空港を中心とする同心円状の圏域である。関西空港の場合、空港そのものが海岸線から 4km 以上離れていることと、0～5km 圏を設定してもその中に含まれる人口や産業の規模が小さすぎることから、空港対岸部にある「りんくうタウン駅（南海電鉄）」を中心とする同心円状圏域として、0～10km 圏と 10～15km 圏を設定した。同様に、大阪空港についても「大阪空港駅（大阪モノレール）」を中心とする同心円状圏域として、0～10km 圏と 10～15km 圏を設定した（図 1-17）。

　次に、鉄道路線に沿う圏域を考えてみよう。鉄道路線の中心線からの距離に基づいて、0～5km 圏、5～10km 圏のように帯状の圏域を設定することができる。ここではまず、関西空港とその「対」に当たる大阪空港に着目し、両空港間を結び、かつ大阪都市圏を通過する鉄道ルートを設定する。

　具体的には、南海・関西空港駅～南海・難波駅＝[徒歩]＝地下鉄御堂筋線・難波駅～同・梅田駅＝[徒歩]＝阪急・梅田駅～同・蛍池駅＝[直結]＝大阪モノレール・蛍池駅～同・大阪空港駅、というルート（総延長 61.0km）である。そして、このルートの中心線からの距離に基づく帯状の圏域として、0～5km 圏と 5～10km 圏を設定した（図 1-18）。

　高速道路に沿う圏域は、鉄道路線に沿う圏域と同様に考えることができる。しかしながら、関西空港と大阪空港に着目して、両空港間を結ぶ高速道路ルートを設定すると、先の鉄道ルートとほぼ重なってしまう。そこで、鉄道ルートとほぼ並行して内陸部を貫く、近畿自動車道～阪和自動車道を基準にすることとした。

　具体的には、近畿自動車道・吹田 JCT～松原 JCT～阪和自動車道・海南 IC というルート（総延長 100.8km）である。そして、このルートの中心線からの距離に基づく帯状の圏域として、0～5km 圏と 5～10km 圏を設定した（図 1-19）。

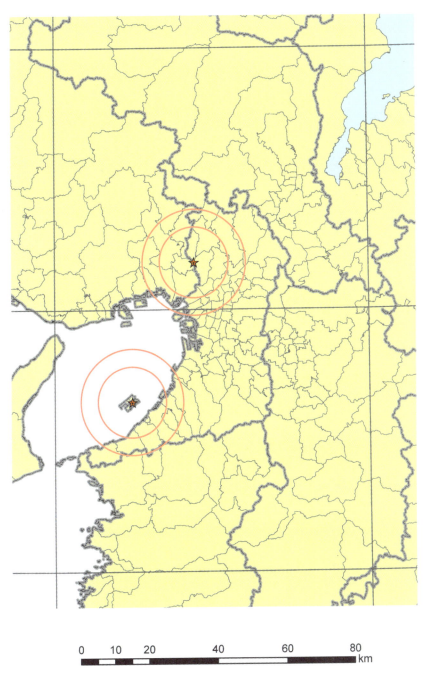

図1-17　関西空港及び大阪空港の同心円状圏域10km圏、15km圏

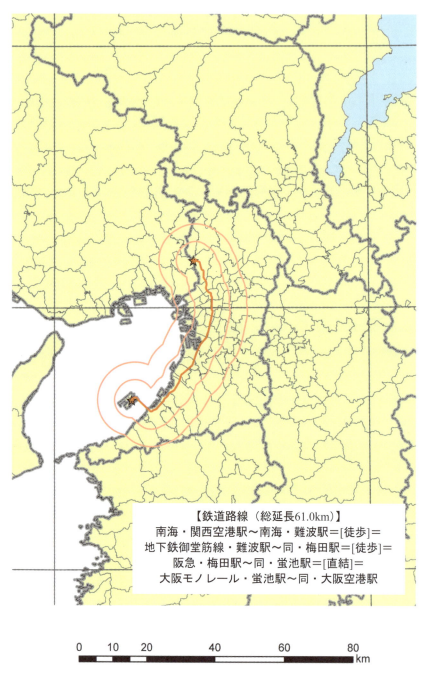

図1-18　関西空港と大阪空港を結ぶ鉄道路線の沿線5km圏、10km圏

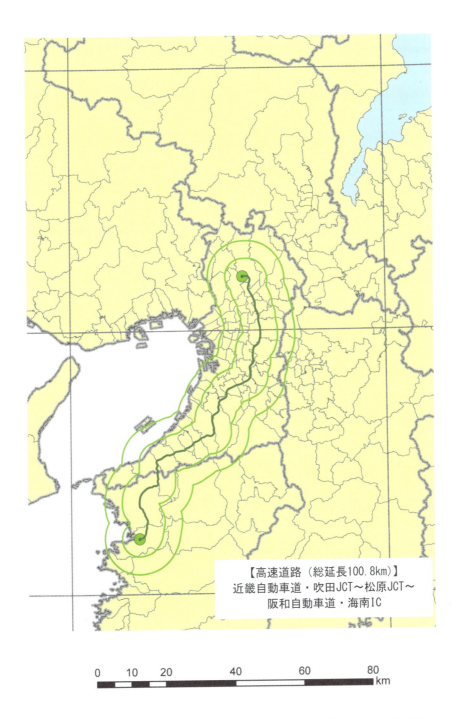

図1-19 関西空港と大阪空港を結ぶ高速道路の沿線5km圏、10km圏

(2) 絶対変化指数と相対変化指数

　1990～2000年というのは、我が国のバブル経済がほぼ頂点に達した時点に始まり、それが突然崩壊し、その後長期にわたる低迷が続く期間とほぼ一致する。つまり、多くの経済指標がマイナス成長する中で、空港立地によってプラスに転じた指標を見出すことは極めて困難である。そこで、ベース（分析の母集団）となる1次メッシュ圏域における指標がマイナス成長する中でも、マイナスの度合が相対的に小さければ、プラスの影響を見出すことができたと評価する方法を提案する。

　ここでは例として、事業所・企業統計調査の1kmメッシュデータ（日本測地系、1991年・1996年・2001年）より、全産業及び運輸・通信業の事業所数を用いた分析の手順と結果を紹介する（研究経過の中では従業者数の分析も行っており、概ね事業所数と似た傾向であることが見出されている）。

　具体的な分析方法としては、圏域ごとの事業所数を1991年値＝1.00とする値に変換して「絶対変化指数」を求める。この値が、1次メッシュ圏域計の変化指数よりも大きければ、その圏域には相対的にプラスの影響が、逆に小さければ相対的にマイナスの影響があったことがわかる。このような評価を行う際に、1次メッシュ圏域計の変化指数を1.00する値に変換した「相対変化指数」を用いることは有効である。相対変化指数の値が1.00よりも大きければ、その圏域には相対的にプラスの影響が、逆に小さければ相対的にマイナスの影響があったことがわかる。

（3）分析結果と評価

　上で設定した三つの影響圏域別に、事業所数の変化を分析した結果を表 1-8 に示す。相対変化指数に注目すると、全産業については、関西空港の同心円状圏域においてプラスの影響が見られるほかは、目立った変化はない。運輸・通信業については、関西空港の同心円状圏域においてプラスの影響が顕著に見られるのに対して、大阪空港の同心円状圏域ではマイナスの影響が現れているのが特徴的である。

　これらの結果から、二つの空港を中心とする同心円状圏域の重要性が見えてくる。しかし、同心円をどんどん広げていくと、一方では大阪都心部を含みながら、他方では空港とはほぼ無関係な地域を含んでしまうという矛盾が生じてくるので、評価が難しくなっていく。

　鉄道沿線圏域については、相対変化指数にあまり目立った変化がないように見えるが、この圏域の両端は、上で示した同心円状圏域と重なっている。そして上述のように、運輸・通信業については関西空港側でプラス、大阪空港側ではマイナスの影響が見られることがわかっている。

　高速道路沿線圏域については、相対変化指数にやや変化があるように見えるものの、ここで設定したルートでは 10km 圏でも大阪都心部と重ならない。つまり、空港機能と都市機能の関係を見るには不適切な圏域である。

　以上のことから、この研究では、関西空港と大阪空港を両端に持つ鉄道沿線圏域に注目し、同圏域内をいくつかの区間に分割して分析することとした。ちなみに、2001 年の全産業事業所数を見ると、同 0～5km 圏には 1 次メッシュ圏域のうち 36.1%の事業所が集積しているので、空港立地による影響を見る上では、十分な規模の圏域であるといえる。この圏域のことを、以下では単に「路線 5km 圏」と呼ぶこととする。

表1-8 影響圏域別にみた事業所数と変化指数（関西空港エリア）

				事業所数[事業所]			絶対変化指数		相対変化指数	
				1991年	1996年	2001年	1996年	2001年	1996年	2001年
全産業	同心円状	関西空港	0〜10km圏	18,873	19,628	18,774	1.04	0.99	1.07	1.11
			10〜15km圏	12,547	12,310	11,275	0.98	0.90	1.01	1.00
		大阪空港	0〜10km圏	111,661	108,360	98,682	0.97	0.88	1.00	0.98
			10〜15km圏	173,876	169,296	153,215	0.97	0.88	1.00	0.98
	鉄道沿線		0〜5km圏	356,710	345,637	310,343	0.97	0.87	1.00	0.97
			5〜10km圏	140,595	138,774	126,258	0.99	0.90	1.02	1.00
	高速道路沿線		0〜5km圏	221,896	220,584	200,977	0.99	0.91	1.02	1.01
			5〜10km圏	257,471	252,672	227,739	0.98	0.88	1.01	0.98
	1次メッシュ圏域計			955,675	929,337	858,963	0.97	0.90	1.00	1.00
運輸・通信業	同心円状	関西空港	0〜10km圏	369	587	619	1.59	1.68	1.62	1.73
			10〜15km圏	316	371	368	1.17	1.16	1.20	1.20
		大阪空港	0〜10km圏	2,517	2,304	2,356	0.92	0.94	0.93	0.96
			10〜15km圏	5,491	5,413	5,043	0.99	0.92	1.00	0.95
	鉄道沿線		0〜5km圏	9,313	9,279	9,017	1.00	0.97	1.01	1.00
			5〜10km圏	4,863	4,738	4,718	0.97	0.97	0.99	1.00
	高速道路沿線		0〜5km圏	7,298	7,162	7,007	0.98	0.96	1.00	0.99
			5〜10km圏	5,389	5,583	5,551	1.04	1.03	1.05	1.06
	1次メッシュ圏域計			26,126	25,659	25,361	0.98	0.97	1.00	1.00

注）「絶対変化指数」は1991年値を1.00としたときの値、
　　「相対変化指数」は1次メッシュ圏域計の絶対変化指数を1.00とする値に変換したものである。

1−3−4　関西空港エリアの路線 5km 圏と区間分割

前項で設定した関西空港エリアにおける路線 5km 圏は帯状の細長い圏域なので、これを 9 つの区間に分割して、1 次メッシュ圏域計との比較・分析を行う。区間分割をする際には、空間的にほぼ同じ大きさにするとともに、地域特性（空港周辺、都心部など）とも対応付けができるよう工夫する必要がある。具体的な手順は次のとおりである。

① 関西空港駅−大阪空港駅間の路線ルートを定義する（前節で定義済み）。
② この路線ルートを、均等に 8 分割する（各区間は約 7.6 km になる）。
③ 分割した区間ごとに 5km 圏を描く。
④ 二つの空港を中心とする 5km 圏を描く。
⑤ 関西空港側から順に第 1 区～第 4 区を、大阪空港側から順に第 9 区～第 6 区を形成する。
⑥ 残った中央の区間を第 5 区とする。

以上の手順に従って区間分割を行った結果を図 1-20 に示す。便宜上、各区には「関西空港島」、「大阪市中心」、「大阪空港周辺」など、地名とほぼ一致する名称を与えている。このようにして得られる 9 区画の面積は、65.8～78.5 km^2（平均 74.2 km^2）となっている。

関西空港エリアにおける 1km メッシュ 1 つの平均面積は、概ね 1.06 km^2 である。つまり、上で定義した路線 5 km 圏内の各区画には平均約 70 個の 1km メッシュが含まれることになり、統計処理を行って比較分析するには十分なサンプル数である。

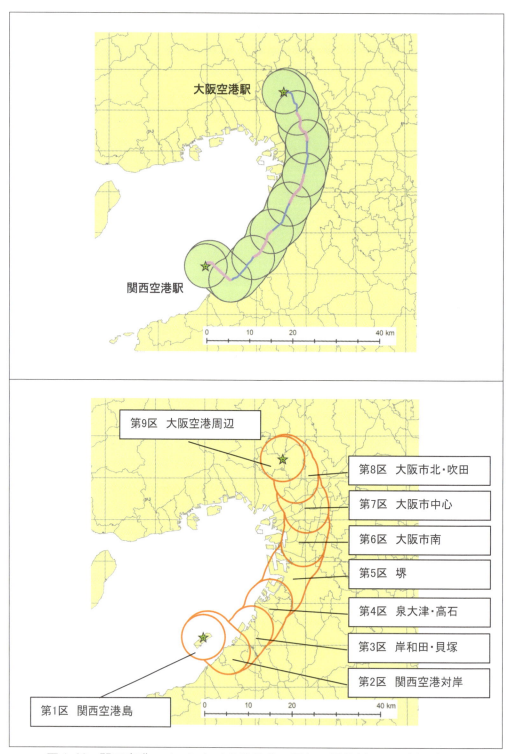

図 1-20 関西空港エリアにおける路線 5km 圏と区間分割（UTM 座標系 53 帯）

1-3-5 成田空港エリアの路線 5km 圏と区間分割

　この研究において比較対象として位置付けている成田空港エリアについても、成田空港と東京空港に着目して両空港間を結び、かつ東京都市圏を通過する鉄道ルートを設定した。

　具体的には、京成・成田空港駅〜同・日暮里駅＝[直結]＝JR・日暮里駅〜同・浜松町駅＝[直結]＝東京モノレール・浜松町駅〜同・羽田空港第2ビル駅、というルート（総延長 88.7 km）である。

　そして、このルートの中心線から 5km の距離にあたる帯状の圏域として成田空港エリアにおける路線 5km 圏を設定し、これを 11 の区間に分割して、1次メッシュ圏域計との比較・分析を行う。区間分割をする際の具体的な手順は次のとおりである。

① 成田空港駅－東京空港駅間の路線ルートを定義する（定義済み）。
② この路線ルートを、均等に 10 分割する（各区間は約 8.7 km になる）。
③ 分割した区間ごとに 5km 圏を描く。
④ 二つの空港を中心とする 5km 圏を描く。
⑤ 成田空港側から順に第1区〜第5区を、東京空港側から順に第11区〜第7区を形成する。
⑥ 残った中央の区間を第6区とする。

　以上の手順に従って区間分割を行った結果を図 1-21 に示す。便宜上、各区には「成田空港周辺」、「都区中心」、「東京空港周辺」など、地名とほぼ一致する名称を与えている。このようにして得られる 11 区画の面積は、75.1〜102.2 km^2（平均 87.9 km^2）となっている。

　成田空港エリアにおける 1km メッシュ 1 つの平均面積は、概ね 1.06 km^2 である。つまり、上で定義した路線 5km 圏内の各区画には平均約 83 個の 1km メッシュが含まれることになり、統計処理を行って比較分析するには十分なサンプル数である。

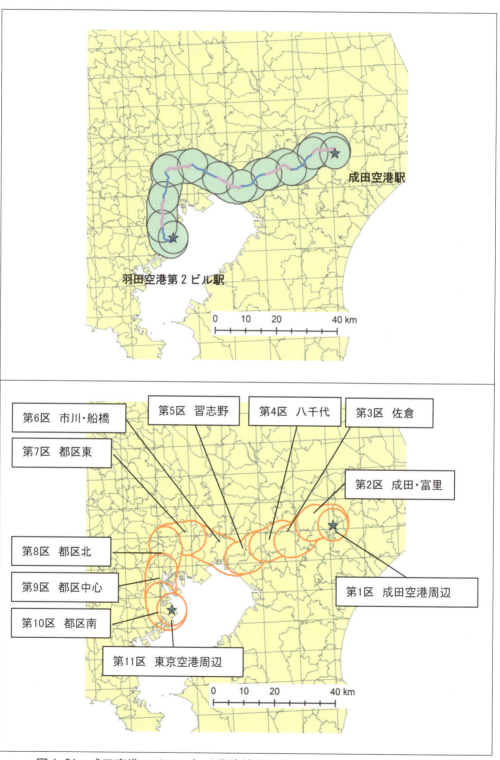

図 1-21 成田空港エリアにおける路線 5km 圏と区間分割（UTM 座標系 54 帯）

1-4 その他の技術的課題と解決方法

1-4-1 1991年事業所統計調査における運輸業と通信業の推計
(1) 事業所・企業統計調査における業種分類

空港立地による社会経済への影響を見る上で、運輸業は最も重要な業種である。しかし、1kmメッシュ単位でデータを得ようとすると、困難に直面する。

表1-9に示すように、1996年以降の事業所・企業統計調査においては、地域メッシュ統計でも産業中分類に基づくデータ取得が可能である。ところが、1991年以前の事業所統計調査においては、市区町村別データとして産業中分類別が用意されているものの、地域メッシュ統計データとしては産業大分類別しか用意されていない。

そこで、関西空港エリアの分析対象となっている1991年値については、市区町村別に用意されている産業中分類データを用いて、地域メッシュ統計にある産業大分類「運輸・通信業」を、空港立地による直接的な影響があると考えられる「運輸業」と、間接的な影響に留まると考えられる「通信業」の二つに分離するための推計作業を行うこととした。

表1-9 事業所・企業統計調査における「運輸・通信業」分類の変遷

調査年	1975年	1981年	1986年	1991年	1996年	2001年
市区町村別	J 運輸・通信業(60～67) 60 鉄道業 61 道路旅客運送業 62 道路貨物運送業 63 水運業 64 航空運輸業 65 倉庫業 66 運輸に附帯するサービス業 67 通信業		H 運輸・通信業(40～47) 40 鉄道業 41 道路旅客運送業 42 道路貨物運送業 43 水運業 44 航空運輸業 45 倉庫業 46 運輸に附帯するサービス業 47 通信業		H 運輸・通信業(39～47) 39 鉄道業 40 道路旅客運送業 41 道路貨物運送業 42 水運業 43 航空運輸業 44 倉庫業 45 運輸に附帯するサービス業 46 郵便業 47 電気通信業	
地域メッシュ統計	J 運輸・通信業 (産業大分類のみ)		H 運輸・通信業 (産業大分類のみ)		同上(産業中分類まで)	

※1975～1991年は「事業所統計調査」、1996～2001年は「事業所・企業統計調査」

(2) 推計作業の手順

推計の目標は、1kmメッシュデータが存在しない1991年の「運輸業」(中分類の「鉄道業」から「運輸に附帯するサービス業」まで)と、「通信業」(「郵便業」を含む)の、事業所数と従業者数を推計することにある。

基本的な考え方は、ある1kmメッシュがどの自治体(市区町村)に該当するかを特定すれば、当該自治体における1991年と1996年との比と、その1kmメッシュにおける1996年値を基に、1991年の値を推計することができるというものである。具体的には、以下のような手順で推計及び検証を行った(事業所数も従業者数も全く同じ手順で推計できるため、ここでは業種名のみを記した)。

① 1kmメッシュと自治体との対応付け

　　ある1kmメッシュをMとし、Mの中で最大面積を占める自治体をXとする。この作業を、1次メッシュ圏域内にあるすべての1kmメッシュについて行う。

② 自治体Xにおける91年／96年比の計算

　　自治体Xについて、次式により91年／96年比を算定する。この作業を、1次メッシュ圏域と重なるすべての自治体について行う。

・運輸の91年／96年比 $Rx_{運輸} = 運輸x_{91} \div 運輸x_{96}$
・通信の91年／96年比 $Rx_{通信} = 通信x_{91} \div 通信x_{96}$

③ 1kmメッシュMの一次推計値

　　1kmメッシュMについて、1996年の実績値と②で求めた91年／96年比から、1991年の一次推計値を得る。この作業を、すべての1kmメッシュについて行う。

・$運輸_{M91}' = 運輸_{M96} \times Rx_{運輸}$
・$通信_{M91}' = 通信_{M96} \times Rx_{通信}$
・$合計_{M91}' = 運輸_{M91}' + 通信_{M91}'$

④ 1kmメッシュMの二次推計値

　1kmメッシュMについては、既知の合計値（運輸・通信業の値）がある。これを合計$_{M91}$とし、③で求めた合計$_{M91}$'との比S_Mを用いて、一次推計値の誤差を修正した二次推計値を得る。この作業を、すべての1kmメッシュについて行う。

・運輸$_{M91}$" ＝運輸$_{M91}$'×S_M
・通信$_{M91}$" ＝通信$_{M91}$'×S_M
・合計$_{M91}$" ＝運輸$_{M91}$"＋通信$_{M91}$"
（合計$_{M91}$"＝合計$_{M91}$）

⑤ 1kmメッシュMの最終推計値

　1996年における通信業の1kmメッシュ合計値（表1-10の[B]）と自治体合計値（表1-10の[A]）の比をもとに、1991年における通信業の1kmメッシュ合計値（目標値）を設定する。この値と二次推計値の1kmメッシュ合計値との比$R_{目標値}$を、1kmメッシュMの通信業の二次推計値に乗じて、通信業の最終推計値を得る。運輸業の値は合計値から通信業を減ずることで得られる。この作業を、すべての1kmメッシュについて行う。

・通信$_{M91}$＝通信$_{M91}$"×$R_{目標値}$
・運輸$_{M91}$＝合計$_{M91}$－通信$_{M91}$

　ここで、通信業を先に推計するのは、合計に占める割合が小さく、推計誤差の影響を受けやすいからである。

(3) 推計結果と検証

以上の手順に従って、1次メッシュ圏域内にあるすべての 1km メッシュについて、1991 年における「運輸業」「通信業」の事業所数と従業者数を推計した結果を、表 1-10 に整理した。

比率[B]／[A]を見ると、自治体合計と 1km メッシュ合計は、もともと良く一致していることがわかる。そして、最後に推計した 1991 年における運輸業についても、比率[B]／[A]の値が 1996 年の値とほぼ一致していることから、良好な結果が得られたといえる。

表1-10 推計に用いた実績値と推計結果（関西空港エリア）

		1991年		1996年	
		事業所数	従業者数	事業所数	従業者数
[A] 自治体合計	運輸業	23,299	484,437	22,472	504,676
	通信業	2,920	84,469	3,312	84,249
	合計	26,219	568,906	25,784	588,925
[B] 1kmメッシュ合計 （1次メッシュ圏域）	運輸業	*23,200*	*482,313*	22,340	501,437
	通信業	*2,926*	*84,386*	3,319	84,166
	合計	*26,126*	*566,699*	25,659	585,603
比率 [B]／[A]	運輸業	*99.60%*	*99.60%*	99.40%	99.40%
	通信業	**100.20%**	**99.90%**	**100.20%**	**99.90%**
	合計	99.60%	99.60%	99.50%	99.40%

注）標準字体の数値は実績値、斜字体の数値は推計結果であることを示す。
　太字は、手順⑤で示した「1kmメッシュ合計値と自治体合計値の比」である。

1－4－2　1982年以前の公示地価に関するアドレスマッチング

（1）推計の目的と作業方針

　公示地価とは、1969年施行の地価公示法に基づいて、適正な地価形成のために、全国で選定した標準地に関する1月1日時点の価格を公示するものである。所管官庁は、当初の建設省から、1974年発足の国土庁を経て、現在では2001年に発足した国土交通省へ移管されている。

　公示地価は1970年から毎年公表されているが、国土数値情報ダウンロードサービスで提供されている「地価公示データ」は、1983年以降のものに限定されている（いずれも新測地系＝世界測地系、2013年12月時点調べ）。つまり、1982年以前の公示地価を空間情報として扱おうとしても、それらの標準地には緯度・経度の情報が存在しない。そして、我々が成田空港エリアの公示地価を分析する際には、1975年、1980年、1985年のデータを用いる必要があるが、1975年と1980年については緯度・経度の情報が存在しない。そこで、それらの標準地に関する住所情報[9]から、旧測地系（＝日本測地系）の緯度・経度を推定する必要がある。

　東京大学空間情報科学研究センター（CSIS）が提供する「アドレスマッチングサービス」は、全国の住所情報を緯度・経度（旧測地系または新測地系の座標値を選択可能）に変換してくれるものである。同サービスを利用して変換できた住所階層レベルは「iLvl」という数値で示されるが、レベル5以上であれば、十分な精度で変換されたとみなすことができる（表1-11）。

　ところで、同サービスでは、ある程度の過去まで遡った旧地名（住所）に対応しているものの、1975年まで遡って完全に対応しているわけではない。試みとして、1975年における関東5都県（茨城、埼玉、千葉、東京、神奈川）の地価公示データにある住所情報を、同サービスを利用して緯度・経度に変換してみたところ、住所情報として「所在及び地番」を入力した時と、「住居表示」を入力した時で、変換レベルに差が生じることがわかった。また、同じ住所情報を入力しても、変換座標値に「旧測地系」を選んだ時と「新測地系」を選んだ時で、変換レベルに差が生じることもわかった（表1-12）。

---

[9] 地価公示データにおける標準地の住所情報には、「所在及び地番」と「住居表示」がある。前者は土地の場所や権利の範囲を表す登記上の番号で登記所が定めるのに対して、後者は建物の場所を表す番号で市町村が定めるものである。地価公示データにおいては、原則として所在及び地番を掲載し、住居表示がある場合にのみ、それを併記している。

なお、レベル0という結果が出た住所情報でも、これを精査して修正を加えれば、レベル5に相当するケースがあることもわかっている。

表1-11　アドレスマッチングサービスによる変換結果のレベル

iLvl	住所階層レベル
-1	位置参照情報の未整備地域
0	レベルが不明
1	都道府県
2	郡・支庁
3	市町村・23区
4	政令市の区
5	大字
6	丁目・小字
7	街区・地番
8	号・枝番

表1-12　アドレスマッチングを行ってレベル5以上の結果が得られた割合
（関東5都県：茨城県、埼玉県、千葉県、東京都、神奈川県）

年次	測地系	「所在及び地番」を入力した場合	「住居表示」を入力した場合
1975年	「新測地系」を選んだ場合	3,909件のうち3,299件(84.4%)	1,421件のうち1,316件(92.6%)
	「旧測地系」を選んだ場合	3,909件のうち3,555件(90.9%)	1,421件のうち1,321件(93.0%)
1980年	「新測地系」を選んだ場合	4,945件のうち4,221件(85.4%)	1,955件のうち1,796件(91.9%)
	「旧測地系」を選んだ場合	4,945件のうち4,480件(90.6%)	1,955件のうち1,791件(91.6%)

（2）具体的な作業手順

地価公示データにおける2種類の住所データ（所在・地番と住居表示）を、それぞれ旧測地系と新測地系に変換することで、4種類の緯度・経度情報を得ることができる。最終的には、四種類の変換レベル（iLvl値）を比較して、最も変換レベルが高くなった結果を採用する。

なお、新測地系の値を採用した場合は、簡易変換式（表1-13、誤差は5m程度）により旧測地系の値に変換を行う必要がある。また、レベル0という結果が出た場合でも、これを精査してレベル5に相当すると判断できるケースがあり、これを独自に「レベル4.5」とし、有効なデータとして扱うこととした。この手順を整理したものが図1-22である。

表 1-13 新測地系から旧測地系への簡易変換式

lonJ＝lonW＋latW×0.000046047＋lonW×0.000083049－0.010041
latJ＝latW＋latW×0.00010696－lonW×0.000017467－0.0046020
　　　lonW＝新測地系の経度，　　　latW＝新測地系の緯度
　　　lonJ＝旧測地系の経度，　　　latJ＝旧測地系の緯度

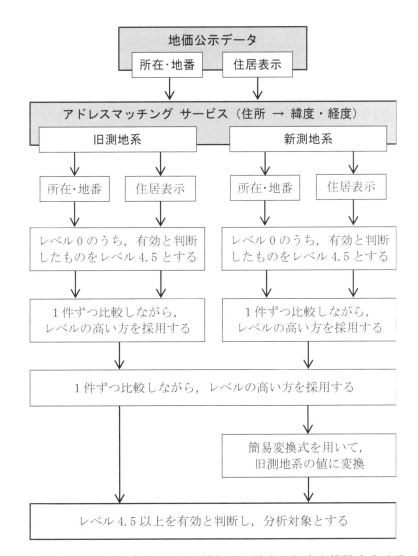

図 1-22　地価公示データの住所情報から緯度・経度を推計する手順

（3）推計結果と評価

図 1-22 に示した手順に従って、1975 年と 1980 年の地価公示データに掲載されている標準地の住所情報を、緯度・経度（旧測地系）に変換した結果を表 1-14 に整理した。5 都県全体で 97%以上、成田空港エリアの 1 次メッシュ圏域内では 98%以上の標準地について、変換レベル（iLvl 値）が 4.5 以上となっている。第 3 章では、これらを公示地価の有効なデータサンプルとして、成田空港エリアでも関西空港エリアと同様に、路線 5km 圏内における区間別の比較分析を行うこととする。

表1-14　緯度・経度の推計結果（成田空港エリア）

年次	エリア	地価公示における標準地数	レベル4.5以上の標準地数と割合
1975年	5 都県	3,909	3,812（97.5%）
	1 次メッシュ圏域内	3,095	3,053（98.6%）
1980年	5 都県	4,945	4,844（98.0%）
	1 次メッシュ圏域内	4,033	3,986（98.8%）
【参考】1985年	5 都県	4,941	（推計は不要）
	1 次メッシュ圏域内	4,011	

＊参考文献、ウェブサイト（2015年1月時点）

[1] 秋山龍・奥田東 監修（1985）「関西国際空港 建設へのみちのり」
(財)関西空港調査会
[2] 運輸省航空局（1997年11月）　「大阪国際空港地域活性化調査　報告書」
[3] 関西国際空港全体構想推進協議会（1994年3月）
「関西国際空港全体構想実現化方策検討調査　報告書」
[4] 国土交通省 国土地理院（1998）「数値地図ユーザーズガイド第2版補訂版」
(財)日本地図センター
[5] 草薙信照（2010）「人口重心の算出方法に関する考察—地域メッシュ統計の有効性—」
大阪経大論集、Vol.60,No.5,pp53-78
[6] ESRIジャパン株式会社、http://www.esrij.com
[7] 国土交通省　「空港管理状況調書」、
http://www.mlit.go.jp/koku/15_bf_000185.html
[8] 国土交通省　「国土数値情報ダウンロードサービス」、
http://nlftp.mlit.go.jp/ksj/index.html
[9] 国土交通省 国土地理院　「基盤数値情報ダウンロードサービス」、
http://www.gsi.go.jp/kiban/index.html

第2章　関西空港エリアに関する分析

　第2章では、人口や産業、公示地価といった指標に着目し、関西空港の開港前～開港直後～開港6、7年後という時系列の中で、各指標がどのように推移してきたのかを分析する。これによって、1994年9月に開港した関西空港の立地が、周辺地域に与えた影響について考察する。

2－1　国勢調査メッシュデータの分析

　本節では、「地域メッシュ統計1990年国勢調査」、「地域メッシュ統計1995年国勢調査」及び「地域メッシュ統計2000年国勢調査」を用いて、人口・世帯等に関する分析を行う。
　具体的には、関西空港を含む1次メッシュ圏域（5135、5235）を対象として、関西空港開港前（1990年）、開港直後（1995年）、開港6年後（2000年）における人口総数[1]と世帯総数[2]（以下、「世帯数」という）、及び年齢3区分別人口[3]（年少人口、生産年齢人口、老年人口）について、同空港からの距離に応じて設定した9つの区ごとに分析し、背景について考察する。
　なお、1次メッシュ圏域、路線5km圏及び第1区～第9区については図2-1を、これらの設定方法については「1－3－4　関西空港エリアの路線5km圏と区間分割」を参照していただきたい。

---

[1] 調査年の10月1日午前零時現在の人口。年齢不詳を含む。
[2] 住居と生計を一にしている人の集まりや単身者からなる「一般世帯数」と、寮・寄宿舎の学生・生徒等の集まりからなる「施設等の世帯数」を合わせたもの。世帯の種類不詳を含む。
[3] 0～14歳の人口を年少人口、15～64歳の人口を生産年齢人口、65歳以上の人口を老年人口という。

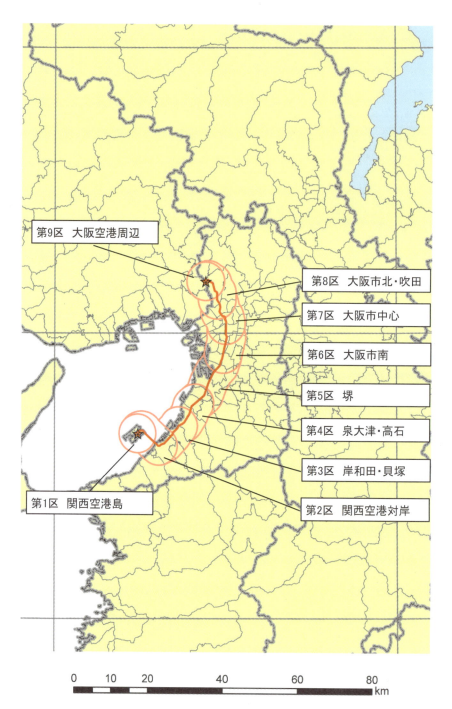

図 2-1 関西空港エリアにおける路線 5km 圏と区間分割

2－1－1　人口と世帯の集積

人口総数、世帯数、年齢3区分別人口と、それらの構成比の推移は表2-1のとおりである。これらから次のことが見て取れる。

① 1次メッシュ圏域では、1990年から2000年にかけて、人口総数が1693万人から1727万人へ、世帯数が587万世帯から667万世帯へと増加した。

② 関西空港と大阪空港を鉄道路線で結んだ帯状の圏域である路線5km圏では、1990年から2000年にかけて、人口総数は441万人から439万人へと減少したが、世帯数は166万世帯から185万世帯へと増加した。1次メッシュ圏域に対する構成比を見ると、人口総数、世帯数ともに減少した。

③ 関西空港に近い第2区～第5区（関西空港対岸から堺）では、1990年から2000年にかけて、人口総数は、第2区～第4区で増加したが第5区では減少した。世帯数は第2区～第5区で増加した。構成比を見ると、人口総数及び世帯数は、第2区～第4区で増加し、第5区で減少した。

④ 大阪市付近である第6区～第8区（大阪市南から大阪市北・吹田）では、人口総数は、1990年から2000年にかけて減少したが、第7区では1995年にかけて減少したものの2000年にはかなり回復した。また、世帯数は1990年から2000年にかけて増加した。構成比を見ると、人口総数及び世帯数は、第6区～第8区で減少した。

⑤ 第9区（大阪空港周辺）では、1990年から2000年にかけて、人口総数が697,328人から691,658人、世帯数が253,383世帯から273,927世帯へと増加したが、構成比を見ると、人口総数が4.12%から4.01%、世帯数が4.32%から4.11%へと減少した。

表 2-1 人口及び世帯数と構成比の推移

実数	人口総数[人]			世帯数[世帯]		
	1990年	1995年	2000年	1990年	1995年	2000年
1次メッシュ圏域	16,933,825	17,051,783	17,266,955	5,866,948	6,231,669	6,670,847
路線5km圏	4,406,292	4,385,186	4,393,807	1,659,389	1,750,684	1,851,228
第1区　関西空港島	0	1	1	0	0	1
第2区　関西空港対岸	157,679	162,310	168,762	47,029	52,766	58,210
第3区　岸和田・貝塚	238,619	251,193	258,217	73,578	82,152	89,188
第4区　泉大津・高石	268,809	274,534	284,609	86,156	93,609	101,165
第5区　堺	392,532	388,595	387,167	135,586	143,220	151,943
第6区　大阪市南	971,988	959,177	943,968	377,704	394,132	406,344
第7区　大阪市中心	921,362	909,696	919,556	385,775	402,848	434,478
第8区　大阪市北・吹田	757,975	743,246	739,869	300,178	316,440	335,972
第9区　大阪空港周辺	697,328	696,434	691,658	253,383	265,516	273,927
構成比	人口総数[%]			世帯数[%]		
	1990年	1995年	2000年	1990年	1995年	2000年
1次メッシュ圏域	100.00	100.00	100.00	100.00	100.00	100.00
路線5km圏	26.02	25.72	25.45	28.28	28.09	27.75
第1区　関西空港島	0.00	0.00	0.00	0.00	0.00	0.00
第2区　関西空港対岸	0.93	0.95	0.98	0.80	0.85	0.87
第3区　岸和田・貝塚	1.41	1.47	1.50	1.25	1.32	1.34
第4区　泉大津・高石	1.59	1.61	1.65	1.47	1.50	1.52
第5区　堺	2.32	2.28	2.24	2.31	2.30	2.28
第6区　大阪市南	5.74	5.63	5.47	6.44	6.32	6.09
第7区　大阪市中心	5.44	5.33	5.33	6.58	6.46	6.51
第8区　大阪市北・吹田	4.48	4.36	4.28	5.12	5.08	5.04
第9区　大阪空港周辺	4.12	4.08	4.01	4.32	4.26	4.11

実数	年少人口[人]			生産年齢人口[人]			老年人口[人]		
	1990年	1995年	2000年	1990年	1995年	2000年	1990年	1995年	2000年
1次メッシュ圏域	2,967,213	2,616,654	2,464,912	12,101,304	12,221,201	12,048,925	1,795,227	2,184,742	2,717,057
路線5km圏	708,417	621,639	589,666	3,193,582	3,172,230	3,084,760	480,512	582,353	712,499
第1区　関西空港島	0	0	0	0	1	1	0	0	0
第2区　関西空港対岸	29,896	26,507	26,813	111,927	115,425	116,909	15,719	20,013	24,874
第3区　岸和田・貝塚	43,181	41,967	42,206	169,867	177,270	176,047	25,276	31,863	39,394
第4区　泉大津・高石	50,581	45,643	46,728	192,597	196,908	196,946	24,712	31,444	40,202
第5区　堺	65,662	56,296	53,699	286,559	282,031	271,094	39,630	49,542	61,489
第6区　大阪市南	144,437	129,790	122,207	695,682	680,855	644,693	124,182	146,183	175,752
第7区　大阪市中心	131,089	114,739	105,768	669,415	659,571	651,878	113,484	133,847	160,223
第8区　大阪市北・吹田	120,683	99,948	91,338	557,461	548,582	533,763	75,332	91,911	113,821
第9区　大阪空港周辺	122,888	106,749	100,907	510,074	511,588	493,430	62,177	77,550	96,744
構成比	年少人口[%]			生産年齢人口[%]			老年人口[%]		
	1990年	1995年	2000年	1990年	1995年	2000年	1990年	1995年	2000年
1次メッシュ圏域	100.00	100.00	100.00	100.00	100.00	100.00	100.00	100.00	100.00
路線5km圏	23.87	23.76	23.92	26.39	25.96	25.60	26.77	26.66	26.22
第1区　関西空港島	0.00	0.00	0.00	0.00	0.00	0.00	0.00	0.00	0.00
第2区　関西空港対岸	1.01	1.01	1.09	0.92	0.94	0.97	0.88	0.92	0.92
第3区　岸和田・貝塚	1.46	1.60	1.71	1.40	1.45	1.46	1.41	1.46	1.45
第4区　泉大津・高石	1.70	1.74	1.90	1.59	1.61	1.63	1.38	1.44	1.48
第5区　堺	2.21	2.15	2.18	2.37	2.31	2.25	2.21	2.27	2.26
第6区　大阪市南	4.87	4.96	4.96	5.75	5.57	5.35	6.92	6.69	6.47
第7区　大阪市中心	4.42	4.38	4.29	5.53	5.40	5.41	6.32	6.13	5.90
第8区　大阪市北・吹田	4.07	3.82	3.71	4.61	4.49	4.43	4.20	4.21	4.19
第9区　大阪空港周辺	4.14	4.08	4.09	4.22	4.19	4.10	3.46	3.55	3.56

注) 人口及び世帯数は年齢不詳を含む。
　　生産年齢人口は秘匿措置を行っているが、第1区の人口「1」が警察署長であることは明らかであるため、生産年齢人口も「1」としている。

2-1-2 年齢3区分別人口及び世帯数の集積

ここでは、絶対変化指数と相対変化指数[4]を用いて、年齢3区分別人口及び世帯数の集積について、各区域ごとに詳細な変化を分析する。

(1) 1次メッシュ圏域

表2-2(a)の絶対変化指数を見ると、1次メッシュ圏域の生産年齢人口は、1995年、2000年ともに横ばいであるが、年少人口は1995年に0.88、2000年にかけて0.83へと大きく減少している。

世帯数は、1995年に1.06へと増加し、2000年にかけて1.14へと大きく増加している。

表2-2(a) 人口及び世帯数の変化(1次メッシュ圏域)

1次メッシュ圏域	人口総数		年少人口		生産年齢人口		老年人口		世帯数	
	1995年	2000年	1995年	2000年	1995年	2000年	1995年	2000年	1995年	2000年
絶対変化指数	1.01	1.02	0.88	0.83	1.01	1.00	1.22	1.51	1.06	1.14
相対変化指数	1.00	1.00	1.00	1.00	1.00	1.00	1.00	1.00	1.00	1.00

(2) 路線5km圏

表2-2(b)の絶対変化指数を見ると、路線5km圏の生産年齢人口は、1995年に0.99と横ばいの後、2000年に0.97へとやや減少している。相対変化指数を見ると、1995年に0.98、2000年にかけて0.97へとやや減少している。つまり、1次メッシュ圏域と比べると、相対的に生産年齢人口がやや少なくなっていることがわかる。

世帯数は、絶対変化指数を見ると、1995年に1.06へと増加し、2000年にかけて1.12へと大きく増加している。一方、相対変化指数を見ると、1995年に0.99と横ばいの後、2000年にかけて0.98へとやや減少している。

表2-2(b) 人口及び世帯数の変化(路線5km圏)

路線5km圏	人口総数		年少人口		生産年齢人口		老年人口		世帯数	
	1995年	2000年	1995年	2000年	1995年	2000年	1995年	2000年	1995年	2000年
絶対変化指数	1.00	1.00	0.88	0.83	0.99	0.97	1.21	1.48	1.06	1.12
相対変化指数	0.99	0.98	1.00	1.00	0.98	0.97	1.00	0.98	0.99	0.98

---

[4] 絶対変化指数と相対変化指数については、「1-3-3 空港影響圏域の考え方と分析例」の「(2)絶対変化指数と相対変化指数」を参照。

（3）第1区（関西空港島）

第1区は空港施設そのものであり、基本的に常住している者は存在しない。

表2-1において、1995年と2000年の人口総数及び生産年齢人口並びに世帯数が「1」とあるのは、大阪府警察関西空港警察署の署長が空港敷地内に住民登録をしているためである。

（4）第2区（関西空港対岸）

表2-2(c)の絶対変化指数及び相対変化指数を見ると、第2区の生産年齢人口は、1995年、2000年にかけてやや増加している。年少人口は、絶対変化指数を見ると1995年に0.89、2000年にかけて0.90へと大きく減少しているが、相対変化指数を見ると、1995年に1.01と横ばいの後、2001年にかけて1.08へと増加している。

世帯数は、絶対変化指数を見ると、1995年に1.12、2000年にかけて1.24へと大きく増加しており、相対変化指数を見ると、1995年に1.06、2000年に1.09へと増加している。

表2-2（c） 人口及び世帯数の変化（第2区：関西空港対岸）

第2区	人口総数		年少人口		生産年齢人口		老年人口		世帯数	
	1995年	2000年	1995年	2000年	1995年	2000年	1995年	2000年	1995年	2000年
絶対変化指数	1.03	1.07	0.89	0.90	1.03	1.04	1.27	1.58	1.12	1.24
相対変化指数	1.02	1.05	1.01	1.08	1.02	1.05	1.05	1.05	1.06	1.09

（5）第3区（岸和田・貝塚）

表2-2（d）の絶対変化指数及び相対変化指数を見ると、第3区の生産年齢人口は、1995年、2000年にかけてやや増加している。年少人口は、絶対変化指数を見ると、1995年に0.97、2000年にかけて0.98へとやや減少しているが、相対変化指数を見ると、1995年に1.10、2000年にかけて1.18へと大きく増加している。

世帯数は、絶対変化指数を見ると、1995年に1.12、2000年にかけて1.21へと大きく増加している。相対変化指数を見ても、1995年に1.05、2000年にかけて1.07へと増加している。

表2-2（d） 人口及び世帯数の変化（第3区：岸和田・貝塚）

第3区	人口総数		年少人口		生産年齢人口		老年人口		世帯数	
	1995年	2000年	1995年	2000年	1995年	2000年	1995年	2000年	1995年	2000年
絶対変化指数	1.05	1.08	0.97	0.98	1.04	1.04	1.26	1.56	1.12	1.21
相対変化指数	1.05	1.06	1.10	1.18	1.03	1.04	1.04	1.03	1.05	1.07

（6）第4区（泉大津・高石）

表2-2（e）の絶対変化指数及び相対変化指数を見ると、第4区の生産年齢人口は、1995年、2000年にかけてやや増加している。年少人口の絶対変化指数を見ると、1995年に0.90、2000年にかけて0.92へと減少しているが、相対変化指数を見ると、1995年に1.02へとやや増加し、2000年にかけて1.11へとさらに大きく増加している。

世帯数は、絶対変化指数を見ると、1995年に1.09へと増加し、2000年にかけて1.17へとさらに大きく増加している。相対変化指数を見ても1995年に1.02、2000年に1.03へとやや増加している。

表2-2（e） 人口及び世帯数の変化（第4区：泉大津・高石）

第4区	人口総数		年少人口		生産年齢人口		老年人口		世帯数	
	1995年	2000年	1995年	2000年	1995年	2000年	1995年	2000年	1995年	2000年
絶対変化指数	1.02	1.06	0.90	0.92	1.02	1.02	1.27	1.63	1.09	1.17
相対変化指数	1.01	1.04	1.02	1.11	1.01	1.03	1.05	1.07	1.02	1.03

（7）第5区（堺）

表2-2（f）の絶対変化指数及び相対変化指数を見ると、第5区の生産年齢人口は、1995年、2000年にかけてやや減少ないし減少している。年少人口は、絶対変化指数を見ると、1995年に0.86、2000年にかけて0.82へと大きく減少している。相対変化指数を見ると、1995年に0.97、2000年にかけて0.98へとやや減少している。

世帯数は、絶対変化指数を見ると、1995年に1.06へと増加し、2000年にかけて1.12へとさらに大きく増加しているが、相対変化指数を見ると、世帯数は1995年から2000年にかけてほぼ横ばいである。

表2-2（f） 人口及び世帯数の変化（第5区：堺）

第5区	人口総数		年少人口		生産年齢人口		老年人口		世帯数	
	1995年	2000年	1995年	2000年	1995年	2000年	1995年	2000年	1995年	2000年
絶対変化指数	0.99	0.99	0.86	0.82	0.98	0.95	1.25	1.55	1.06	1.12
相対変化指数	0.98	0.97	0.97	0.98	0.97	0.95	1.03	1.03	0.99	0.99

（8）第6区（大阪市南）

表2-2（g）の絶対変化指数を見ると、第6区の年少人口及び生産年齢人口は、1995年、2000年にかけて減少している。相対変化指数を見ると、年少人口は1995年、2000年にかけて1.02へとやや増加している。

世帯数は、絶対変化指数を見ると、1995年に1.04へとやや増加し、2000年にかけて1.08へと増加している。相対変化指数を見ると、1995年に0.98とやや減少し、2000

年にかけて 0.95 へと減少している。

表 2-2（g）　人口及び世帯数の変化（第 6 区：大阪市南）

第6区	人口総数		年少人口		生産年齢人口		老年人口		世帯数	
	1995年	2000年	1995年	2000年	1995年	2000年	1995年	2000年	1995年	2000年
絶対変化指数	0.99	0.97	0.90	0.85	0.98	0.93	1.18	1.42	1.04	1.08
相対変化指数	0.98	0.95	1.02	1.02	0.97	0.93	0.97	0.94	0.98	0.95

(9) 第 7 区（大阪市中心）

　表 2-2（h）の絶対変化指数及び相対変化指数を見ると、第 7 区の生産年齢人口は、1995 年、2000 年にかけてやや減少している。年少人口は、絶対変化指数を見ると 1995 年に 0.88、2000 年に 0.81 へと大きく減少しているが、相対変化指数を見ると、1995 年に 0.99 と横ばいの後、2000 年に 0.97 へとやや減少している。

　世帯数は、絶対変化指数を見ると、1995 年に 1.04 へとやや増加し、2000 年にかけて 1.13 へとさらに大きく増加している。相対変化指数を見ると、1995 年に 0.98 とやや減少し、2001 年に 0.99 と横ばいとなっている。

表 2-2（h）　人口及び世帯数の変化（第 7 区：大阪市中心）

第7区	人口総数		年少人口		生産年齢人口		老年人口		世帯数	
	1995年	2000年	1995年	2000年	1995年	2000年	1995年	2000年	1995年	2000年
絶対変化指数	0.99	1.00	0.88	0.81	0.99	0.97	1.18	1.41	1.04	1.13
相対変化指数	0.98	0.98	0.99	0.97	0.98	0.98	0.97	0.93	0.98	0.99

(10) 第 8 区（大阪市北・吹田）

　表 2-2(i)の絶対変化指数及び相対変化指数を見ると、第 8 区の生産年齢人口は、1995 年、2000 年にかけてやや減少している。年少人口は絶対変化指数を見ると 1995 年に 0.83、2000 年に 0.76 へと大きく減少している。相対変化指数を見ると、1995 年に 0.94、2000 年に 0.91 へと減少している。

　世帯数は、絶対変化指数を見ると、1995 年に 1.05 へと増加し、2000 年にかけて 1.12 へとさらに大きく増加している。

表 2-2（i）　人口及び世帯数の変化（第 8 区：大阪市北・吹田）

第8区	人口総数		年少人口		生産年齢人口		老年人口		世帯数	
	1995年	2000年	1995年	2000年	1995年	2000年	1995年	2000年	1995年	2000年
絶対変化指数	0.98	0.98	0.83	0.76	0.98	0.96	1.22	1.51	1.05	1.12
相対変化指数	0.97	0.96	0.94	0.91	0.97	0.96	1.00	1.00	0.99	0.98

（11）第 9 区（大阪空港周辺）

表 2-2 (j) の絶対変化指数及び相対変化指数を見ると、第 9 区の生産年齢人口は、1995年に横ばい、2000 年にかけてやや減少している。年少人口は、絶対変化指数を見ると1995 年に 0.87、2000 年に 0.82 へと大きく減少している。相対変化指数を見ると 1995年、2000 年にかけてほぼ横ばいである。

世帯数は、絶対変化指数を見ると、1995 年に 1.05、2000 年にかけて 1.08 へと増加している。相対変化指数を見ると、1995 年は 0.99、2000 年にかけて 0.95 へとやや減少している。

表 2-2（j） 人口及び世帯数の変化（第 9 区：大阪空港周辺）

第9区	人口総数		年少人口		生産年齢人口		老年人口		世帯数	
	1995年	2000年	1995年	2000年	1995年	2000年	1995年	2000年	1995年	2000年
絶対変化指数	1.00	0.99	0.87	0.82	1.00	0.97	1.25	1.56	1.05	1.08
相対変化指数	0.99	0.97	0.99	0.99	0.99	0.97	1.02	1.03	0.99	0.95

ここからは、相対変化指数を表 2-3のように記号化して評価を行う。相対変化指数が 0.99 以上 1.01 未満であるものを「変化なし」と定義し、「→」と表記した。増加傾向については、1.01 以上 1.05 未満に「○」を、1.05 以上 1.10 未満に「○○」を、1.10 以上 1.20 未満に「○○○」を、1.20 以上 1.30 未満に「◎」、1.30 以上 2.00 未満に「◎◎」を、2.00 以上に「◎◎◎」を付した。

一方、減少傾向については、0.95 以上 0.99 未満に「▼」を、0.90 以上

表 2-3 相対変化指数と対応する記号

相対変化指数	記号
0から大幅に増加	＋
2.00以上	◎◎◎
1.30～2.00未満	◎◎
1.20～1.30未満	◎
1.10～1.20未満	○○○
1.05～1.10未満	○○
1.01～1.05未満	○
0.99～1.01未満	→
0.95～0.99未満	▼
0.90～0.95未満	▼▼
0.80～0.90未満	▼▼▼
0.70～0.80未満	■
0.70未満	■■
0より変化なし	－

0.95 未満に「▼▼」を、0.80 以上 0.90 未満に「▼▼▼」を、0.70 以上 0.80 未満に「■」を、そして 0.70 未満に「■■」を付した。なお、0 から大幅に増加したものには「＋」、0 より変化のないものには「－」を付している（以下、同様とする）。

これらの記号を用いて、(3) ～ (11) の結果をわかりやすく整理したものが表 2-4である。関西空港立地と人口及び世帯数の集積との関係について、各区域の分析結果を踏まえながら考察を行う。

第 2 区〜第 4 区にかけての地域やその周辺地域では、関西空港開港前後の時期に、「関西国際空港関連地域整備事業」[5]として位置づけられた和泉中央丘陵、二色の浜、阪南丘陵などの計画的な宅地開発が行われた（表 2-5、図 2-2）。また、市街地においては、土地区画整理や市街地再開発が行われ、併せて道路や生活インフラなどの都市基盤整備が図られてきた経緯がある。

　表 2-1 を見ると、第 2 区〜第 4 区では、1995 年、2000 年にかけて構成比が増加しており、表 2-4 を見ても、1995 年、2000 年にかけて相対変化指数が増加している。一方、第 5 区〜第 8 区（堺から大阪市北・吹田）では、相対変化指数が横ばいないしは減少している。

　以上のことから、第 1 区を除き、第 2 区〜第 4 区では、空港関連事業所、物流・商業施設などをはじめとする事業所の従業者の転入や、当該地域内への入居などによって、人口・世帯数が他の地区よりも大きく伸びたものと見られる。従って、第 2 区〜第 4 区では、関西空港立地の影響が認められる。

　一方、大阪市付近（第 6 区〜第 8 区）における人口・世帯数の減少は、プラザ合意（1985 年）以降の円高の進行やバブル経済期の地価高騰などによって、主要な産業拠点の転出が他の地区よりも大きかったことに加え、1990 年代前半の住宅の価格高騰と供給減少などが主たる原因と見られる。従って、第 6 区〜第 8 区では、関西空港立地による影響は認められない。

---

[5] 大阪府「関西国際空港関連地域整備計画」（1986 年 10 月）
http://www.pref.osaka.lg.jp/attach/2293/00024335/2seibikeikakupdf.pdf

表 2-4　人口及び世帯数の相対変化指数による比較

人口及び世帯数	人口総数		世帯数	
	1995年	2000年	1995年	2000年
第1区　関西空港島	－	－	－	－
第2区　関西空港対岸	○	○	○○	○○
第3区　岸和田・貝塚	○	○○	○○	○○
第4区　泉大津・高石	○	○	○	○
第5区　堺	▼	▼	→	▼
第6区　大阪市南	▼	▼	▼	▼▼
第7区　大阪市中心	▼	▼	▼	→
第8区　大阪市北・吹田	▼	▼	→	▼
第9区　大阪空港周辺	→	▼	▼	▼

年齢3区分	年少人口		生産人口		老年人口	
	1995年	2000年	1995年	2000年	1995年	2000年
第1区　関西空港島	－	－	－	－	－	－
第2区　関西空港対岸	→	○○	○	○	○	○
第3区　岸和田・貝塚	○○○	○○○	○	○	○	○
第4区　泉大津・高石	○	○○○	○	○	○	○○
第5区　堺	▼	▼	▼	▼	○	○
第6区　大阪市南	○	○	▼	▼▼	▼	▼▼
第7区　大阪市中心	→	▼	▼	▼	▼	▼▼
第8区　大阪市北・吹田	▼▼	▼▼	▼	▼	→	→
第9区　大阪空港周辺	▼	▼	→	▼	○	○

表 2-5　「関西国際空港関連地域整備事業」として位置づけられた計画的宅地開発

事業名（愛称など）	街びらき	計画戸数	計画人口	所在地
二色の浜地区（二色の浜パークタウン）	1989年	1,900	6,000	大阪府貝塚市
和泉中央丘陵地区（トリヴェール和泉）	1992年	8,500	32,000	大阪府和泉市
阪南丘陵地区（阪南スカイタウン）	1996年	2,500	9,000	大阪府阪南市
南大阪湾岸整備事業地区（りんくうタウン）	1996年	1,000	2,600	大阪府泉佐野市

資料：大阪府「関西国際空港関連地域整備計画」

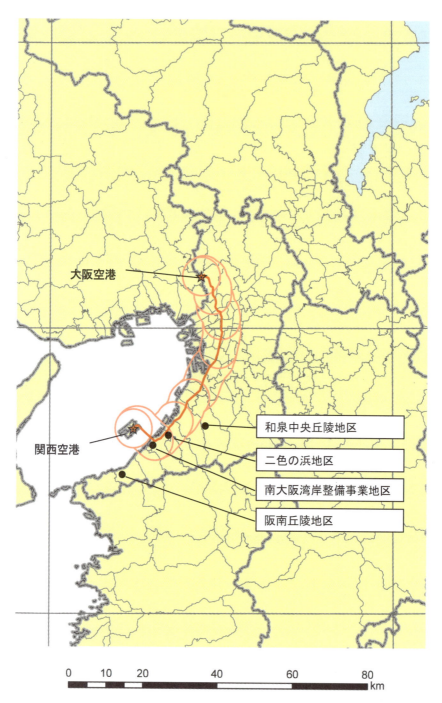

図2-2 「関西国際空港関連地域整備事業」として位置づけられた計画的宅地開発

2－2　事業所・企業統計メッシュデータの分析

　本節では、「地域メッシュ統計 1991 年事業所統計調査」、「地域メッシュ統計 1996 年事業所・企業統計調査」及び「地域メッシュ統計 2001 年事業所・企業統計調査」を用いて、全産業、製造業、運輸・通信業、卸売・小売業について分析を行う。

　具体的には、関西空港開港前（1991 年）、開港直後（1996 年）、開港 7 年後（2001 年）の三時点において、関西空港エリアに立地する全事業所[6]の事業所数と従業者数の変化を、第 1 章で設定した、同空港からの距離に応じて設けた 9 つの区ごとに分析することで、関西空港の開港が産業集積に及ぼした影響の背景について考察する。

　なお、1 次メッシュ圏域、路線 5km 圏及び第 1 区～第 9 区については前節の図 2-1 を、これらの設定方法については「1－3－4　関西空港エリアの路線 5km 圏と区間分割」を参照していただきたい。

---

[6] ただし、農林漁家、家事サービス業、大使館や領事館等は除く。

２－２－１　全産業の集積

各区域における全産業の事業所数と従業者数、及びそれらの構成比の推移は、表2-6、表2-7のとおりである。これらから、次のことが見て取れる。

① 1次メッシュ圏域では、1991年から2001年にかけて、全産業の事業所数は96万事業所から86万事業所へと減少した。従業者数は1991年から1996年にかけて856万人から884万人へと増加した後、2001年にかけて821万人と減少した。

② 関西空港と大阪空港を鉄道路線で結んだ帯状の圏域である路線5km圏では、全産業の事業所数は、1991年から2001年にかけて、36万事業所から31万事業所へと減少し、従業者数は1991年から1996年に350万人から354万人へと増加した後、2001年にかけて318万人へと減少した。構成比を見ると、事業所数、従業者数ともに1991年から2001年にかけて減少した。

③ 第1区（関西空港島）は、1996年から2001年にかけて、事業所数は413事業所から346事業所へ、従業者数は14,671人から13,543人へと減少した。

④ 関西空港に近い第2区〜第5区（関西空港対岸から堺）では、事業所数、従業者数ともに、第2区では1991年から1996年にかけて増加の後、2001年にかけて減少し、第3区〜第5区では1991年から2001年にかけて減少した。構成比を見ると、事業所数、従業者数ともに第2区〜第4区で、1991年から2001年にかけて増加した。

⑤ 大阪市付近である第6区〜第8区（大阪市南〜大阪市北・吹田）では、1991年から2001年にかけて事業所数及び従業者数は減少した。構成比も同様に減少した。

⑥ 第9区（大阪空港周辺）では、1991年から2001年にかけて、事業所数は28,271事業所から25,843事業所へと減少したが、従業者数は1991年から1996年にかけて274,633人から281,250人へと増加した後、2001年に267,782人へと減少した。構成比を見ると、事業所数は1991年から2001年にかけて増加し、従業者数は1996年に減少の後、2001年に増加した。

表 2-6 全産業事業所数及び構成比の推移

全産業	事業所数[事業所]			構成比[%]		
	1991年	1996年	2001年	1991年	1996年	2001年
1次メッシュ圏域	955,675	929,337	858,963	100.00	100.00	100.00
路線5km圏	356,710	345,637	310,343	37.33	37.19	36.13
第1区 関西空港島	0	413	346	0.00	0.04	0.04
第2区 関西空港対岸	7,800	8,066	7,808	0.82	0.87	0.91
第3区 岸和田・貝塚	12,033	12,048	11,368	1.26	1.30	1.32
第4区 泉大津・高石	13,141	12,995	11,909	1.38	1.40	1.39
第5区 堺	21,165	20,745	19,106	2.21	2.23	2.22
第6区 大阪市南	68,308	64,406	56,065	7.15	6.93	6.53
第7区 大阪市中心	156,302	150,780	134,649	16.36	16.22	15.68
第8区 大阪市北・吹田	49,690	48,392	43,249	5.20	5.21	5.04
第9区 大阪空港周辺	28,271	27,792	25,843	2.96	2.99	3.01

表 2-7 全産業従業者数及び構成比の推移

全産業	従業者数[人]			構成比[%]		
	1991年	1996年	2001年	1991年	1996年	2001年
1次メッシュ圏域	8,556,074	8,839,907	8,211,188	100.00	100.00	100.00
路線5km圏	3,495,834	3,536,840	3,183,271	40.86	40.01	38.77
第1区 関西空港島	0	14,671	13,543	0.00	0.17	0.16
第2区 関西空港対岸	61,257	68,138	67,068	0.72	0.77	0.82
第3区 岸和田・貝塚	98,539	98,437	97,525	1.15	1.11	1.19
第4区 泉大津・高石	102,589	108,036	100,037	1.20	1.22	1.22
第5区 堺	187,276	199,206	179,953	2.19	2.25	2.19
第6区 大阪市南	453,340	451,879	393,020	5.30	5.11	4.79
第7区 大阪市中心	1,799,734	1,780,387	1,595,193	21.03	20.14	19.43
第8区 大阪市北・吹田	518,466	534,836	469,150	6.06	6.05	5.71
第9区 大阪空港周辺	274,633	281,250	267,782	3.21	3.18	3.26

以下では、絶対変化指数と相対変化指数[7]を用いて、各区域ごとに詳細な変化を分析する。

(1) 1次メッシュ圏域

表 2-8（a）の絶対変化指数を見ると、1次メッシュ圏域の事業所数は、1996年に0.97へとやや減少し、2001年にかけて0.90へと大きく減少している。

表 2-8（a）　全産業事業所数と従業者数の変化（1次メッシュ圏域）

1次メッシュ圏域	事業所数		従業者数	
	1996年	2001年	1996年	2001年
絶対変化指数	0.97	0.90	1.03	0.96
相対変化指数	1.00	1.00	1.00	1.00

従業者数は、1996年に1.03へとやや増加した後、2001年にかけて0.96へとやや減少に転じている。

(2) 路線5km圏

表 2-8（b）の絶対変化指数を見ると、路線5km圏の事業所数は、1996年に0.97へとやや減少し、2001年にかけて0.87へ

表 2-8（b）　全産業事業所数と従業者数の変化（路線5km圏）

路線5km圏	事業所数		従業者数	
	1996年	2001年	1996年	2001年
絶対変化指数	0.97	0.87	1.01	0.91
相対変化指数	1.00	0.97	0.98	0.95

とさらに大きく減少している。相対変化指数を見ると、1996年に1.00と横ばいの後、2001年にかけて0.97へとやや減少している。

従業者数は、絶対変化指数を見ると、1996年に1.01と横ばいの後、2001年にかけて0.91へと減少している。相対変化指数を見ると、1996年に0.98、2001年にかけて0.95へとさらに減少している。

(3) 第1区（関西空港島）

表 2-6、表 2-7 を見ると、第1区では1991年から1996年にかけて、事業所数が0から413事業所へ、従業者数が0から14,671人へと増加し、2001年にかけて、それぞれ346事業所及び13,543人へと減少した。

---

[7] 絶対変化指数と相対変化指数については、「1－3－3　空港影響圏域の考え方と分析例」の「（2）絶対変化指数と相対変化指数」を参照。

(4) 第2区（関西空港対岸）

表 2-8（c）の絶対変化指数を見ると、第2区の事業所数は、1991年から1996年にかけて1.03へとやや増加し、2001年に

表 2-8（c） 全産業事業所数と従業者数の変化（第2区：関西空港対岸）

第2区	事業所数		従業者数	
	1996年	2001年	1996年	2001年
絶対変化指数	1.03	1.00	1.11	1.09
相対変化指数	1.06	1.11	1.08	1.14

かけては1.00と横ばいである。相対変化指数を見ると、1996年に1.06へと増加し、2001年にかけて1.11へとさらに大きく増加している。

従業者数は、絶対変化指数を見ると、1996年に1.11へと大きく増加し、2001年にかけて1.09へと増加している。相対変化指数を見ると、1996年に1.08へと増加し、2001年にかけて1.14へとさらに大きく増加している。

(5) 第3区（岸和田・貝塚）

表 2-8（d）の絶対変化指数を見ると、第3区の事業所数は、1996年は1.00と横ばいの後、2001年にかけて0.94へと減少

表 2-8（d） 全産業事業所数と従業者数の変化（第3区：岸和田・貝塚）

第3区	事業所数		従業者数	
	1996年	2001年	1996年	2001年
絶対変化指数	1.00	0.94	1.00	0.99
相対変化指数	1.03	1.05	0.97	1.03

している。相対変化指数を見ると、事業所数は1996年に1.03へとやや増加し、2001年にかけて1.05へと増加している。

従業者数は、絶対変化指数を見ると、1996年、2001年にかけて横ばいであるが、相対変化指数を見ると、1996年に0.97へとやや減少した後、2001年にかけて1.03へとやや増加に転じている。

(6) 第4区（泉大津・高石）

表 2-8（e）の絶対変化指数を見ると、第4区の事業所数は、1996年は0.99とやや減少の後、2001年にかけて0.91へ

表 2-8（e） 全産業事業所数と従業者数の変化（第4区：泉大津・高石）

第4区	事業所数		従業者数	
	1996年	2001年	1996年	2001年
絶対変化指数	0.99	0.91	1.05	0.98
相対変化指数	1.02	1.01	1.02	1.02

と減少している。相対変化指数を見ると、1996年に1.02へとやや増加し、2001年にかけては横ばいである。

従業者数は、絶対変化指数を見ると、1996 年に 1.05 と増加した後、2001 年に 0.98 へとやや減少に転じている。相対変化指数を見ると、1996 年、2001 年ともに 1.02 へとやや増加している。

(7) 第5区（堺）

表 2-8（f）の絶対変化指数を見ると、第 5 区の事業所数は、1996 年に 0.98 へとやや減少し、2001 年にかけて 0.90 へと減少している。相対変化指数を見ると、1996 年、2001 年にかけて横ばいである。

表 2-8（f） 全産業事業所数と従業者数の変化（第 5 区：堺）

第5区	事業所数		従業者数	
	1996年	2001年	1996年	2001年
絶対変化指数	0.98	0.90	1.06	0.96
相対変化指数	1.01	1.00	1.03	1.00

従業者数は、絶対変化指数を見ると、1996 年に 1.06 へと増加した後、2001 年にかけて 0.96 へとやや減少に転じている。相対変化指数を見ると、1996 年に 1.03 へとやや増加し、2001 年にかけてはと横ばいである。

(8) 第6区（大阪市南）

表 2-8（g）の絶対変化指数を見ると、第 6 区の事業所数は、1996 年に 0.94 へと減少し、2001 年にかけて 0.82 へとさらに大きく減少している。相対変化指数を見ると、1996 年に 0.97 へとやや減少し、2001 年にかけて 0.91 へと減少している。

表 2-8（g） 全産業事業所数と従業者数の変化（第 6 区：大阪市南）

第6区	事業所数		従業者数	
	1996年	2001年	1996年	2001年
絶対変化指数	0.94	0.82	1.00	0.87
相対変化指数	0.97	0.91	0.96	0.90

従業者数は、絶対変化指数を見ると、1996 年に 1.00 と横ばいの後、2001 年には 0.87 へと大きく減少している。相対変化指数を見ると、1996 年に 0.96 へとやや減少し、2001 年にかけて 0.90 へと減少している。

(9) 第7区（大阪市中心）

表 2-8 (h) の絶対変化指数を見ると、第 7 区の事業所数は、1996 年に 0.96 へとやや減少し、2001 年にかけて 0.86 へ

表 2-8 (h)　全産業事業所数と従業者数の変化（第 7 区：大阪市中心）

第7区	事業所数		従業者数	
	1996年	2001年	1996年	2001年
絶対変化指数	0.96	0.86	0.99	0.89
相対変化指数	0.99	0.96	0.96	0.92

とさらに大きく減少している。相対変化指数を見ると、1996 年に 0.99 と横ばいの後、2001 年にかけて 0.96 へとやや減少している。

従業者数は、絶対変化指数を見ると、1996 年は 0.99 へとやや減少し、2001 にかけて 0.89 へとさらに大きく減少している。相対変化指数を見ると、1996 年に 0.96 へとやや減少し、2001 年にかけて 0.92 へと減少している。

(10) 第8区（大阪市北・吹田）

表 2-8 (i) の絶対変化指数を見ると、第 8 区の事業所数は、1996 年に 0.97 へとやや減少し、2001 年にかけて 0.87 へとさらに

表 2-8 (i)　全産業事業所数と従業者数の変化（第 8 区：大阪市北・吹田）

第8区	事業所数		従業者数	
	1996年	2001年	1996年	2001年
絶対変化指数	0.97	0.87	1.03	0.90
相対変化指数	1.00	0.97	1.00	0.94

大きく減少している。相対変化指数を見ると、1996 年は 1.00 と横ばいの後、2001 年は 0.97 へとやや減少している。

従業者数は、絶対変化指数を見ると、1996 年に 1.03 へとやや増加した後、2001 年にかけて 0.90 へと減少に転じている。相対変化指数を見ると、1996 年は 1.00 と横ばいの後、2001 にかけて 0.94 へと減少している。

(11) 第9区（大阪空港周辺）

表 2-8 (j) の絶対変化指数を見ると、第 9 区の事業所数は、1996 年に 0.98 へとやや減少し、2001 年にかけて 0.91 へと減少し

表 2-8 (j)　全産業事業所数と従業者数の変化（第 9 区：大阪空港周辺）

第9区	事業所数		従業者数	
	1996年	2001年	1996年	2001年
絶対変化指数	0.98	0.91	1.02	0.98
相対変化指数	1.01	1.02	0.99	1.02

ている。相対変化指数を見ると、1996 年に 1.01 と横ばいの後、2001 年に 1.02 へとやや増加している。

従業者数は、絶対変化指数を見ると、1996年に1.02へとやや増加した後、2001年にかけて0.98へとやや減少に転じている。相対変化指数を見ると、1996年に0.99と横ばいの後、2001年にかけて1.02へとやや増加している。

ここまで（3）～（11）で見てきた相対変化指数を、記号化[8]してわかりやすく整理したものが表2-9である。これに基づいて、関西空港立地と全産業の集積との関係について、各区域の分析結果を踏まえながら考察を行う。

第2区～第4区（関西空港対岸から泉大津・高石）にかけての地域やその周辺地域では、関西空港開港前後の時期に「関西国際空港関連地域整備事業」[9]として空港と近畿圏の主要都市を結ぶ道路や鉄道といったインフラ整備や、湾岸機能の強化、産業施設の整備が促進された。

表2-6、表2-7を見ると、関西空港周辺地域である第2区、第3区では、事業所数及び従業者数が1996年、2001年にかけて減少しているが、表2-9を見ると、相対変化指数が1996年に増加、2001年にかけてさらに増加していることがわかる。また、関西空港周辺地域と隣接する第4区、第5区でも相対変化指数が1996年、2001年にかけて横ばいないし増加していることからも、関西空港周辺地域では、空港開港による効果があり、さらにその隣接地域にかけても広く波及したものと言える。

一方で、大阪市地域である第5区～第8区では相対変化指数が横ばいまたは減少している。これは首都圏や海外への移転等が影響していると考えられるが、詳細は次節以降で述べることとしたい。

第9区（大阪空港周辺）では、1996年、2001年にかけて相対変化指数が増加または横ばいであることは興味深い。

---

[8] 相対変化指数の記号化については、「2－1 国勢調査メッシュデータの分析」を参照のこと。
[9] 大阪府「関西国際空港関連地域整備計画」（1986年10月）
http://www.pref.osaka.lg.jp/attach/2293/00024335/2seibikeikakupdf.pdf

表 2-9 全産業事業所数及び従業者数の相対変化指数による比較

全産業		事業所数		従業者数	
		1996年	2001年	1996年	2001年
第1区	関西空港島	＋	＋	＋	＋
第2区	関西空港対岸	○○	○○○	○○	○○○
第3区	岸和田・貝塚	○	○○	▼	○
第4区	泉大津・高石	○	→	○	○
第5区	堺	→	→	○	→
第6区	大阪市南	▼	▼▼	▼	▼▼
第7区	大阪市中心	→	▼	▼	▼▼
第8区	大阪市北・吹田	→	▼	→	▼▼
第9区	大阪空港周辺	○	○	→	○

2－2－2　製造業の集積

本項では、航空輸送への依存度が高いと考えられる製造業中分類の三業種（一般機械器具製造業、電気機械器具製造業、輸送用機械器具製造業）の事業所数と従業者数の変化を分析する。

製造業の事業所数と従業者数、及びそれらの構成比の推移は、表 2-10、表 2-11 のとおりである。これらから次のことが見て取れる。

① 1 次メッシュ圏域では、1991 年から 2001 年にかけて、製造業計の事業所数は 14 万事業所から 11 万事業所、従業者数は 198 万人から 153 万人へと減少した。
② 関西空港と大阪空港を鉄道路線で結んだ帯状の圏域である路線 5km 圏では、1991 年から 2001 年にかけて、製造業計の事業所数は 5.1 万事業所から 3.7 万事業所、従業者数は 68 万人から 50 万人へと減少した。構成比も、事業所数、従業者数ともに減少した。
③ 関西空港に近い第 2 区～第 5 区（関西空港対岸から堺）では、1991 年から 2001 年にかけて、事業所数及び従業者数は減少しており、製造業三業種においても同様である。構成比を見ると、一般機械器具製造業事業所数で、1991 年から 2001 年にかけて増加している区が見られた。
④ 大阪市付近である第 6 区～第 8 区（大阪市南から大阪市北・吹田）では、1991 年から 2001 年にかけて、事業所数及び従業者数は減少し、構成比を見ても減少した。
⑤ 第 9 区（大阪空港周辺）では、1991 年から 2001 年にかけて、製造業計の事業所数は 2,659 事業所から 2,229 事業所、従業者数は 73,707 人から 62,086 人へと減少したが、構成比を見ると、事業所数は 1.87％から 2.10％、従業者数は 3.71％から 4.05％へと増加した。製造業三業種についても、特に事業所数はすべての業種で増加した。

表 2-10　製造業事業所数及び構成比の推移

事業所数[事業所]		製造業計			一般機械器具製造業			電気機械器具製造業			輸送用機械器具製造業		
		1991年	1996年	2001年	1991年	1996年	2001年	1991年	1996年	2001年	1991年	1996年	2001年
1次メッシュ圏域		142,127	128,407	106,324	17,593	16,333	14,052	7,390	6,618	5,778	3,454	3,089	2,588
路線5km圏		50,666	45,384	36,838	6,870	6,159	5,155	2,279	2,004	1,736	1,225	1,083	874
第1区	関西空港島	0	0	1	0	0	0	0	0	0	0	0	0
第2区	関西空港対岸	1,718	1,471	1,195	152	148	129	23	18	14	30	29	26
第3区	岸和田・貝塚	1,973	1,737	1,429	244	226	174	50	41	33	37	32	28
第4区	泉大津・高石	2,613	2,318	1,827	147	141	134	53	51	45	51	51	42
第5区	堺	2,410	2,245	1,886	441	416	381	113	79	67	203	179	133
第6区	大阪市南	13,523	12,068	9,575	1,479	1,291	1,061	450	406	328	353	287	222
第7区	大阪市中心	18,408	16,376	13,209	1,955	1,709	1,420	678	560	480	251	228	183
第8区	大阪市北・吹田	7,362	6,650	5,487	1,797	1,629	1,320	624	571	493	182	166	129
第9区	大阪空港周辺	2,659	2,519	2,229	655	599	536	288	278	276	118	111	111
構成比[%]		製造業計			一般機械器具製造業			電気機械器具製造業			輸送用機械器具製造業		
		1991年	1996年	2001年	1991年	1996年	2001年	1991年	1996年	2001年	1991年	1996年	2001年
1次メッシュ圏域		100.00	100.00	100.00	100.00	100.00	100.00	100.00	100.00	100.00	100.00	100.00	100.00
路線5km圏		35.65	35.34	34.65	39.05	37.71	36.69	30.84	30.28	30.04	35.47	35.06	33.77
第1区	関西空港島	0.00	0.00	0.00	0.00	0.00	0.00	0.00	0.00	0.00	0.00	0.00	0.00
第2区	関西空港対岸	1.21	1.15	1.12	0.86	0.91	0.92	0.31	0.27	0.24	0.87	0.94	1.00
第3区	岸和田・貝塚	1.39	1.35	1.34	1.39	1.38	1.24	0.68	0.62	0.57	1.07	1.04	1.08
第4区	泉大津・高石	1.84	1.81	1.72	0.84	0.86	0.95	0.72	0.77	0.78	1.48	1.65	1.62
第5区	堺	1.70	1.75	1.77	2.51	2.55	2.71	1.53	1.19	1.16	5.88	5.79	5.14
第6区	大阪市南	9.51	9.40	9.01	8.41	7.90	7.55	6.09	6.13	5.68	10.22	9.29	8.58
第7区	大阪市中心	12.95	12.75	12.42	11.11	10.46	10.11	9.17	8.46	8.31	7.27	7.38	7.07
第8区	大阪市北・吹田	5.18	5.18	5.16	10.21	9.97	9.39	8.44	8.63	8.53	5.27	5.37	4.98
第9区	大阪空港周辺	1.87	1.96	2.10	3.72	3.67	3.81	3.90	4.20	4.78	3.42	3.59	4.29

表 2-11　製造業従業者数及び構成比の推移

従業者数[人]		製造業計			一般機械器具製造業			電気機械器具製造業			輸送用機械器具製造業		
		1991年	1996年	2001年	1991年	1996年	2001年	1991年	1996年	2001年	1991年	1996年	2001年
1次メッシュ圏域		1,984,864	1,825,683	1,532,659	239,974	226,583	192,664	269,826	241,677	220,060	91,011	84,184	69,893
路線5km圏		681,654	604,414	504,890	83,398	73,871	59,967	60,032	52,701	46,492	31,121	25,648	23,940
第1区	関西空港島	0	0	1	0	0	0	0	0	0	0	0	0
第2区	関西空港対岸	19,471	15,657	13,707	1,389	1,162	1,077	416	194	160	357	291	196
第3区	岸和田・貝塚	25,011	21,357	20,326	2,808	2,791	1,914	1,672	1,204	1,061	634	499	418
第4区	泉大津・高石	34,191	31,747	23,126	2,298	2,086	1,828	1,803	1,419	1,134	1,080	939	538
第5区	堺	44,813	41,549	34,424	11,198	9,561	9,395	2,967	1,712	1,412	3,617	3,741	2,390
第6区	大阪市南	131,124	115,747	89,927	13,701	11,818	9,433	7,784	6,938	6,829	4,685	3,914	2,712
第7区	大阪市中心	232,798	203,971	173,984	23,043	21,626	17,190	10,741	9,750	7,224	3,607	4,453	2,557
第8区	大阪市北・吹田	120,539	108,045	87,309	19,799	16,832	12,674	17,708	14,161	13,307	5,121	3,267	2,574
第9区	大阪空港周辺	73,707	66,341	62,086	9,162	7,995	6,456	16,941	17,323	15,365	12,020	8,544	12,555
構成比[%]		製造業計			一般機械器具製造業			電気機械器具製造業			輸送用機械器具製造業		
		1991年	1996年	2001年	1991年	1996年	2001年	1991年	1996年	2001年	1991年	1996年	2001年
1次メッシュ圏域		100.00	100.00	100.00	100.00	100.00	100.00	100.00	100.00	100.00	100.00	100.00	100.00
路線5km圏		34.34	33.11	32.94	34.75	32.60	31.13	22.25	21.81	21.13	34.19	30.47	34.25
第1区	関西空港島	0.00	0.00	0.00	0.00	0.00	0.00	0.00	0.00	0.00	0.00	0.00	0.00
第2区	関西空港対岸	0.98	0.86	0.89	0.58	0.51	0.56	0.15	0.08	0.07	0.39	0.35	0.28
第3区	岸和田・貝塚	1.26	1.17	1.33	1.17	1.23	0.99	0.62	0.50	0.48	0.70	0.59	0.60
第4区	泉大津・高石	1.72	1.74	1.51	0.96	0.92	0.95	0.67	0.59	0.52	1.19	1.12	0.77
第5区	堺	2.26	2.28	2.25	4.67	4.22	4.88	1.10	0.71	0.64	3.97	4.44	3.42
第6区	大阪市南	6.61	6.34	5.87	5.71	5.22	4.90	2.88	2.87	3.10	5.15	4.65	3.88
第7区	大阪市中心	11.73	11.17	11.35	9.60	9.54	8.92	3.98	4.03	3.28	3.96	5.29	3.66
第8区	大阪市北・吹田	6.07	5.92	5.70	8.25	7.43	6.58	6.56	5.86	6.05	5.63	3.88	3.68
第9区	大阪空港周辺	3.71	3.63	4.05	3.82	3.53	3.35	6.28	7.17	6.98	13.21	10.15	17.96

以下では、絶対変化指数と相対変化指数を用いて、各区域ごとに詳細な変化を分析する。

(1) 1次メッシュ圏域

表 2-12 (a) の絶対変化指数を見ると、1次メッシュ圏域の製造業三業種の事業所数、従業者数ともに、1996年、2001年にかけて減少、ないしは大きく減少している。

表 2-12 (a) 　製造業事業所数と従業者数の変化（1次メッシュ圏域）

絶対変化指数	製造業計		一般機械器具製造業		電気機械器具製造業		輸送用機械器具製造業	
	1996年	2001年	1996年	2001年	1996年	2001年	1996年	2001年
事業所数	0.90	0.75	0.93	0.80	0.90	0.78	0.89	0.75
従業者数	0.92	0.77	0.94	0.80	0.90	0.82	0.92	0.77
相対変化指数	製造業計		一般機械器具製造業		電気機械器具製造業		輸送用機械器具製造業	
	1996年	2001年	1996年	2001年	1996年	2001年	1996年	2001年
事業所数	1.00	1.00	1.00	1.00	1.00	1.00	1.00	1.00
従業者数	1.00	1.00	1.00	1.00	1.00	1.00	1.00	1.00

(2) 路線 5km 圏

表 2-12 (b) の絶対変化指数を見ると、路線 5km 圏の製造業三業種の事業所数は、1996年、2001年にかけて減少、ないしは大きく減少している。相対変化指数を見ると、1996年、2001年にかけてやや減少ないしは減少している。

製造業三業種の従業者数の絶対変化指数を見ると、事業所数同様、1996年、2001年にかけて減少、ないしは大きく減少している。相対変化指数を見ると、輸送用機械器具製造業では、1996年に0.89へと大きく減少した後、2001年に1.00と横ばいとなっている。

表 2-12 (b) 　製造業事業所数と従業者数の変化（路線 5km 圏）

絶対変化指数	製造業計		一般機械器具製造業		電気機械器具製造業		輸送用機械器具製造業	
	1996年	2001年	1996年	2001年	1996年	2001年	1996年	2001年
事業所数	0.90	0.73	0.90	0.75	0.88	0.76	0.88	0.71
従業者数	0.89	0.74	0.89	0.72	0.88	0.77	0.82	0.77
相対変化指数	製造業計		一般機械器具製造業		電気機械器具製造業		輸送用機械器具製造業	
	1996年	2001年	1996年	2001年	1996年	2001年	1996年	2001年
事業所数	0.99	0.97	0.97	0.94	0.98	0.97	0.99	0.95
従業者数	0.96	0.96	0.94	0.90	0.98	0.95	0.89	1.00

(3) 第1区（関西空港島）

表 2-10、表 2-11 を見ると、1991 年からの5年間で、製造業三業種については、一切集積していない。

(4) 第2区（関西空港対岸）

表 2-12 (c) の絶対変化指数を見ると、第 2 区の製造業三業種の事業所数は、1996 年にかけて減少し、2001 年にかけて大きく減少している。相対変化指数を見ると、一般機械器具製造業では、1996 年に 1.05 へとやや増加し、2001 年にかけて 1.06 へと増加している。また、輸送用機械器具製造業の事業所数は、1996 年に 1.08 へと増加、2001 年に 1.16 へとさらに大きく増加している。

従業者数は、絶対変化指数を見ると、製造業三業種では 1996 年、2001 年にかけて大きく減少している。相対変化指数を見ると、一般機械器具製造業では、1996 年に 0.89 と大きく減少し、2001 年にかけて 0.97 へとやや減少している。

表 2-12（c） 製造業事業所数と従業者数の変化（第2区：関西空港対岸）

絶対変化指数	製造業計		一般機械器具製造業		電気機械器具製造業		輸送用機械器具製造業	
	1996年	2001年	1996年	2001年	1996年	2001年	1996年	2001年
事業所数	0.86	0.70	0.97	0.85	0.78	0.61	0.97	0.87
従業者数	0.80	0.70	0.84	0.78	0.47	0.38	0.82	0.55
相対変化指数	製造業計		一般機械器具製造業		電気機械器具製造業		輸送用機械器具製造業	
	1996年	2001年	1996年	2001年	1996年	2001年	1996年	2001年
事業所数	0.95	0.93	1.05	1.06	0.87	0.78	1.08	1.16
従業者数	0.87	0.91	0.89	0.97	0.52	0.47	0.88	0.71

(5) 第3区（岸和田・貝塚）

表 2-12 (d) の絶対変化指数を見ると、第 3 区の製造業三業種の事業所数は 1996 年、2001 年にかけて減少ないしは大きく減少している。相対変化指数を見ると、一般機械器具製造業では 1996 年に 1.00 と横ばいの後、2001 年に 0.89 へと大きく減少している。輸送用機械器具製造業では 1996 年に 0.97 へとやや減少し、2001 年に 1.01 と横ばいとなっている。

従業者数は、絶対変化指数を見ると、製造業三業種では、1996 年にかけて横ばいないし減少し、2001 年にかけて大きく減少している。特に一般機械器具製造業の減少の幅が一番大きい。相対変化指数を見ると、一般機械器具製造業では、1996 年に 1.05 へと増加した後、2001 年にかけて 0.85 へと大きな減少に転じている。製造業三業種では、2001 年にかけて大きく減少しているが、製造業計を見ると、1.05 へと増加している。

これは、この三業種以外の製造業中分類で増加していることが影響していると見られる。

表 2-12 (d) 　製造業事業所数と従業者数の変化（第3区：岸和田・貝塚）

絶対変化指数	製造業計		一般機械器具製造業		電気機械器具製造業		輸送用機械器具製造業	
	1996年	2001年	1996年	2001年	1996年	2001年	1996年	2001年
事業所数	0.88	0.72	0.93	0.71	0.82	0.66	0.86	0.76
従業者数	0.85	0.81	0.99	0.68	0.72	0.63	0.79	0.66
相対変化指数	製造業計		一般機械器具製造業		電気機械器具製造業		輸送用機械器具製造業	
	1996年	2001年	1996年	2001年	1996年	2001年	1996年	2001年
事業所数	0.97	0.97	1.00	0.89	0.92	0.84	0.97	1.01
従業者数	0.93	1.05	1.05	0.85	0.80	0.78	0.85	0.86

(6) 第4区（泉大津・高石）

　表 2-12 (e) の絶対変化指数を見ると、第4区の製造業三業種の事業所数は、1996年に横ばいないしやや減少し、2001年にかけて減少している。相対変化指数を見ると、1996年、2001年にかけて、増加ないしは大きく増加している。特に一般機械器具製造業は、1996年に1.03へとやや増加し、2001年にかけて1.14へとさらに大きく増加している。

　従業者数は、絶対変化指数を見ると、製造業三業種は、1996年、2001年にかけて減少ないし大きく減少している。相対変化指数を見ると、一般機械器具製造業では、1996年に0.96へとやや減少し、2001年にかけては横ばいである。

表 2-12 (e) 　製造業事業所数と従業者数の変化（第4区：泉大津・高石）

絶対変化指数	製造業計		一般機械器具製造業		電気機械器具製造業		輸送用機械器具製造業	
	1996年	2001年	1996年	2001年	1996年	2001年	1996年	2001年
事業所数	0.89	0.70	0.96	0.91	0.96	0.85	1.00	0.82
従業者数	0.93	0.68	0.91	0.80	0.79	0.63	0.87	0.50
相対変化指数	製造業計		一般機械器具製造業		電気機械器具製造業		輸送用機械器具製造業	
	1996年	2001年	1996年	2001年	1996年	2001年	1996年	2001年
事業所数	0.98	0.93	1.03	1.14	1.07	1.09	1.12	1.10
従業者数	1.01	0.88	0.96	0.99	0.88	0.77	0.94	0.65

(7) 第5区（堺）

　表 2-12 (f) を見ると、第5区の製造業三業種の事業所数は、1996年、2001年にかけて減少ないしは大きく減少している。相対変化指数を見ると、一般機械器具製造業で1996年に1.02へとやや増加し、2001年にかけて1.08へとさらに増加しているが、電気機械器具製造業では、1996年に0.78、2001年にかけて0.76へと大きく減少している。

　従業者数は、絶対変化指数を見ると、輸送用機械器具製造業で、1996年に1.03へと

やや増加した後、2001年にかけて0.66へと極めて大きな減少に転じている。相対変化指数を見ると、同様に、輸送用機械器具製造業で、1996年に1.12へと大きく増加した後、2001年にかけて0.86へと大きな減少に転じている。一方、一般機械器具製造業では、1996年に0.90へと減少した後、2001年に1.05へとやや増加に転じている。

表2-12（f） 製造業事業所数と従業者数の変化（第5区：堺）

絶対変化指数	製造業計		一般機械器具製造業		電気機械器具製造業		輸送用機械器具製造業	
	1996年	2001年	1996年	2001年	1996年	2001年	1996年	2001年
事業所数	0.93	0.78	0.94	0.86	0.70	0.59	0.88	0.66
従業者数	0.93	0.77	0.85	0.84	0.58	0.48	1.03	0.66
相対変化指数	製造業計		一般機械器具製造業		電気機械器具製造業		輸送用機械器具製造業	
	1996年	2001年	1996年	2001年	1996年	2001年	1996年	2001年
事業所数	1.03	1.05	1.02	1.08	0.78	0.76	0.99	0.87
従業者数	1.01	0.99	0.90	1.05	0.64	0.58	1.12	0.86

(8) 第6区（大阪市南）

表2-12（g）の絶対変化指数を見ると、第6区の製造業三業種の事業所数は、1996年、2001年にかけて減少ないしは大きく減少している。相対変化指数を見ると、電気機械器具製造業の事業所数は、1996年に1.01と横ばいの後、2001年にかけて0.93へと減少している。

従業者数は、絶対変化指数を見ると、製造業三業種は1996年、2001年にかけて大きく減少している。相対変化指数を見ると、電気機械器具製造業は、1996年は1.00と横ばいの後、2001年には1.08へと増加している。

表2-12（g） 製造業事業所数と従業者数の変化（第6区：大阪市南）

絶対変化指数	製造業計		一般機械器具製造業		電気機械器具製造業		輸送用機械器具製造業	
	1996年	2001年	1996年	2001年	1996年	2001年	1996年	2001年
事業所数	0.89	0.71	0.87	0.72	0.90	0.73	0.81	0.63
従業者数	0.88	0.69	0.86	0.69	0.89	0.88	0.84	0.58
相対変化指数	製造業計		一般機械器具製造業		電気機械器具製造業		輸送用機械器具製造業	
	1996年	2001年	1996年	2001年	1996年	2001年	1996年	2001年
事業所数	0.99	0.95	0.94	0.90	1.01	0.93	0.91	0.84
従業者数	0.96	0.89	0.91	0.86	1.00	1.08	0.90	0.75

(9) 第7区（大阪市中心）

表2-12（h）の絶対変化指数を見ると、第7区の製造業三業種の事業所数は、1996年、2001年にかけて減少ないしは大きく減少している。相対変化指数を見ると、輸送用機械器具製造業では、1996年1.02へとやや増加した後、2001年にかけて0.97へとやや減少に転じている。

従業者数は、輸送用機械器具製造業では、絶対変化指数、相対変化指数ともに、1996

年にかけて増加の後、2001年にかけて減少に転じている。電気機械器具製造業の相対変化指数を見ると、1996年に1.01へとやや増加した後、2001年にかけて0.82へと大きく減少に転じている。

表2-12（h）　製造業事業所数と従業者数の変化（第7区：大阪市中心）

絶対変化指数	製造業計		一般機械器具製造業		電気機械器具製造業		輸送用機械器具製造業	
	1996年	2001年	1996年	2001年	1996年	2001年	1996年	2001年
事業所数	0.89	0.72	0.87	0.73	0.83	0.71	0.91	0.73
従業者数	0.88	0.75	0.94	0.75	0.91	0.67	1.23	0.71
相対変化指数	製造業計		一般機械器具製造業		電気機械器具製造業		輸送用機械器具製造業	
	1996年	2001年	1996年	2001年	1996年	2001年	1996年	2001年
事業所数	0.98	0.96	0.94	0.91	0.92	0.91	1.02	0.97
従業者数	0.95	0.97	0.99	0.93	1.01	0.82	1.33	0.92

（10）第8区（大阪市北・吹田）

表2-12（i）の絶対変化指数を見ると、第8区の製造業三業種の事業所数は、1996年にかけて減少し、2001年にかけてさらに大きく減少している。相対変化指数を見ると、輸送用機械器具製造業で、1996年に1.02へとやや増加した後、2001年に0.95へと減少に転じている。

従業者数は、絶対変化指数を見ると、製造業三業種では、1996年、2001年にかけて大きく減少している。相対変化指数を見ると、電気機械器具製造業で1996年に0.89へと大きく減少、2001年にかけて0.92へと減少している。

表2-12（i）　製造業事業所数と従業者数の変化（第8区：大阪市北・吹田）

絶対変化指数	製造業計		一般機械器具製造業		電気機械器具製造業		輸送用機械器具製造業	
	1996年	2001年	1996年	2001年	1996年	2001年	1996年	2001年
事業所数	0.90	0.75	0.91	0.73	0.92	0.79	0.91	0.71
従業者数	0.90	0.72	0.85	0.64	0.80	0.75	0.64	0.50
相対変化指数	製造業計		一般機械器具製造業		電気機械器具製造業		輸送用機械器具製造業	
	1996年	2001年	1996年	2001年	1996年	2001年	1996年	2001年
事業所数	1.00	1.00	0.98	0.92	1.02	1.01	1.02	0.95
従業者数	0.97	0.94	0.90	0.80	0.89	0.92	0.69	0.65

（11）第9区（大阪空港周辺）

表2-12（j）の絶対変化指数を見ると、第9区の事業所数は、電気機械器具製造業で1996年に0.97、2001年にかけて0.96へとやや減少している。しかし同じ指標の相対変化指数を見ると、1996年に1.08へと増加、2001年にかけて1.23へとさらに大きく増加している。輸送用機械器具製造業も、絶対変化指数では1996年、2001年にかけて0.94へと減少しているが、相対変化指数を見ると1996年に1.05へと増加、2001年にかけて1.26へとさらに大きく増加している。

従業者数は、絶対変化指数を見ると、電気機械器具製造業で1996年に1.02へとやや増加した後、2001年にかけて0.91へと減少に転じている。しかし同じ指標の相対変化指数を見ると、1996年に1.14、2001年に1.11へと大きく増加している。輸送用機械器具製造業では、絶対変化指数、相対変化指数ともに1996年にかけて大きく減少の後、2001年にかけてやや増加ないしは大きく増加に転じている。

表 2-12（j）　製造業事業所数と従業者数の変化（第9区：大阪空港周辺）

絶対変化指数	製造業計		一般機械器具製造業		電気機械器具製造業		輸送用機械器具製造業	
	1996年	2001年	1996年	2001年	1996年	2001年	1996年	2001年
事業所数	0.95	0.84	0.91	0.82	0.97	0.96	0.94	0.94
従業者数	0.90	0.84	0.87	0.70	1.02	0.91	0.71	1.04
相対変化指数	製造業計		一般機械器具製造業		電気機械器具製造業		輸送用機械器具製造業	
	1996年	2001年	1996年	2001年	1996年	2001年	1996年	2001年
事業所数	1.05	1.12	0.99	1.02	1.08	1.23	1.05	1.26
従業者数	0.98	1.09	0.92	0.88	1.14	1.11	0.77	1.36

ここまで（3）〜（11）で見てきた相対変化指数を、記号化してわかりやすく整理したものが表2-13である。これに基づいて、関西空港立地と製造業の集積との関係について、各区域の分析結果を踏まえながら考察を行う。

分析対象地域である路線5km圏には、堺地域である第5区に阪神工業地帯の中心となっている堺泉北臨海工業地帯があり、鉄鋼や金属などの大規模な製造工場が多く立地している。また、第9区（大阪空港周辺）には、大規模な製造工場が立地している。表2-12を見ると、第5区、第9区での相対変化指数は、1996年、2001年にかけて横ばいないし増加していることからも、このことが影響していると考えられる。

大阪市地域である第6区〜第8区では、相対変化指数が減少している。これは、プラザ合意（1985年）以降の円高を契機として、バブル経済（1986〜1992年）による地価高騰が激しかった大阪市地域においては、製造業の生産拠点の海外や郊外への移転が他の地区より大きかったことが影響していると考えられる。

次に中分類三業種を見ると、一般機械器具製造業と輸送用機械器具製造業は、比較的似た傾向にある。また、事業所数については、一般機械器具製造業は産業大分類の製造業の傾向に似ている。これらの中分類三業種は、製造業の中でも航空輸送への依存度が高いと考えられるが、関西空港対岸地域や岸和田・貝塚地域で一般機械器具製造業と輸送用機械器具製造業の事業所数の相対変化指数が増加しているが、従業者数では逆に相対変化指数が減少している。関西空港立地により、周辺地域にこれらの中分類三業種の相対変化指数が増加したことの判断は慎重に行う必要があろう。

以上の状況を勘案すれば、関西空港立地による空港輸送条件の変化により、「関西空港と大阪空港間で製造業が移動した」、あるいは「関西空港周辺に製造業が大きく集積した」とは言えないであろう。

　以上のことより、今回の分析対象圏域である路線 5km 圏における製造業の集積については、関西空港立地による影響があると判断するのは難しく、プラザ合意（1985 年）後の急速な円高の進行や、バブル経済（1986～1992 年）による地価の高騰によって、我が国から海外へと企業の生産拠点等の移転が進行したマクロ経済的な要因が大きく働いているものと考えられる。

表 2-13　製造業事業所数及び従業者数の相対変化指数による比較

事業所数		全産業		製造業計		一般機械器具製造業		電気機械器具製造業		輸送用機械器具製造業	
		1996年	2001年	1996年	2001年	1996年	2001年	1996年	2001年	1996年	2001年
第1区	関西空港島	+	+	−	−	−	−	−	−	−	−
第2区	関西空港対岸	○○	○○○	▼▼	▼▼	○	○○	▼▼▼	■	○○	○○○
第3区	岸和田・貝塚	○	○○	▼	▼	→	▼▼▼	▼▼	▼▼▼	▼	→
第4区	泉大津・高石	○	→	▼	▼▼	○	○○○	○○	○○	○○○	○○
第5区	堺	→	○	○	○	○	○○	■	■	▼	▼▼▼
第6区	大阪市南	▼	▼▼	▼	▼	▼▼	▼▼▼	→	▼▼	▼	▼▼
第7区	大阪市中心	→	▼	▼	▼	▼▼	▼▼	○	○	○	▼
第8区	大阪市北・吹田	→	▼	→	→	▼	▼▼	○	○	○	▼▼
第9区	大阪空港周辺	○	○	○	○○○	▼	○	○○	◎	○○	◎
従業者数		全産業		製造業計		一般機械器具製造業		電気機械器具製造業		輸送用機械器具製造業	
		1996年	2001年	1996年	2001年	1996年	2001年	1996年	2001年	1996年	2001年
第1区	関西空港島	+	+	−	−	−	−	−	−	−	−
第2区	関西空港対岸	○○	○○○	▼▼▼	▼▼	▼▼▼	▼	■■	■■	▼▼▼	■
第3区	岸和田・貝塚	▼	○	▼▼	○○	○○	▼▼▼	▼▼▼	■	▼▼▼	▼▼▼
第4区	泉大津・高石	○	○	→	▼▼▼	▼	→	▼▼▼	▼▼▼	▼▼	■■
第5区	堺	○	→	→	→	▼▼	○	■■	■■	○○○	▼▼▼
第6区	大阪市南	▼	▼▼	▼	▼▼▼	▼▼	▼▼▼	→	○○	▼▼	■
第7区	大阪市中心	▼	▼▼	▼	▼	→	▼▼	○	▼▼▼	◎◎	▼▼
第8区	大阪市北・吹田	→	▼▼	▼	▼▼	▼▼	■	▼▼▼	▼▼	■■	■■
第9区	大阪空港周辺	→	▼	○○	▼▼	▼▼▼	▼▼▼	○○○	○○○	■	◎◎

注）製造業は2001年に事業所数、従業者数ともに1増加しているが、本稿で分析する三業種では一切集積していないため、本表でも「0より変化なし」としている。

2-2-3 運輸・通信業の集積

本項では、産業中分類の運輸業と通信業について、事業所数と従業者数の変化を、分析する。特に運輸業は、空港立地による社会経済への影響を見る上で最も重要な業種である。しかし、1991年以前の事業所統計調査において、地域メッシュ統計データは用意されていない。そこで、市区町村別に用意されている産業中分類別データを用いて、運輸・通信業を「運輸業」と「通信業」に分離するために推計作業を行った。作業内容については、「1-4-1 1991年事業所統計調査における運輸業と通信業の推計」を参照していただきたい。

運輸業・通信業の事業所数と従業者数、及びそれらの構成比の推移は、表2-14、表2-15のとおりである。これらから次のようなことが見て取れる。なお、運輸・通信業については、運輸業と傾向がよく似ていることがわかっている。

① 1次メッシュ圏域では、1991年から2001年にかけて、事業所数は、運輸業で減少を続けたが、通信業では増加を続けた。従業者数を見ると、運輸業で1991年に48万人、1996年に50万人へと増加した後、2001年にかけて44万人へと減少した。一方、通信業では1991年に8.4万人から1996年にかけて微減したものの、2001年にかけて9.4万人へと増加した。

② 関西空港と大阪空港を鉄道路線で結んだ帯状の圏域である路線5km圏では、1991年から2001年にかけて、事業所数、従業者数ともに1次メッシュ圏域と同様の傾向が見られた。1次メッシュ圏域に対する構成比で見ると、事業所数は、運輸業は、1991年に36.67%、1996年に36.78%へと増加した後、2001年にかけて36.14%へと減少した。通信業は、1991年に27.52%、1996年に32.03%、2001年にかけて33.17%へと増加した。一方、従業者数は、運輸業、通信業ともに減少した。

③ 第1区(関西空港島)では、1996年から2001年にかけて、運輸業では事業所数、従業者数ともに減少したが、運輸業では従業者数が8,163人から6,684人へと減少した。構成比を見ると、運輸業、通信業ともに事業所数、従業所数ともに減少した。

④ 関西空港に近い第2区～第5区(関西空港対岸から堺)では、1991年から2001年にかけて運輸業の事業所数が第2区と第4区で、通信業の事業所数が第2区から第5区のすべての区で増加した。構成比を見ると、1991年から2001年にかけて、運輸業の事業所数、従業者数ともに増加し、通信業では事業所数、従業者数ともに第5区で増加した。

⑤ 大阪市付近である第6区～第8区（大阪市南から大阪市北・吹田）への集積は他区に比べ大きい。運輸業の事業所数・従業者数は1991年から2001年にかけて減少した。

⑥ 第9区（大阪空港付近）では、運輸業は事業所数、従業者数ともに1991年から2001年にかけて減少したが、通信業は増加した。

表 2-14 運輸・通信業事業所数及び構成比の推移

事業所数[事業所]	運輸・通信業			運輸業			通信業		
	1991年	1996年	2001年	1991年	1996年	2001年	1991年	1996年	2001年
1次メッシュ圏域	26,126	25,659	25,361	23,201	22,340	20,339	2,925	3,319	5,022
路線5km圏	9,313	9,279	9,017	8,508	8,216	7,351	805	1,063	1,666
第1区 関西空港島	0	163	137	0	159	133	0	4	4
第2区 関西空港対岸	154	202	223	115	168	168	39	34	55
第3区 岸和田・貝塚	269	271	305	226	225	224	43	46	81
第4区 泉大津・高石	394	435	476	347	391	407	47	44	69
第5区 堺	903	822	885	841	758	758	62	64	127
第6区 大阪市南	1,784	1,817	1,602	1,646	1,641	1,359	138	176	243
第7区 大阪市中心	3,864	3,806	3,645	3,598	3,372	2,975	266	434	670
第8区 大阪市北・吹田	1,336	1,259	1,188	1,218	1,097	934	118	162	254
第9区 大阪空港周辺	609	504	556	517	405	393	92	99	163
構成比[%]	運輸・通信業			運輸業			通信業		
	1991年	1996年	2001年	1991年	1996年	2001年	1991年	1996年	2001年
1次メッシュ圏域	100.00	100.00	100.00	100.00	100.00	100.00	100.00	100.00	100.00
路線5km圏	35.65	36.16	35.55	36.67	36.78	36.14	27.52	32.03	33.17
第1区 関西空港島	0.00	0.64	0.54	0.00	0.71	0.65	0.00	0.12	0.08
第2区 関西空港対岸	0.59	0.79	0.88	0.50	0.75	0.83	1.33	1.02	1.10
第3区 岸和田・貝塚	1.03	1.06	1.20	0.97	1.01	1.10	1.47	1.39	1.61
第4区 泉大津・高石	1.51	1.70	1.88	1.50	1.75	2.00	1.61	1.33	1.37
第5区 堺	3.46	3.20	3.49	3.62	3.39	3.73	2.12	1.93	2.53
第6区 大阪市南	6.83	7.08	6.32	7.09	7.35	6.68	4.72	5.30	4.84
第7区 大阪市中心	14.79	14.83	14.37	15.51	15.09	14.63	9.09	13.08	13.34
第8区 大阪市北・吹田	5.11	4.91	4.68	5.25	4.91	4.59	4.03	4.88	5.06
第9区 大阪空港周辺	2.33	1.96	2.19	2.23	1.81	1.93	3.15	2.98	3.25

表 2-15 運輸・通信業従業者数及び構成比の推移

従業者数[人]	運輸・通信業			運輸業			通信業		
	1991年	1996年	2001年	1991年	1996年	2001年	1991年	1996年	2001年
1次メッシュ圏域	566,699	585,603	536,533	482,272	501,437	442,391	84,427	84,166	94,142
路線5km圏	226,372	227,159	203,760	187,889	189,027	162,723	38,483	38,132	41,037
第1区 関西空港島	0	8,553	7,090	0	8,163	6,684	0	390	406
第2区 関西空港対岸	3,246	4,042	4,405	2,819	3,680	3,863	427	362	542
第3区 岸和田・貝塚	5,274	4,979	5,196	4,066	4,148	4,239	1,208	831	957
第4区 泉大津・高石	7,480	8,884	8,999	6,697	8,163	8,283	783	721	716
第5区 堺	12,890	14,332	13,600	11,388	12,819	11,766	1,502	1,513	1,834
第6区 大阪市南	32,612	32,569	28,860	28,687	28,641	24,841	3,925	3,928	4,019
第7区 大阪市中心	106,803	101,202	88,245	83,319	77,891	63,408	23,484	23,311	24,837
第8区 大阪市北・吹田	38,297	37,738	31,487	33,244	32,442	26,119	5,053	5,296	5,368
第9区 大阪空港周辺	19,770	14,860	15,878	17,669	13,080	13,520	2,101	1,780	2,358
構成比[%]	運輸・通信業			運輸業			通信業		
	1991年	1996年	2001年	1991年	1996年	2001年	1991年	1996年	2001年
1次メッシュ圏域	100.00	100.00	100.00	100.00	100.00	100.00	100.00	100.00	100.00
路線5km圏	39.95	38.79	37.98	38.96	37.70	36.78	45.58	45.31	43.59
第1区 関西空港島	0.00	1.46	1.32	0.00	1.63	1.51	0.00	0.46	0.43
第2区 関西空港対岸	0.57	0.69	0.82	0.58	0.73	0.87	0.51	0.43	0.58
第3区 岸和田・貝塚	0.93	0.85	0.97	0.84	0.83	0.96	1.43	0.99	1.02
第4区 泉大津・高石	1.32	1.52	1.68	1.39	1.63	1.87	0.93	0.86	0.76
第5区 堺	2.27	2.45	2.53	2.36	2.56	2.66	1.78	1.80	1.95
第6区 大阪市南	5.75	5.56	5.38	5.95	5.71	5.62	4.65	4.67	4.27
第7区 大阪市中心	18.85	17.28	16.45	17.28	15.53	14.33	27.82	27.70	26.38
第8区 大阪市北・吹田	6.76	6.44	5.87	6.89	6.47	5.90	5.99	6.29	5.70
第9区 大阪空港周辺	3.49	2.54	2.96	3.66	2.61	3.06	2.49	2.11	2.50

以下では、絶対変化指数と相対変化指数を用いて、各区域ごとに詳細な変化を分析する。

(1) 1次メッシュ圏域

表 2-16（a）の絶対変化指数を見ると、1次メッシュ圏域の運輸・通信業の事業所数は、運輸業は 1996 年に 0.96 へとやや減少の後の後、2001 年にかけて 0.88 へと大きく減少している。通信業は 1996 年に 1.13 へと大きく増加し、2001 年にかけて 1.72 へと極めて大きく増加している。

従業者数を見ると、運輸業は、1996 年に 1.04 へとやや増加した後、2001 年にかけて 0.92 へと減少に転じている。

表 2-16（a） 運輸・通信業事業所数と従業者数の変化（1次メッシュ圏域）

絶対変化指数	運輸・通信業		運輸業		通信業	
	1996年	2001年	1996年	2001年	1996年	2001年
事業所数	0.98	0.97	0.96	0.88	1.13	1.72
従業者数	1.03	0.95	1.04	0.92	1.00	1.12
相対変化指数	運輸・通信業		運輸業		通信業	
	1996年	2001年	1996年	2001年	1996年	2001年
事業所数	1.00	1.00	1.00	1.00	1.00	1.00
従業者数	1.00	1.00	1.00	1.00	1.00	1.00

(2) 路線 5km 圏

表 2-16（b）の絶対変化指数を見ると、路線 5km 圏の運輸業の事業所数は、1996 年に 0.97 へとやや減少し、2001 年に 0.86 へとさらに大きく減少しているが、相対変化指数を見ると、1996 年、2001 年にかけて横ばいである。同じ指標の従業者数の相対変化指数を見ると、1996 年に 0.97 へとやや減少し、2001 年にかけて 0.94 へとさらに減少している。

表 2-16（b） 運輸・通信業事業所数と従業者数の変化（路線 5km 圏）

絶対変化指数	運輸・通信業		運輸業		通信業	
	1996年	2001年	1996年	2001年	1996年	2001年
事業所数	1.00	0.97	0.97	0.86	1.32	2.07
従業者数	1.00	0.90	1.01	0.87	0.99	1.07
相対変化指数	運輸・通信業		運輸業		通信業	
	1996年	2001年	1996年	2001年	1996年	2001年
事業所数	1.01	1.00	1.00	0.99	1.16	1.21
従業者数	0.97	0.95	0.97	0.94	0.99	0.96

(3) 第1区（関西空港島）

表2-14、表2-15を見ると、第1区では、1991年から1996年にかけて運輸・通信業の事業所数が163事業所、従業者数が8,553人へと増加した。その後、2001年にかけて事業所数が137事業所、従業者数が7,090人まで減少した。

(4) 第2区（関西空港対岸）

表1-16（c）の絶対変化指数を見ると、第2区の運輸業の事業所数は、1996年、2001年にかけて1.46へと大きく増加している。通信業は、1996年に0.87へと大きく減少した後、2001年にかけて1.41へと極めて大きな増加に転じている。相対変化指数を見ると、運輸業では、1996年に1.52、2001年にかけて1.67へと極めて大きく増加しているが、通信業は、1996年に0.77、2001年にかけて0.82と大きく減少している。

従業者数は、絶対変化指数を見ると、運輸業では1996年に1.31、2001年にかけて1.37へとさらに大きく増加している。通信業は、1996年に0.85へと大きく減少した後、2001年にかけて1.27へと大きな増加に転じている。相対変化指数を見ると、運輸業では、1996年に1.26へと大きく増加し、2001年にかけて1.49へと極めて大きく増加している。通信業を見ると、1996年に0.85へと大きく減少した後、2001年にかけて1.14へと大きく増加に転じている。

表2-16（c）　運輸・通信業事業所数と従業者数の変化（第2区：関西空港対岸）

絶対変化指数	運輸・通信業		運輸業		通信業	
	1996年	2001年	1996年	2001年	1996年	2001年
事業所数	1.31	1.45	1.46	1.46	0.87	1.41
従業者数	1.25	1.36	1.31	1.37	0.85	1.27
相対変化指数	運輸・通信業		運輸業		通信業	
	1996年	2001年	1996年	2001年	1996年	2001年
事業所数	1.34	1.49	1.52	1.67	0.77	0.82
従業者数	1.21	1.43	1.26	1.49	0.85	1.14

(5) 第3区（岸和田・貝塚）

表2-16（d）の絶対変化指数を見ると、第3区の事業所数は、運輸業では1996年、2001年にかけて横ばいであるが、通信業では1996年に1.07へと増加し、2001年にかけて1.88へとさらに大きく増加している。相対変化指数を見ると、運輸業で1996年に1.03へとやや増加し、2001年にかけて1.13へとさらに大きく増加している。通信業は1996年に0.94へと減少した後、2001年にかけて1.10へと増加に転じている。

従業者数は、絶対変化指数を見ると、運輸業では、1996年に1.02へとやや増加し、2001年にかけて1.04へと増加している。相対変化指数を見ると、運輸業で1996年に

0.98へとやや減少した後、2001年にかけて1.14へと大きな増加に転じている。

表2-16（d）　運輸・通信業事業所数と従業者数の変化（第3区：岸和田・貝塚）

絶対変化指数	運輸・通信業		運輸業		通信業	
	1996年	2001年	1996年	2001年	1996年	2001年
事業所数	1.01	1.13	1.00	0.99	1.07	1.88
従業者数	0.94	0.99	1.02	1.04	0.69	0.79
相対変化指数	運輸・通信業		運輸業		通信業	
	1996年	2001年	1996年	2001年	1996年	2001年
事業所数	1.03	1.17	1.03	1.13	0.94	1.10
従業者数	0.91	1.04	0.98	1.14	0.69	0.71

(6)　第4区（泉大津・高石）

表2-16(e)の絶対変化指数を見ると、第4区の事業所数は、運輸業で1996年に1.13、2001年にかけて1.17へと大きく増加している。通信業は、1996年に0.94へと減少した後、2001年にかけて1.47へと極めて大きく増加に転じている。相対変化指数を見ると、運輸業は1996年に1.17、2001年にかけて1.34へと大きく増加している。通信業は、1996年に0.83、2001年にかけて0.86へと大きく減少している。

従業者数は、絶対変化指数、相対変化指数ともに、運輸業では1996年、2001年にかけて大きく増加しているが、通信業では1996年にかけて減少し、2001年にかけてさらに大きく減少している。

表2-16（e）　運輸・通信業事業所数と従業者数の変化（第4区：泉大津・高石）

絶対変化指数	運輸・通信業		運輸業		通信業	
	1996年	2001年	1996年	2001年	1996年	2001年
事業所数	1.10	1.21	1.13	1.17	0.94	1.47
従業者数	1.19	1.20	1.22	1.24	0.92	0.91
相対変化指数	運輸・通信業		運輸業		通信業	
	1996年	2001年	1996年	2001年	1996年	2001年
事業所数	1.12	1.24	1.17	1.34	0.83	0.86
従業者数	1.15	1.27	1.17	1.35	0.92	0.82

(7) 第5区（堺）

　表2-16（f）の絶対変化指数を見ると、第5区の事業所数は、通信業は1996年に1.03へとやや増加し、2001年の2.05へとさらに極めて大きく増加している。一方、運輸業では1996年、2001年にかけて0.90と減少しているが、同じ指標の相対変化指数を見ると、運輸業は、1996年に0.94と減少した後、2001年に1.03とやや増加に転じている。

　従業者数は、絶対変化指数を見ると、運輸業で1996年に1.13へと大きく増加、2001年に1.03へとやや増加している。相対変化指数を見ると、1996年の1.08へと増加し、2001年の1.13へとさらに大きく増加している。

表2-16（f）　運輸・通信業事業所数と従業者数の変化（第5区：堺）

絶対変化指数	運輸・通信業		運輸業		通信業	
	1996年	2001年	1996年	2001年	1996年	2001年
事業所数	0.91	0.98	0.90	0.90	1.03	2.05
従業者数	1.11	1.06	1.13	1.03	1.01	1.22
相対変化指数	運輸・通信業		運輸業		通信業	
	1996年	2001年	1996年	2001年	1996年	2001年
事業所数	0.93	1.01	0.94	1.03	0.91	1.19
従業者数	1.08	1.11	1.08	1.13	1.01	1.10

(8) 第6区（大阪市南）

　表2-16（g）の絶対変化指数を見ると、第6区の事業所数は、運輸業で1996年に1.00と横ばいの後、2001年にかけて0.83へと大きく減少している。通信業は、1996年に1.28へと大きく増加し、2001年にかけて1.76へと極めて大きく増加している。相対変化指数を見ると、運輸業で、1996年に1.04へとやや増加した後、2001年にかけて0.94へと減少に転じている。

　従業者数は、相対変化指数を見ると、運輸業で1996年に0.96へとやや減少し、2001年にかけて0.94へと減少している。

表2-16（g）　運輸・通信業事業所数と従業者数の変化（第6区：大阪市南）

絶対変化指数	運輸・通信業		運輸業		通信業	
	1996年	2001年	1996年	2001年	1996年	2001年
事業所数	1.02	0.90	1.00	0.83	1.28	1.76
従業者数	1.00	0.88	1.00	0.87	1.00	1.02
相対変化指数	運輸・通信業		運輸業		通信業	
	1996年	2001年	1996年	2001年	1996年	2001年
事業所数	1.04	0.93	1.04	0.94	1.12	1.03
従業者数	0.97	0.93	0.96	0.94	1.00	0.92

(9) 第7区（大阪市中心）

表2-16 (h) の絶対変化指数を見ると、第7区の事業所数は、運輸業が1996年に0.94へと減少し、2001年にかけて0.83へとさらに大きく減少している。同じ指標の従業者数も、1996年に0.93へと減少し、2001年にかけて0.76へとさらに大きく減少している。

表 2-16 (h)　運輸・通信業事業所数と従業者数の変化（第7区：大阪市中心）

絶対変化指数	運輸・通信業		運輸業		通信業	
	1996年	2001年	1996年	2001年	1996年	2001年
事業所数	0.98	0.94	0.94	0.83	1.63	2.52
従業者数	0.95	0.83	0.93	0.76	0.99	1.06
相対変化指数	運輸・通信業		運輸業		通信業	
	1996年	2001年	1996年	2001年	1996年	2001年
事業所数	1.00	0.97	0.97	0.94	1.44	1.47
従業者数	0.92	0.87	0.90	0.83	1.00	0.95

(10) 第8区（大阪市北・吹田）

表2-16 (i) の絶対変化指数を見ると、第8区の事業所数は、運輸業が1996年に0.90へと減少し、2001年にかけて0.77へとさらに大きく減少している。通信業では、1996年に1.37、2001年にかけて2.15へと極めて大きく増加している。

従業者数は、絶対変化指数を見ると、運輸業で1996年に0.98へとやや減少し、2001年にかけて0.79へとさらに大きく減少している。

表 2-16 (i)　運輸・通信業事業所数と従業者数の変化（第8区：大阪市北・吹田）

絶対変化指数	運輸・通信業		運輸業		通信業	
	1996年	2001年	1996年	2001年	1996年	2001年
事業所数	0.94	0.89	0.90	0.77	1.37	2.15
従業者数	0.99	0.82	0.98	0.79	1.05	1.06
相対変化指数	運輸・通信業		運輸業		通信業	
	1996年	2001年	1996年	2001年	1996年	2001年
事業所数	0.96	0.92	0.94	0.87	1.21	1.25
従業者数	0.95	0.87	0.94	0.86	1.05	0.95

(11) 第9区（大阪空港周辺）

表2-16 (j) の絶対変化指数を見ると、第9区の事業所数は、運輸業で1996年に0.78、2001年にかけて0.76へと大きく減少している。通信業では1996年に1.08へと増加し、2001年にかけて1.77へと極めて大きく増加している。相対変化指数を見ると、通信業では0.95へと減少の後、2001年にかけてやや増加に転じている。

従業者数は、絶対変化指数を見ると、運輸業で1996年に0.74、2001年にかけて0.77へと大きく減少しているが、通信業を見ると、1996年に0.85へと大きく減少した後、

2001年にかけて1.12へと大きく増加に転じている。相対変化指数を見ると、通信業の従業者数は、1996年に0.85へと大きく減少し、2001年にかけては横ばいである。

表 2-16（j）　運輸・通信業事業所数と従業者数の変化（第9区：大阪空港周辺）

絶対変化指数	運輸・通信業		運輸業		通信業	
	1996年	2001年	1996年	2001年	1996年	2001年
事業所数	0.83	0.91	0.78	0.76	1.08	1.77
従業者数	0.75	0.80	0.74	0.77	0.85	1.12
相対変化指数	運輸・通信業		運輸業		通信業	
	1996年	2001年	1996年	2001年	1996年	2001年
事業所数	0.84	0.94	0.81	0.87	0.95	1.03
従業者数	0.73	0.85	0.71	0.83	0.85	1.01

　ここまで（3）〜（11）で見てきた相対変化指数を、記号化してわかりやすく整理したものが表2-17である。これに基づいて、関西空港立地と運輸・通信業の集積との関係について、我が国の産業立地に係る全国的な動向と、各区域の分析結果を踏まえながら考察を行う。

　「1－4－1　1991年事業所統計調査における運輸業と通信業の推計」でも述べたとおり、空港内に立地する事業所の大半は「運輸業」と「サービス業」である。

　まず、運輸業については、関西空港の開港前後の時点で、関西空港島の第1区では運輸業の事業所数、従業者数がそれぞれ0から、159事業所、8,163人となった一方で、国際線が関西空港に移転した大阪空港周辺の第9区では、運輸業の事業所数、従業者数とも2割以上減少した（表2-14、表2-15）ことからみて、関西空港立地が第1区及び第9区の運輸業の集積状況に、極めて大きな変化を与えたと考えられる。また、関西空港の関連事業として整備されたりんくうタウンがある第2区では、航空貨物に関連する物流事業所が関西空港開港後に立地し、かつ運輸業の従業者数の開港前後の伸びも相対的に大きいことからみて、関西空港の立地が運輸業の集積に影響を与えた地区であるとみることができる。

　また、通信業については、第1区は開港前後の時点で、通信業の事業所数、従業者数がそれぞれ0から、4事業所、390人となっている（表2-14、表2-15）。これは、空港内事業所に情報通信システムの運用・管理を行う会社、郵便事業所等の通信業事業所があるためであり、関西空港立地による通信業の集積状況への影響があったといえるが、運輸業と比べてその規模は非常に小さい。

　1990年代における運輸・通信業に係る全国的な動向としては、事業参入規制など経済規制の緩和がある。運輸業のうち従業者数で最大のトラック事業では、1990年に物

流二法[10]の施行があり、事業参入規制が緩和され、一般貨物自動車運送事業者数は大幅に増加したが、その後のバブル経済崩壊などの影響で貨物輸送需要は低迷し、事業者数も停滞している。1次メッシュ圏域、路線5km圏域とも、運輸業の事業所数、従業者数はともに、1991～1996年では増加、1996～2001年では減少となっている。

通信業に関しては、1985年に電電公社が民営化され、事業独占の廃止がなされたことから、1990年代には長距離電話、移動体通信、インターネット接続等の事業に、多数の新規参入とその後の事業者間の再編があったとされる。1次メッシュ圏域、路線5km圏域とも、通信業の事業所数は、1991～2001年で漸増、従業者数は1991～1996年は微減、1996～2001年では増加となっている。

以上のことから、運輸業に関しては、先に取り上げた第1、2、9区以外の区については、関西空港立地の影響は明確ではなく、全国的な動向の影響の方が大きかったとみられる。

通信業に関しては、規模は小さいものの第1区では関西空港立地の影響がみられるが、その他の区では影響は明確ではなく、全国的な動向の影響の方が大きかったとみられる。

表2-17 運輸・通信業事業所数及び従業者数の相対変化指数による比較

事業所数		全産業		運輸・通信業		運輸業		通信業	
		1996年	2001年	1996年	2001年	1996年	2001年	1996年	2001年
第1区	関西空港島	＋	＋	＋	＋	＋	＋	＋	＋
第2区	関西空港対岸	○○	○○○	◎◎	◎◎	◎◎	◎◎	■	▼▼▼
第3区	岸和田・貝塚	○	○○	○	○○○	○	○○○	▼▼	○○
第4区	泉大津・高石	○	→	○○○	◎	○○○	◎◎	▼▼▼	▼▼▼
第5区	堺	→	→	▼▼	→	▼▼	○	▼▼	○○○
第6区	大阪市南	▼	▼▼	○	▼▼	○	▼▼	○○○	○
第7区	大阪市中心	→	▼	→	▼	▼	▼	◎◎	◎◎
第8区	大阪市北・吹田	→	▼	▼▼▼	▼▼▼	▼▼▼	▼▼▼	◎	◎
第9区	大阪空港周辺	○	○	▼▼▼	▼▼▼	▼▼▼	▼▼▼	▼▼	○
従業者数		全産業		運輸・通信業		運輸業		通信業	
		1996年	2001年	1996年	2001年	1996年	2001年	1996年	2001年
第1区	関西空港島	＋	＋	＋	＋	＋	＋	＋	＋
第2区	関西空港対岸	○○	○○○	◎	◎◎	◎◎	◎◎	▼▼▼	○○○
第3区	岸和田・貝塚	▼	○	▼▼	○	▼	○○○	■■	■
第4区	泉大津・高石	○	○	○○○	◎	○○○	◎◎	▼▼	▼▼▼
第5区	堺	○	→	○○	○	○○	○	○	○○
第6区	大阪市南	▼	▼▼	▼	▼▼	▼	▼▼	→	▼▼
第7区	大阪市中心	▼	▼▼	▼▼	▼▼▼	▼▼▼	▼▼▼	→	▼▼
第8区	大阪市北・吹田	→	▼▼	▼	▼▼▼	▼▼	▼▼▼	○○	▼
第9区	大阪空港周辺	→	○	■	▼▼▼	■	▼▼▼	▼▼▼	→

---

[10] 貨物自動車運送事業法及び貨物運送取扱事業法。

2-2-4 卸売・小売業の集積

本項では、卸売業、小売業、飲食店の三業種[11]について、事業所数と従業者数の変化を各区域ごとに分析し、背景について考察する。

卸売・小売業の事業所数と従業者数、及びそれらの構成比の推移は、表2-18、表2-19のとおりである。これらから、次のことが見て取れる。

① 1次メッシュ圏域では、1991年から2001年にかけて、卸売業、小売業、飲食店の三業種とも事業所数は減少したが、小売業及び飲食店の従業者数は1996年に増加した後、2001年に減少した。
② 関西空港と大阪空港を鉄道路線で結んだ帯状の圏域である路線5km圏では、1991年から2001年にかけて、三業種とも事業所数は減少したが、小売業の従業者数は1996年に増加した後、2001年に減少した。
③ 第1区（関西空港島）は、1996年から2001年にかけて卸売業、小売業、飲食店の三業種とも事業所数、従業者数ともに減少した。
④ 関西空港に近い第2区〜第5区（関西空港対岸から堺）では、1991年から2001年にかけて、三業種ともに事業所数は減少したが、従業者数は小売業と飲食店の第2区から第4区で1991年から2001年にかけて増加した。
⑤ 大阪市付近である第6区〜第8区（大阪市南から大阪市北・吹田）では、1991年から2001年にかけて、三業種ともに事業所数は減少した。構成比を見ると、三業種ともに事業所数及び従業者数は、第7区が高い。特に卸売業の従業者数は、1次メッシュ圏域の約40%がこの区に集積している。
⑥ 第9区（大阪空港周辺）では、1991年から2001年にかけて、三業種とも事業所数は減少した。

---

[11] 産業中分類に「卸売業」「小売業」「飲食店」は存在しないが、「地域メッシュ事業所・企業統計調査」データには産業中分類をまとめた3項目が集計されており、本稿ではこちらを用いた。

表 2-18 卸売・小売業事業所数及び構成比の推移

事業所数[事業所]		卸売・小売業			卸売業			小売業			飲食店		
		1991年	1996年	2001年	1991年	1996年	2001年	1991年	1996年	2001年	1991年	1996年	2001年
1次メッシュ圏域		435,183	412,409	370,521	80,617	72,968	63,514	215,999	206,048	183,263	138,567	133,393	123,744
路線5km圏		171,453	162,477	141,391	43,342	40,055	33,787	70,190	66,662	57,734	57,921	55,760	49,870
第1区	関西空港島	0	182	129	0	10	1	0	123	83	0	49	45
第2区	関西空港対岸	3,374	3,455	3,336	453	417	380	2,055	2,115	2,002	866	923	954
第3区	岸和田・貝塚	5,590	5,440	4,944	717	670	602	3,277	3,178	2,827	1,596	1,592	1,515
第4区	泉大津・高石	5,499	5,334	4,625	669	519	457	3,186	3,086	2,608	1,644	1,729	1,560
第5区	堺	10,483	9,798	8,634	1,478	1,287	1,105	5,386	5,130	4,257	3,619	3,381	3,272
第6区	大阪市南	31,084	28,616	24,566	5,572	4,949	4,105	15,566	14,058	11,840	9,946	9,609	8,621
第7区	大阪市中心	79,700	75,591	65,383	27,219	25,093	20,735	23,763	23,102	20,674	28,718	27,396	23,974
第8区	大阪市北・吹田	22,536	21,537	18,700	5,908	5,825	5,233	9,530	8,933	7,439	7,098	6,779	6,028
第9区	大阪空港周辺	13,187	12,524	11,074	1,326	1,285	1,169	7,427	6,937	6,004	4,434	4,302	3,901
構成比[%]		卸売・小売業			卸売業			小売業			飲食店		
		1991年	1996年	2001年	1991年	1996年	2001年	1991年	1996年	2001年	1991年	1996年	2001年
1次メッシュ圏域		100.00	100.00	100.00	100.00	100.00	100.00	100.00	100.00	100.00	100.00	100.00	100.00
路線5km圏		39.40	39.40	38.16	53.76	54.89	53.20	32.50	32.35	31.50	41.80	41.80	40.30
第1区	関西空港島	0.00	0.04	0.03	0.00	0.01	0.00	0.00	0.06	0.05	0.00	0.04	0.04
第2区	関西空港対岸	0.78	0.84	0.90	0.56	0.57	0.60	0.95	1.03	1.09	0.62	0.69	0.77
第3区	岸和田・貝塚	1.28	1.32	1.33	0.89	0.92	0.95	1.52	1.54	1.54	1.15	1.19	1.22
第4区	泉大津・高石	1.26	1.29	1.25	0.83	0.71	0.72	1.48	1.50	1.42	1.19	1.30	1.26
第5区	堺	2.41	2.38	2.33	1.83	1.76	1.74	2.49	2.49	2.32	2.61	2.53	2.64
第6区	大阪市南	7.14	6.94	6.63	6.91	6.78	6.46	7.21	6.82	6.46	7.18	7.20	6.97
第7区	大阪市中心	18.31	18.33	17.65	33.76	34.39	32.65	11.00	11.21	11.28	20.72	20.54	19.37
第8区	大阪市北・吹田	5.18	5.22	5.05	7.33	7.98	8.24	4.41	4.34	4.06	5.12	5.08	4.87
第9区	大阪空港周辺	3.03	3.04	2.99	1.64	1.76	1.84	3.44	3.37	3.28	3.20	3.23	3.15

表 2-19 卸売・小売業従業者数及び構成比の推移

従業者数[人]		卸売・小売業			卸売業			小売業			飲食店		
		1991年	1996年	2001年	1991年	1996年	2001年	1991年	1996年	2001年	1991年	1996年	2001年
1次メッシュ圏域		2,655,745	2,817,658	2,605,183	922,827	902,684	727,801	1,090,035	1,249,872	1,212,393	642,883	665,102	664,989
路線5km圏		1,203,029	1,246,146	1,081,550	554,057	549,568	432,996	360,817	411,926	380,495	288,155	284,652	268,059
第1区	関西空港島	0	3,119	2,555	0	60	30	0	2,053	1,515	0	1,006	1,010
第2区	関西空港対岸	17,109	21,878	22,297	3,385	3,231	2,981	9,836	13,011	13,535	3,888	5,636	5,781
第3区	岸和田・貝塚	27,532	30,516	29,762	5,684	5,960	4,756	15,088	17,390	16,979	6,760	7,166	8,027
第4区	泉大津・高石	26,284	28,803	28,123	5,153	4,465	4,949	14,276	16,677	15,803	6,855	7,661	7,371
第5区	堺	55,485	59,640	54,470	12,846	12,174	10,742	27,263	32,243	28,691	15,376	15,223	15,037
第6区	大阪市南	136,214	141,014	123,321	46,221	46,982	33,549	58,495	61,726	58,609	31,498	32,306	31,163
第7区	大阪市中心	706,346	703,971	591,695	394,459	381,322	294,481	142,001	162,839	151,686	169,886	159,810	145,528
第8区	大阪市北・吹田	158,153	173,567	152,707	74,282	82,456	70,811	52,060	58,824	51,033	31,811	32,287	30,863
第9区	大阪空港周辺	75,906	83,638	76,620	12,027	12,918	10,697	41,798	47,163	42,644	22,081	23,557	23,279
構成比[%]		卸売・小売業			卸売業			小売業			飲食店		
		1991年	1996年	2001年	1991年	1996年	2001年	1991年	1996年	2001年	1991年	1996年	2001年
1次メッシュ圏域		100.00	100.00	100.00	100.00	100.00	100.00	100.00	100.00	100.00	100.00	100.00	100.00
路線5km圏		45.30	44.23	41.52	60.04	60.88	59.49	33.10	32.96	31.38	44.82	42.80	40.31
第1区	関西空港島	0.00	0.11	0.10	0.00	0.01	0.00	0.00	0.16	0.12	0.00	0.15	0.15
第2区	関西空港対岸	0.64	0.78	0.86	0.37	0.36	0.41	0.90	1.04	1.12	0.60	0.85	0.87
第3区	岸和田・貝塚	1.04	1.08	1.14	0.62	0.66	0.65	1.38	1.39	1.40	1.05	1.08	1.21
第4区	泉大津・高石	0.99	1.02	1.08	0.56	0.49	0.68	1.31	1.33	1.30	1.07	1.15	1.11
第5区	堺	2.09	2.12	2.09	1.39	1.35	1.48	2.50	2.58	2.37	2.39	2.29	2.26
第6区	大阪市南	5.13	5.00	4.73	5.01	5.20	4.61	5.37	4.94	4.83	4.90	4.86	4.69
第7区	大阪市中心	26.60	24.98	22.71	42.74	42.24	40.46	13.03	13.03	12.51	26.43	24.03	21.88
第8区	大阪市北・吹田	5.96	6.16	5.86	8.05	9.13	9.73	4.78	4.71	4.21	4.95	4.85	4.64
第9区	大阪空港周辺	2.86	2.97	2.94	1.30	1.43	1.47	3.83	3.77	3.52	3.43	3.54	3.50

以下では、絶対変化指数と相対変化指数を用いて、各区域ごとに詳細な変化を分析する。

(1) 1次メッシュ圏域

表 2-20 (a) の絶対変化指数を見ると、1次メッシュ圏域の卸売・小売業三業種の事業所数は、1996年、2001年にかけて減少、ないしは大きく減少している。

従業者数は、卸売業では1996年に0.98へとやや減少し、2001年にかけて0.79へと大きく減少している。一方、小売業と飲食店では、1996年、2001年にかけてやや増加ないしは大きく増加している。

表 2-20 (a) 卸売・小売業事業所数と従業者数の変化（1次メッシュ圏域）

絶対変化指数	卸売・小売業		卸売業		小売業		飲食店	
	1996年	2001年	1996年	2001年	1996年	2001年	1996年	2001年
事業所数	0.95	0.85	0.91	0.79	0.95	0.85	0.96	0.89
従業者数	1.06	0.98	0.98	0.79	1.15	1.11	1.03	1.03
相対変化指数	卸売・小売業		卸売業		小売業		飲食店	
	1996年	2001年	1996年	2001年	1996年	2001年	1996年	2001年
事業所数	1.00	1.00	1.00	1.00	1.00	1.00	1.00	1.00
従業者数	1.00	1.00	1.00	1.00	1.00	1.00	1.00	1.00

(2) 路線5km圏

表 2-20 (b) の絶対変化指数を見ると、路線5km圏の卸売・小売業三業種の事業所数は、1996年、2001年にかけて減少、ないしは大きく減少している。相対変化指数を見ると、1996年はほぼ横ばい、2001年にかけて横ばいないしはやや減少している。

従業者数は、絶対変化指数を見ると、小売業で1996年に1.14へと大きく増加、2001年にかけて1.05へと増加している。同じ指標の相対変化指数を見ると、1996年に1.00と横ばいの後、2001年にかけて0.95へと減少している。

表 2-20 (b) 卸売・小売業事業所数と従業者数の変化（路線5km圏）

絶対変化指数	卸売・小売業		卸売業		小売業		飲食店	
	1996年	2001年	1996年	2001年	1996年	2001年	1996年	2001年
事業所数	0.95	0.82	0.92	0.78	0.95	0.82	0.96	0.86
従業者数	1.04	0.90	0.99	0.78	1.14	1.05	0.99	0.93
相対変化指数	卸売・小売業		卸売業		小売業		飲食店	
	1996年	2001年	1996年	2001年	1996年	2001年	1996年	2001年
事業所数	1.00	0.97	1.02	0.99	1.00	0.97	1.00	0.96
従業者数	0.98	0.92	1.01	0.99	1.00	0.95	0.95	0.90

(3) 第1区（関西空港島）

表 2-18、表 2-19 を見ると、第1区では、1991 年から 1996 年にかけて、卸売・小売業で、それぞれ 0 から事業所数が 182 事業所、従業者数が 3,119 人まで増加し、その後、2001 年にかけて、事業所数が 129 事業所、従業者数が 2,555 人まで減少した。

(4) 第2区（関西空港対岸）

表 2-20（c）の絶対変化指数を見ると、第2区の事業所数は、卸売業で 1996 年に 0.92 へと減少、2001 年にかけて 0.84 へと大きく減少している。相対変化指数を見ると、卸売業は 1996 年に 1.02 へとやや増加し、2001 年にかけて 1.06 へと増加している。小売業及び飲食店では、1996 年、2001 年にかけて増加ないし大きく増加している。

従業者数は、相対変化指数を見ると、卸売業で 1996 年に 0.98 へとやや減少の後、2001 年にかけて 1.12 へと大きく増加に転じている。小売業、飲食店では、1996 年、2001 年にかけて大きく増加している。

表 2-20（c） 卸売・小売業事業所数と従業者数の変化（第2区：関西空港対岸）

絶対変化指数	卸売・小売業		卸売業		小売業		飲食店	
	1996年	2001年	1996年	2001年	1996年	2001年	1996年	2001年
事業所数	1.02	0.99	0.92	0.84	1.03	0.97	1.07	1.10
従業者数	1.28	1.30	0.95	0.88	1.32	1.38	1.45	1.49
相対変化指数	卸売・小売業		卸売業		小売業		飲食店	
	1996年	2001年	1996年	2001年	1996年	2001年	1996年	2001年
事業所数	1.08	1.16	1.02	1.06	1.08	1.15	1.11	1.23
従業者数	1.21	1.33	0.98	1.12	1.15	1.24	1.40	1.44

(5) 第3区（岸和田・貝塚）

表 2-20（d）の絶対変化指数を見ると、第3区の事業所数は、三業種とも 1996 年に横ばいないし減少し、2001 年にかけて減少しているが、相対変化指数を見ると、1996 年、2001 年にかけてはやや増加ないし増加している。

従業者数は、絶対変化指数を見ると、卸売業で 1996 年に 1.05 とやや増加した後、2001 年に 0.84 へと大きな減少に転じている。相対変化指数を見ると、飲食店では、

1996 年に 1.02 へとやや増加し、2001 年にかけて 1.15 へとさらに大きく増加している。

表 2-20 (d)　卸売・小売業事業所数と従業者数の変化（第 3 区：岸和田・貝塚）

絶対変化指数	卸売・小売業		卸売業		小売業		飲食店	
	1996年	2001年	1996年	2001年	1996年	2001年	1996年	2001年
事業所数	0.97	0.88	0.93	0.84	0.97	0.86	1.00	0.95
従業者数	1.11	1.08	1.05	0.84	1.15	1.13	1.06	1.19
相対変化指数	卸売・小売業		卸売業		小売業		飲食店	
	1996年	2001年	1996年	2001年	1996年	2001年	1996年	2001年
事業所数	1.03	1.04	1.03	1.07	1.02	1.02	1.04	1.06
従業者数	1.04	1.10	1.07	1.06	1.01	1.01	1.02	1.15

(6) 第 4 区（泉大津・高石）

表 2-20 (e) の絶対変化指数を見ると、第 4 区の事業所は、卸売業で 1996 年に 0.78、2001 年にかけて 0.68 へと極めて大きく減少している。飲食店は、1996 年に 1.05 へと増加の後、2001 年にかけて 0.95 へと減少に転じている。

従業者数は、絶対変化指数を見ると、卸売業で 1996 年に 0.87 へと大きく減少しているが、2001 年にかけて 0.96 へとやや減少している。同じ指標の相対変化指数を見ると、1996 年に 0.89 へと大きく減少した後、2001 年にかけて 1.22 へと大きく増加に転じている。

表 2-20 (e)　卸売・小売業事業所数と従業者数の変化（第 4 区：泉大津・高石）

絶対変化指数	卸売・小売業		卸売業		小売業		飲食店	
	1996年	2001年	1996年	2001年	1996年	2001年	1996年	2001年
事業所数	0.97	0.84	0.78	0.68	0.97	0.82	1.05	0.95
従業者数	1.10	1.07	0.87	0.96	1.17	1.11	1.12	1.08
相対変化指数	卸売・小売業		卸売業		小売業		飲食店	
	1996年	2001年	1996年	2001年	1996年	2001年	1996年	2001年
事業所数	1.02	0.99	0.86	0.87	1.02	0.96	1.09	1.06
従業者数	1.03	1.09	0.89	1.22	1.02	1.00	1.08	1.04

(7) 第 5 区（堺）

表 2-20 (f) の絶対変化指数を見ると、第 5 区の事業所数は、飲食店で 1996 年に 0.93、2001 年にかけて 0.90 へと減少しているが、同じ指標の相対変化指数を見ると、1996 年に 0.97 へとやや減少の後、2001 年にかけて 1.01 へとやや増加している。

従業者数は、絶対変化指数を見ると、卸売業で1996年に0.95へと減少し、2001年にかけて0.84へとさらに大きく減少している。同じ指標の相対変化指数を見ると、1996年に0.97へとやや減少した後、2001年にかけて1.06へと増加に転じている。

表2-20（f）　卸売・小売業事業所数と従業者数の変化（第5区：堺）

絶対変化指数	卸売・小売業		卸売業		小売業		飲食店	
	1996年	2001年	1996年	2001年	1996年	2001年	1996年	2001年
事業所数	0.93	0.82	0.87	0.75	0.95	0.79	0.93	0.90
従業者数	1.07	0.98	0.95	0.84	1.18	1.05	0.99	0.98
相対変化指数	卸売・小売業		卸売業		小売業		飲食店	
	1996年	2001年	1996年	2001年	1996年	2001年	1996年	2001年
事業所数	0.99	0.97	0.96	0.95	1.00	0.93	0.97	1.01
従業者数	1.01	1.00	0.97	1.06	1.03	0.95	0.96	0.95

(8) 第6区（大阪市南）

表2-20（g）の絶対変化指数を見ると、第6区の事業所数は、三業種とも特に2001年にかけて大きく減少している。

従業者数は、絶対変化指数、相対変化指数ともに卸売業で1996年にかけて増加した後、2001年にかけて減少に転じている。

表2-20（g）　卸売・小売業事業所数と従業者数の変化（第6区：大阪市南）

絶対変化指数	卸売・小売業		卸売業		小売業		飲食店	
	1996年	2001年	1996年	2001年	1996年	2001年	1996年	2001年
事業所数	0.92	0.79	0.89	0.74	0.90	0.76	0.97	0.87
従業者数	1.04	0.91	1.02	0.73	1.06	1.00	1.03	0.99
相対変化指数	卸売・小売業		卸売業		小売業		飲食店	
	1996年	2001年	1996年	2001年	1996年	2001年	1996年	2001年
事業所数	0.97	0.93	0.98	0.94	0.95	0.90	1.00	0.97
従業者数	0.98	0.92	1.04	0.92	0.92	0.90	0.99	0.96

(9) 第7区（大阪市中心）

表2-20（h）の絶対変化指数を見ると、第7区の事業所数は、三業種とも1996年にかけて減少し、2001年にかけてさらに大きく減少している。相対変化指数を見ると、卸売業で1996年に1.02へとやや増加した後、2001年にかけて0.97へとやや減少に転じている。一方、小売業では、1996年に1.02、2001年に1.03へとやや増加している。

従業者数は、相対変化指数を見ると、飲食店で1996年に0.91へと減少し、2001年にかけて0.83へとさらに大きく減少している。

表2-20（h）　卸売・小売業事業所数と従業者数の変化（第7区：大阪市中心）

絶対変化指数	卸売・小売業		卸売業		小売業		飲食店	
	1996年	2001年	1996年	2001年	1996年	2001年	1996年	2001年
事業所数	0.95	0.82	0.92	0.76	0.97	0.87	0.95	0.83
従業者数	1.00	0.84	0.97	0.75	1.15	1.07	0.94	0.86
相対変化指数	卸売・小売業		卸売業		小売業		飲食店	
	1996年	2001年	1996年	2001年	1996年	2001年	1996年	2001年
事業所数	1.00	0.96	1.02	0.97	1.02	1.03	0.99	0.93
従業者数	0.94	0.85	0.99	0.95	1.00	0.96	0.91	0.83

（10）第8区（大阪市北・吹田）

　表2-20（i）の絶対変化指数を見ると、第8区の事業所数は三業種とも1996年にかけて横ばいないし減少し、2001年にかけてさらに大きく減少している。相対変化指数を見ると、卸売業では1996年に1.09へと増加し、2001年にかけて1.12へとさらに大きく増加している。

　従業者数は、相対変化指数を見ると、卸売業で1996年に1.13、2001年にかけて1.21へと大きく増加している。

表2-20（i）　卸売・小売業事業所数と従業者数の変化（第8区：大阪市北・吹田）

絶対変化指数	卸売・小売業		卸売業		小売業		飲食店	
	1996年	2001年	1996年	2001年	1996年	2001年	1996年	2001年
事業所数	0.96	0.83	0.99	0.89	0.94	0.78	0.96	0.85
従業者数	1.10	0.97	1.11	0.95	1.13	0.98	1.01	0.97
相対変化指数	卸売・小売業		卸売業		小売業		飲食店	
	1996年	2001年	1996年	2001年	1996年	2001年	1996年	2001年
事業所数	1.01	0.97	1.09	1.12	0.98	0.92	0.99	0.95
従業者数	1.03	0.98	1.13	1.21	0.99	0.88	0.98	0.94

（11）第9区（大阪空港周辺）

　表2-20（j）の絶対変化指数を見ると、第9区の事業所数は三業種とも1996年、2001年にかけて減少ないし大きく減少しているが、相対変化指数を見ると、卸売業では1996年に1.07へと増加し、2001年にかけて1.12へとさらに大きく増加している。

　従業者数は、絶対変化指数を見ると、卸売業で1996年に1.07へと増加した後、2001年にかけて0.89へと大きく減少に転じている。一方、同じ指標の相対変化指数を見る

と、1996年に1.10へと増加、2001年にかけて1.13へと大きく増加している。

表2-20（j）　卸売・小売業事業所数と従業者数の変化（第9区：大阪空港周辺）

絶対変化指数	卸売・小売業		卸売業		小売業		飲食店	
	1996年	2001年	1996年	2001年	1996年	2001年	1996年	2001年
事業所数	0.95	0.84	0.97	0.88	0.93	0.81	0.97	0.88
従業者数	1.10	1.01	1.07	0.89	1.13	1.02	1.07	1.05
相対変化指数	卸売・小売業		卸売業		小売業		飲食店	
	1996年	2001年	1996年	2001年	1996年	2001年	1996年	2001年
事業所数	1.00	0.99	1.07	1.12	0.98	0.95	1.01	0.99
従業者数	1.04	1.03	1.10	1.13	0.98	0.92	1.03	1.02

ここまで（3）～（11）で見てきた相対変化指数を、記号化してわかりやすく整理したものが表2-21である。これに基づいて、関西空港立地と卸売・小売業の集積との関係について、各区域の分析結果を踏まえながら考察を行う。

分析対象地域における卸売・小売業の集積に関連する主な事象としては、関西空港の開港により、空港島内に空港内事業所が稼働するとともに、対岸部のりんくうタウンでは、アウトレット（2000年）などの大型商業施設がオープンした。さらに、泉州地域を中心に関西空港の関連地域整備に位置づけられる旧港再開発（岸和田、泉大津）二色浜環境整備事業などの地域開発事業において[12]、大型商業施設（表2-22、図2-3）が立地した。

以上から、第1区～第3区では、関西空港立地及び関連地域整備が、小売業や飲食店の集積に影響を与えたものとみられる。

一方、大阪市中心部は、船場地区のように商社（各種商品卸売業）や繊維・衣服等卸売業を代表とする卸売業の全国的な大集積地であったが、商社の機能変化や首都圏・郊外への移転により、第7区では卸売業の集積の低下が顕著であった。逆に、第8区は大阪市中心部からの繊維・衣服等卸売業の郊外移転先となったことで、卸売業の集積が進んだものとみられる。

その他の地区では、関西空港立地による卸売・小売業の集積に対する影響は、確認できない。

12　大阪府「関西国際空港関連地域整備計画」（1986年10月）
http://www.pref.osaka.lg.jp/attach/2293/00024335/2seibikeikakupdf.pdf

表 2-21　卸売・小売業事業所数及び従業者数の相対変化指数による比較

事業所数		全産業		卸売・小売業		卸売業		小売業		飲食店	
		1996年	2001年	1996年	2001年	1996年	2001年	1996年	2001年	1996年	2001年
第1区	関西空港島	+	+	+	+	+	+	+	+	+	+
第2区	関西空港対岸	○○	○○○	○○	○○○	+	○○	○○	○○○	○○○	◎
第3区	岸和田・貝塚	○	○○	○	○	○	○○	○	○	○	○○
第4区	泉大津・高石	○	→	○	▼	▼▼▼	▼▼▼	○	▼	○○	○○
第5区	堺	→	→	▼	▼	▼	▼	→	▼▼	▼	○
第6区	大阪市南	▼	▼▼	▼	▼▼	▼	▼	▼▼	▼▼▼	→	▼
第7区	大阪市中心	→	▼	→	▼	○	▼	○	○	→	▼▼
第8区	大阪市北・吹田	→	▼	→	▼	○○	○○○	▼	▼▼	→	▼
第9区	大阪空港周辺	○	○	→	▼	○○	○○○	▼	▼	○	○
従業者数		全産業		卸売・小売業		卸売業		小売業		飲食店	
		1996年	2001年	1996年	2001年	1996年	2001年	1996年	2001年	1996年	2001年
第1区	関西空港島	+	+	+	+	+	+	+	+	+	+
第2区	関西空港対岸	○○	○○○	◎	◎◎	▼	○○○	○○○	◎	◎◎	◎◎
第3区	岸和田・貝塚	▼	○	○	○○	○	○○	→	○	○	○○○
第4区	泉大津・高石	○	○	○	○○	▼▼▼	◎	○	→	○○	○
第5区	堺	○	→	○	→	▼	▼	○	▼▼	▼	▼▼
第6区	大阪市南	▼	▼▼	▼	▼▼	○	▼▼	▼▼	▼	→	▼
第7区	大阪市中心	▼	▼▼	▼▼	▼▼▼	▼	▼▼	→	▼	▼▼	▼▼▼
第8区	大阪市北・吹田	→	▼▼	○	▼	○○○	◎	▼	▼▼▼	▼▼	▼▼
第9区	大阪空港周辺	→	○	○	○	○○	○○	▼	▼▼	○	○

表 2-22　関西空港開港前後に開業した主な大規模商業施設

開業年月	施設名	
1990年7月	天保山ハーバービレッジ	大阪市港区
1994年4月	アジア太平洋トレードセンター（ATC）	大阪市住之江区
1994年9月	関西空港開港	大阪府泉佐野市など
1994年9月	りんくうパパラ	大阪府泉佐野市
1995年6月	エアロプラザ（タカシマヤなど）	大阪府泉佐野市
1996年3月	大阪シティエアターミナル（OCAT）	大阪市浪速区
1996年9月	りんくうゲートタワービル	大阪府泉佐野市
1997年3月	岸和田カンカンベイサイドモール（EAST棟）	大阪府岸和田市
1999年7月	コスタモール二色浜	大阪府貝塚市
1999年9月	岸和田カンカンベイサイドモール（WEST棟）	大阪府岸和田市
2000年11月	りんくうプレミアムアウトレット	大阪府泉佐野市
2001年3月	ユニバーサル・シティウォーク大阪	大阪市此花区
2002年1月	ダイヤモンドシティ・テラス（現　イオンモール伊丹）	兵庫県伊丹市
2003年10月	なんばパークス（1期）	大阪市浪速区
2004年11月	イオンりんくう泉南（現　イオンモールりんくう泉南）	大阪府泉南市
2007年4月	なんばパークス（2期）	大阪市浪速区

資料：（公財）統計情報研究開発センター調べ

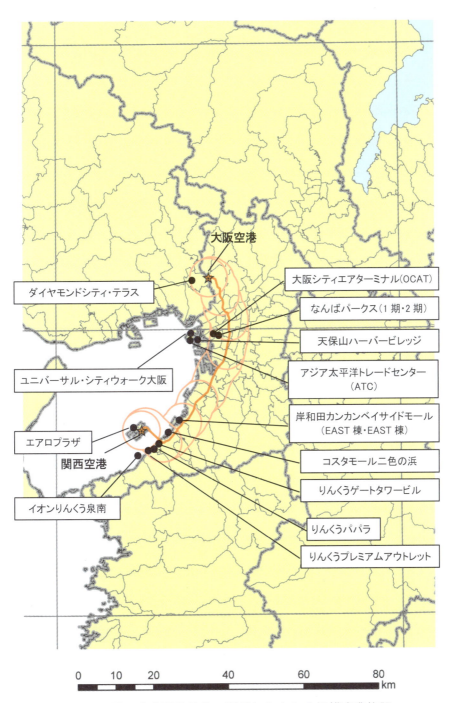

図2-3 関西空港開港前後に開業した主な大規模商業施設

2－3　公示地価の分析

2－3－1　公示地価の概要

　本節では、関西空港開港前（1990年）、開港直後（1995年）、開港6年後（2000年）における、公示地価に基づく地価の平均値（以下、平均地価とする）の変化を、同空港からの距離に応じて設定した9つの区について分析し、関西空港立地による影響を考察する。

　なお、1次メッシュ圏域、路線5km圏及び第1区～第9区については、「2－1　国勢調査メッシュデータの分析」の図2-1を参照していただきたい。

　公示地価は、地価公示法[13]に基づいて、国土交通省土地鑑定委員会が適正な価格形式に資するため、毎年1月1日時点における標準地（1㎡あたり）の価格を3月に公示するものである。

　ここでは、1990年、1995年、2000年の公示価格データを用いて、用途地域により、住宅地、商業地、工業地[14]の三つに分類し、1次メッシュ圏域、路線5km圏及び第1区～第9区について、平均地価と相対価格指数[15]、絶対変化指数と相対変化指数[16]を算出して、分析を行う。

---

[13] 昭和44年法律第49号
[14] 住宅地（第一種低層住居専用地域、第二種低層住居専用地域、第一種中高層住居専用地域、第二種中高層住居専用地域、第一種住居地域、第二種住居地域、準住居地域）、商業地（近隣商業地域、商業地域）、工業地（準工業地域、工業専用地域、工業地域）
[15] 1次メッシュ圏域の平均地価を1.00とする値に変換したものが、相対価格指数である。
[16] 絶対変化指数と相対変化指数については、（「1－3－3　空港影響圏域の考え方と分析例」の「（2）絶対変化指数と相対変化指数」を参照。

2-3-2　住宅地価の分析

住宅地価の平均地価と、1次メッシュ圏域に対する相対価格指数の推移は、表 2-23 のとおりである。これらから次のことが見て取れる。

① 1次メッシュ圏域では、1990年から2000年にかけて、平均地価の大幅な下落が続いている。

② 関西空港と大阪空港を結んだ帯状の圏域である路線 5km 圏では、1990 年からの 10 年間において、1 次メッシュ圏域以上に平均地価が下落している。

　相対価格指数を見ると、三時点（1990年、1995年、2000年）とも1次メッシュ圏域を上回っているものの、年々指数値は小さくなっている。

③ 第2区～第4区（関西空港対岸から泉大津・高石）では、1990年から2000年にかけて平均地価が下落し続けている。相対価格指数を見ても、年々低下している。

④ 第6区～第8区（大阪市南から大阪市北・吹田）を見ると、1990年時点での第7区（大阪市中心）の平均地価は約 84 万円／㎡と突出している。

　相対価格指数を見ると、1次メッシュ圏域を上回っているものの、年々低下している。

表 2-23　住宅地価の平均地価及び1次メッシュ圏域に対する相対価格指数の推移

	平均地価［円/㎡］			相対価格指数		
	1990年	1995年	2000年	1990年	1995年	2000年
1次メッシュ圏域	450,591	258,109	208,002	1.00	1.00	1.00
路線5km圏	585,157	317,651	251,343	1.30	1.23	1.21
第1区　関西空港島						
第2区　関西空港対岸	321,696	163,000	127,590	0.71	0.63	0.61
第3区　岸和田・貝塚	380,400	200,435	146,857	0.84	0.78	0.71
第4区　泉大津・高石	385,719	211,121	161,339	0.86	0.82	0.78
第5区　堺	468,267	261,024	207,732	1.04	1.01	1.00
第6区　大阪市南	762,217	384,869	312,870	1.69	1.49	1.50
第7区　大阪市中心	842,960	467,938	356,598	1.87	1.81	1.71
第8区　大阪市北・吹田	618,577	364,145	279,711	1.37	1.41	1.34
第9区　大阪空港周辺	601,663	323,960	268,875	1.34	1.26	1.29

注）第1区には、住宅地価の調査地点が設置されていない。

次に、絶対変化指数と相対変化指数を用いて、各区域ごとに詳細な変化を分析する。なお、関西空港島（第1区）内には、公示地価の調査地点が設置されていないので、分析対象から除外している。

(1) 1次メッシュ圏域

表2-24(a)の絶対変化指数を見ると、1995年に大きく下落し、2000年に0.46とさらに下落している。

表2-24(a) 住宅地価の変化
（1次メッシュ圏域）

1次メッシュ圏域	住宅地価	
	1995年	2000年
絶対変化指数	0.57	0.46
相対変化指数	1.00	1.00

(2) 路線5km圏

表2-24(b)の絶対変化指数を見ると、1995年に大きく下落し、2000年に0.43とさらに下落している。

相対変化指数を見ると、1995年、2000年とも1.00を下回り、2000年に0.93と減少している。

表2-24(b) 住宅地価の変化
（路線5km圏）

路線5km圏	住宅地価	
	1995年	2000年
絶対変化指数	0.54	0.43
相対変化指数	0.95	0.93

(3) 第2区（関西空港対岸）

表2-24(c)の絶対変化指数を見ると、路線5km圏と類似した動向を示している。

相対変化指数を見ると、1995年、2000年とも1.00を下回り、1995年に0.88、2000年に0.86と大きく減少している。

表2-24(c) 住宅地価の変化
（第2区：関西空港対岸）

第2区	住宅地価	
	1995年	2000年
絶対変化指数	0.51	0.40
相対変化指数	0.88	0.86

(4) 第3区（岸和田・貝塚）

表2-24(d)の絶対変化指数を見ると、路線5km圏と類似した動向を示している。

相対変化指数を見ると、1995年、2000年ともに1.00を下回り、2000年の0.84では、各区の中で最も値が小さく、大きく減少したことを示している。

表2-24(d) 住宅地価の変化
（第3区：岸和田・貝塚）

第3区	住宅地価	
	1995年	2000年
絶対変化指数	0.53	0.39
相対変化指数	0.92	0.84

(5) 第4区（泉大津・高石）

表 2-24 (e) の絶対変化指数を見ると、路線 5km 圏と類似した動向を示している。

相対変化指数を見ると、1995年、2000年ともに 1.00 を下回り、2000年に 0.91 と減少している。

表2-24(e) 住宅地価の変化
（第4区：泉大津・高石）

第4区	住宅地価	
	1995年	2000年
絶対変化指数	0.55	0.42
相対変化指数	0.96	0.91

(6) 第5区（堺）

表 2-24 (f) の絶対変化指数を見ると、路線 5km 圏と類似した動向を示している。

相対変化指数を見ると、1995年、2000年ともに 1.00 を下回り、やや減少している。

表2-24(f) 住宅地価の変化
（第5区：堺）

第5区	住宅地価	
	1995年	2000年
絶対変化指数	0.56	0.44
相対変化指数	0.97	0.96

(7) 第6区（大阪市南）

表 2-24 (g) の絶対変化指数を見ると、路線 5km 圏と類似した動向を示している。

相対変化指数を見ると、1995年、2000年ともに 1.00 を下回り、1995年に 0.88、2000年に 0.89 と大きく減少している。

表2-24(g) 住宅地価の変化
（第6区：大阪市南）

第6区	住宅地価	
	1995年	2000年
絶対変化指数	0.50	0.41
相対変化指数	0.88	0.89

(8) 第7区（大阪市中心）

表 2-24 (h) の絶対変化指数を見ると、路線 5km 圏と類似した動向を示している。

相対変化指数を見ると、1995年、2000年ともに 1.00 を下回り、2000年に 0.92 と減少している。

表2-24(h) 住宅地価の変化
（第7区：大阪市中心）

第7区	住宅地価	
	1995年	2000年
絶対変化指数	0.56	0.42
相対変化指数	0.97	0.92

(9) 第8区（大阪市北・吹田）

表 2-24 (i) の絶対変化指数を見ると、路線 5km 圏と類似した動向を示している。

相対変化指数を見ると、1995 年に 1.03 とやや増加しているが、2000 年に 0.98 とやや減少に転じている。

表2-24(i)　住宅地価の変化
（第8区：大阪市北・吹田）

第8区	住宅地価	
	1995年	2000年
絶対変化指数	0.59	0.45
相対変化指数	1.03	0.98

(10) 第9区（大阪空港周辺）

表 2-24 (j) の絶対変化指数を見ると、路線 5km 圏と類似した動向を示している。

相対変化指数を見ると、1995 年に 0.94 と減少しているものの、2000 年に 0.97 とやや減少している。

表2-24(j)　住宅地価の変化
（第9区：大阪空港周辺）

第9区	住宅地価	
	1995年	2000年
絶対変化指数	0.54	0.45
相対変化指数	0.94	0.97

ここまで（3）～（10）で見てきた相対変化指数を、記号化[17]してわかりやすく整理したものが表 2-25 である。

表 2-25　住宅地価の相対変化指数による比較

		住宅地価	
		1995年	2000年
第1区	関西空港島		
第2区	関西空港対岸	▼▼▼	▼▼▼
第3区	岸和田・貝塚	▼▼	▼▼▼
第4区	泉大津・高石	▼	▼▼
第5区	堺	▼	▼
第6区	大阪市南	▼▼▼	▼▼▼
第7区	大阪市中心	▼	▼▼
第8区	大阪市北・吹田	○	▼
第9区	大阪空港周辺	▼▼	▼

---

[17] 相対変化指数の記号化については、「2－1　国勢調査メッシュデータの分析」を参照のこと。

2-3-3 商業地価の分析

商業地価の平均地価と、1次メッシュ圏域に対する相対価格指数の推移は、表2-26のとおりである。これらから次のことが見て取れる。

① 1次メッシュ圏域では、1990年から2000年にかけて、平均地価の大幅な下落が続いている。特に1990年から1995年にかけて約3分の1の価格に下落し、1995年から2000年にかけては、約2分の1まで下落している。
② 路線5km圏では、1990年からの2000年において、1次メッシュ圏域以上に平均地価が下落している。
　　相対価格指数を見ると、三時点とも1次メッシュ圏域を上回っているものの、指数値は年々小さくなっている。
③ 第2区〜第4区では、1990年から2000年にかけて平均地価が下落し続けている。相対価格指数を見ると、おおむね上昇している。
④ 第6区〜第8区を見ると、1990年時点の第7区の平均地価は約900万円／㎡と突出した高値を示したが、その後は各区の中で最も大きく下落し、2000年では約110万円／㎡と約8分の1となった。
　　相対価格指数を見ると、第6区だけが1.00を下回っている。

表2-26　商業地価の平均地価及び1次メッシュ圏域に対する相対価格指数の推移

		平均地価［円/㎡］			相対価格指数		
		1990年	1995年	2000年	1990年	1995年	2000年
1次メッシュ圏域		3,501,961	1,169,806	571,245	1.00	1.00	1.00
路線5km圏		6,275,144	1,955,694	856,513	1.79	1.67	1.50
第1区	関西空港島						
第2区	関西空港対岸	1,170,000	422,800	219,833	0.33	0.36	0.38
第3区	岸和田・貝塚	1,650,000	551,429	284,143	0.47	0.47	0.50
第4区	泉大津・高石	1,270,000	484,333	277,000	0.36	0.41	0.48
第5区	堺	1,572,143	663,077	372,231	0.45	0.57	0.65
第6区	大阪市南	2,688,800	828,789	480,636	0.77	0.71	0.84
第7区	大阪市中心	8,988,750	2,680,421	1,129,257	2.57	2.29	1.98
第8区	大阪市北・吹田	4,125,000	1,566,750	680,920	1.18	1.34	1.19
第9区	大阪空港周辺	2,303,333	932,227	519,500	0.66	0.80	0.91

注）第1区には、商業地価の調査地点が設置されていない。

次に、絶対変化指数と相対変化指数を用いて、各区域ごとに詳細な変化を分析する。なお、第1区（関西空港島）内には、公示地価の調査地点が設置されていないので、分析対象から除外している。

（1）1次メッシュ圏域

表2-27（a）の絶対変化指数を見ると、1995年に0.33と大きく下落し、2000年に0.16とさらに下落している。

表2-27（a） 商業地価の変化（1次メッシュ圏域）

1次メッシュ圏域	商業地価	
	1995年	2000年
絶対変化指数	0.33	0.16
相対変化指数	1.00	1.00

（2）路線5km圏

表2-27（b）の絶対変化指数を見ると、1995年に0.31と大きく下落し、2000年に0.14とさらに下落している。

相対変化指数を見ると、1995年、2000年とも1.00を下回り、2000年に0.84と大きく減少している。

表2-27（b） 商業地価の変化（路線5km圏）

路線5km圏	商業地価	
	1995年	2000年
絶対変化指数	0.31	0.14
相対変化指数	0.93	0.84

（3）第2区（関西空港対岸）

表2-27（c）の絶対変化指数を見ると、路線5km圏と類似した動向を示している。

相対変化指数を見ると、価格の下落幅が小さかったため、1995年に1.08と増加し、2000年に1.15と大きく増加している。

表2-27（c） 商業地価の変化（第2区：関西空港対岸）

第2区	商業地価	
	1995年	2000年
絶対変化指数	0.36	0.19
相対変化指数	1.08	1.15

（4）第3区（岸和田・貝塚）

表2-27（d）の絶対変化指数を見ると、路線5km圏と類似した動向を示している。

相対変化指数を見ると、価格の下落幅が小さかったため、1995年に横ばいののち、2000年では1.06に増加している。

表2-27（d） 商業地価の変化（第3区：岸和田・貝塚）

第3区	商業地価	
	1995年	2000年
絶対変化指数	0.33	0.17
相対変化指数	1.00	1.06

(5) 第4区（泉大津・高石）

表 2-27 (e) の絶対変化指数を見ると、路線 5km 圏と類似した動向を示しているが、路線 5km 圏と比較すると低下の幅がやや小さい。

相対変化指数を見ると、価格の下落幅が小さかったため、1995 年、2000 年とも 1.00 を上回り、2000 年には 1.34 と極めて大きく増加している。

表2-27(e) 商業地価の変化
（第4区：泉大津・高石）

第4区	商業地価	
	1995年	2000年
絶対変化指数	0.38	0.22
相対変化指数	1.14	1.34

(6) 第5区（堺）

表 2-27 (f) の絶対変化指数を見ると、路線 5km 圏と類似した動向を示している。

相対変化指数を見ると、1995 年では 1.26 に大きく増加し、2000 年には 1.45 と極めて大きく増加し、各区の中で最も高く、他の区に比べれば相対的に低下の幅が小さかったことがわかる。

表2-27(f) 商業地価の変化
（第5区：堺）

第5区	商業地価	
	1995年	2000年
絶対変化指数	0.42	0.24
相対変化指数	1.26	1.45

(7) 第6区（大阪市南）

表 2-27 (g) の絶対変化指数を見ると、路線 5km 圏と類似した動向を示している。

相対変化指数を見ると、1995 年には 0.92 に減少しているが、2000 年では 1.10 と増加に転じている。

表2-27(g) 商業地価の変化
（第6区：大阪市南）

第6区	商業地価	
	1995年	2000年
絶対変化指数	0.31	0.18
相対変化指数	0.92	1.10

(8) 第7区（大阪市中心）

表 2-27 (h) の絶対変化指数を見ると、各区の中で、1995 年、2000 年とも最も値が小さく、1990 年から価格の低下が最も大きい。

相対変化指数を見ると、1995 年、2000 年とも各区の中で最も値が小さく、2000 年に 0.77 と大きく減少したことを示している。

表2-27(h) 商業地価の変化
（第7区：大阪市中心）

第7区	商業地価	
	1995年	2000年
絶対変化指数	0.30	0.13
相対変化指数	0.89	0.77

（9）第8区（大阪市北・吹田）

表 2-27（i）の絶対変化指数を見ると、路線 5km 圏と類似した動向を示している。

相対変化指数を見ると、1995 年、2000 年とも 1.00 を上回っている。

表2-27(i)　商業地価の変化
（第8区：大阪市北・吹田）

第8区	商業地価	
	1995年	2000年
絶対変化指数	0.38	0.17
相対変化指数	1.14	1.01

（10）第9区（大阪空港周辺）

表 2-27（j）の絶対変化指数を見ると、路線 5km 圏と類似した動向を示し、路線 5km 圏と比較すると低下の幅がやや小さい。

相対変化指数を見ると、1995 年、2000 年とも 1.00 を上回り、2000 年に 1.38 と極めて大きく増加し、第 5 区の次に値が高く、他の区に比べれば相対的に低下の幅が小さかったことがわかる。

表2-27(j)　商業地価の変化
（第9区：大阪空港周辺）

第9区	商業地価	
	1995年	2000年
絶対変化指数	0.40	0.23
相対変化指数	1.21	1.38

ここまで（3）～（10）で見てきた相対変化指数を、記号化してわかりやすく整理したものが表 2-28 である。

表 2-28　商業地価の相対変化指数による比較

	商業地価	
	1995年	2000年
第1区　関西空港島		
第2区　関西空港対岸	○○	○○○
第3区　岸和田・貝塚	→	○○
第4区　泉大津・高石	○○○	○◎
第5区　堺	◎	◎◎
第6区　大阪市南	▼▼	○○
第7区　大阪市中心	▼▼▼	■
第8区　大阪市北・吹田	○○○	○
第9区　大阪空港周辺	◎	◎◎

2-3-4 工業地価の分析

工業地価の平均地価と、1次メッシュ圏域に対する相対価格指数の推移は、表2-29のとおりである。これらから次のことが見て取れる。

① 1次メッシュ圏域では、1990年から2000年にかけて、平均地価の大幅な下落が続いている。
② 路線5km圏では、1990年からの2000年において、1次メッシュ圏域以上に平均地価が下落している。
　　相対価格指数を見ると、三時点とも1次メッシュ圏域を上回っているものの、年々指数値は小さくなっている。
③ 第2区〜第4区では、1990年から2000年にかけて平均地価が下落している。
　　相対価格指数を見ると、1次メッシュ圏域を下回り、第2区が最も相対価格指数が低い区となっている。
④ 第6区〜第8区の相対価格指数を見ると、三時点ともに1次メッシュ圏域を上回り、第7区（大阪市中心）が最も相対価格指数が高くなっている。

表2-29　工業地価の平均地価及び1次メッシュ圏域に対する相対価格指数の推移

	平均地価 [円/m²]			相対価格指数		
	1990年	1995年	2000年	1990年	1995年	2000年
1次メッシュ圏域	3,501,961	1,169,806	571,245	1.00	1.00	1.00
路線5km圏	6,275,144	1,955,694	856,513	1.79	1.67	1.50
第1区　関西空港島						
第2区　関西空港対岸	1,170,000	422,800	219,833	0.33	0.36	0.38
第3区　岸和田・貝塚	1,650,000	551,429	284,143	0.47	0.47	0.50
第4区　泉大津・高石	1,270,000	484,333	277,000	0.36	0.41	0.48
第5区　堺	1,572,143	663,077	372,231	0.45	0.57	0.65
第6区　大阪市南	2,688,800	828,789	480,636	0.77	0.71	0.84
第7区　大阪市中心	8,988,750	2,680,421	1,129,257	2.57	2.29	1.98
第8区　大阪市北・吹田	4,125,000	1,566,750	680,920	1.18	1.34	1.19
第9区　大阪空港周辺	2,303,333	932,227	519,500	0.66	0.80	0.91

注）第1区には、工業地価の調査地点が設置されていない。

次に、絶対変化指数と相対変化指数を用いて、各区域ごとに詳細な変化を分析する。なお、第1区（関西空港島）内には、公示地価の調査地点が設置されていないので、分析対象から除外している。

(1) 1次メッシュ圏域

表 2-30 (a) の絶対変化指数を見ると、1995年に 0.57 と大きく下落し、2000 年に 0.42 とさらに下落している。

表2-30(a)　工業地価の変化
（1次メッシュ圏域）

1次メッシュ圏域	工業地価	
	1995年	2000年
絶対変化指数	0.57	0.42
相対変化指数	1.00	1.00

(2) 路線 5km 圏

表 2-30 (b) の絶対変化指数を見ると、1995年に大きく下落し、2000 年に 0.39 とさらに大きく下落している。

相対変化指数を見ると、1995 年、2000 年とも 1.00 を下回り、減少している。

表2-30(b)　工業地価の変化
（路線5km圏）

路線5km圏	工業地価	
	1995年	2000年
絶対変化指数	0.53	0.39
相対変化指数	0.93	0.93

(3) 第 2 区（関西空港対岸）

表 2-30 (c) の絶対変化指数を見ると、路線 5km 圏と類似している。

相対変化指数を見ると、価格の下落幅が小さかったため 1995 年、2000 年とも 1.00 を上回っている。

表2-30(c)　工業地価の変化
（第2区：関西空港対岸）

第2区	工業地価	
	1995年	2000年
絶対変化指数	0.59	0.45
相対変化指数	1.05	1.07

(4) 第 3 区（岸和田・貝塚）

表 2-30 (d) の絶対変化指数を見ると、路線 5km 圏と類似している。

相対変化指数を見ると、1995 年、2000 年ともに、1.00 を下回り、やや減少している。

表2-30(d)　工業地価の変化
（第3区：岸和田・貝塚）

第3区	工業地価	
	1995年	2000年
絶対変化指数	0.55	0.40
相対変化指数	0.97	0.95

(5) 第4区（泉大津・高石）

表 2-30（e）の絶対変化指数を見ると、路線 5km 圏と類似している。

相対変化指数を見ると、価格の下落幅が小さかったため、1995年、2000年ともに、1.00を上回っている。

表2-30(e)　工業地価の変化
（第4区：泉大津・高石）

第4区	工業地価	
	1995年	2000年
絶対変化指数	0.65	0.49
相対変化指数	1.14	1.17

(6) 第5区（堺）

表 2-30（f）の絶対変化指数を見ると、路線 5km 圏と類似している。

相対変化指数を見ると、1995年、2000年ともに、1.00を下回っており、1995年に 0.89と大きく減少しているが、2000年には 0.96とやや減少している。

表2-30(f)　工業地価の変化
（第5区：堺）

第5区	工業地価	
	1995年	2000年
絶対変化指数	0.51	0.40
相対変化指数	0.89	0.96

(7) 第6区（大阪市南）

表 2-30（g）の絶対変化指数を見ると、路線 5km 圏と類似している。

相対変化指数を見ると、2000年では、1.00を上回っている。

表2-30(g)　工業地価の変化
（第6区：大阪市南）

第6区	工業地価	
	1995年	2000年
絶対変化指数	0.56	0.42
相対変化指数	0.98	1.01

(8) 第7区（大阪市中心）

表 2-30（h）の絶対変化指数を見ると、各区の中で、1995年、2000年とも最も値が小さく、1990年からの価格低下が最も大きい。

相対変化指数を見ると、1995年、2000年とも各区の中で最も値が小さく、2000年に 0.80と大きく減少したことを示している。

表2-30(h)　工業地価の変化
（第7区：大阪市中心）

第7区	工業地価	
	1995年	2000年
絶対変化指数	0.48	0.33
相対変化指数	0.85	0.80

(9) 第8区（大阪市北・吹田）

表 2-30 (i) の絶対変化指数を見ると、路線 5km 圏と類似している。

相対変化指数を見ると、1995 年、2000 年とも 1.00 を下回り、大きく減少している。

表2-30(i) 工業地価の変化
（第8区：大阪市北・吹田）

第8区	工業地価	
	1995年	2000年
絶対変化指数	0.49	0.35
相対変化指数	0.86	0.84

(10) 第9区（大阪空港周辺）

表 2-30 (j) の絶対変化指数を見ると、路線 5km 圏と類似している。

相対変化指数を見ると、1995 年は横ばいののち、2000 年に 1.14 と大きく増加している。

表2-30(j) 工業地価の変化
（第9区：大阪空港周辺）

第9区	工業地価	
	1995年	2000年
絶対変化指数	0.57	0.48
相対変化指数	1.01	1.14

ここまで（3）～（10）で見てきた相対変化指数を、記号化してわかりやすく整理したものが表 2-31 である。

表 2-31　工業地価の相対変化指数による比較

		工業地価	
		1995年	2000年
第1区	関西空港島		
第2区	関西空港対岸	○	○○
第3区	岸和田・貝塚	▼	▼
第4区	泉大津・高石	○○○	○○○
第5区	堺	▼▼▼	▼
第6区	大阪市南	▼	○
第7区	大阪市中心	▼▼▼	■
第8区	大阪市北・吹田	▼▼▼	▼▼▼
第9区	大阪空港周辺	→	○○○

2-3-5　公示地価に関するまとめと考察

　ここでは、関西空港立地と公示地価との関係について、全国的な地価の動向並びに、1次メッシュ圏域と路線 5km 圏及び各区の分析結果から考察を行う。

　プラザ合意（1985年）後の円高経済不況から脱却するため、政府は積極的な金融緩和策を行ってきた。このような金融緩和による大量の資金が、不動産業、金融業を中心として流入したことで、急激な資産高騰、いわゆるバブル経済を引き起こしたとされる。

　このバブル経済の影響によって、図 2-4、図 2-5 からわかるように、1987年から1991年にかけて地価の上昇はすさまじく、なかでも南関東（1都3県）、近畿（2府4県）の二大都市圏は、全国、東海（4県）とは比較にならないほど大きな変動を示している。例えば、南関東の 1988 年の対前年平均地価変動率[18]は住宅地 36.4%、商業地 23.1%、工業地 39.9%、近畿の 1990 年の対前年平均地価変動率は住宅地 33.7%、商業地 27.0%、工業地 34.5%のように、驚異的な上昇率となっている。

　また、工業地については、1991 年のピーク時には近畿の価格が南関東の価格を上回っている。

　地価の急騰の反動として、住宅地は 1992 年から 2006 年まで、商業地は 1992 年から 2005 年までの長期に渡って、地価は対前年平均地価変動率ではマイナスを続けることとなった。

18　対前年平均地価変動率（%）=（当年平均地価−前年平均地価）/前年平均地価×100

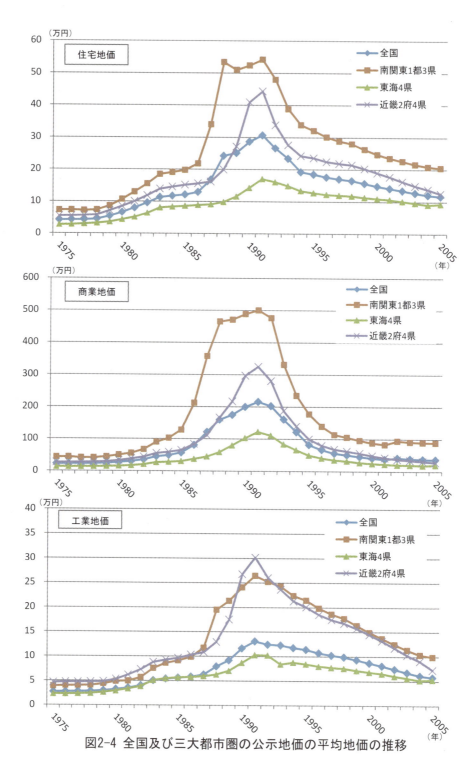

図2-4 全国及び三大都市圏の公示地価の平均地価の推移

資料：(一財)土地情報センター「地価公示時系列データ 平成24年版」より作成

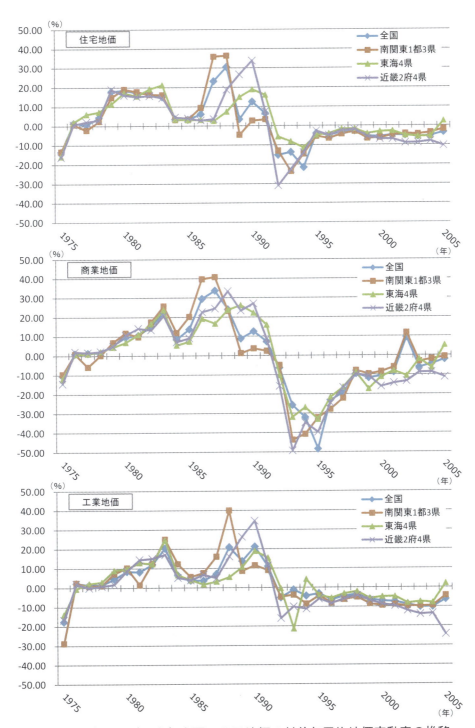

図2-5 全国及び三大都市圏の公示地価の対前年平均地価変動率の推移

資料:(一財)土地情報センター「地価公示時系列データ 平成24年版」より作成

各区の絶対変化指数を見ると、住宅地と工業地については、第4区の工業地を除き、1995年で0.6以下、2000年では0.4前後となっている。また、商業地については、第4区以外は1995年で0.4以下、2000年で0.2前後となっている。各区の傾向は、1次メッシュ圏域や路線5km圏の傾向と同様である。

　各区の相対変化指数を見ると、住宅地と工業地では1995年、2000年とも0.8から1.2の範囲に収まっており、商業地と比較すれば変化は小さい。商業地については2000年の第4区、第5区、第9区で1.3を超えている。

　以上、各区の絶対変化指数、相対変化指数の様相を総合的に考察すると、分析対象期間がバブル経済崩壊後の全国的な地価急落時期と重なったこと、及び分析対象地域に地価が突出し、かつ、変動が最も大きい大阪市都心部が含まれるため、空港関連事業所や関連地域整備の施設立地による特定業種の事業所、従業者の増加等の関西空港による地価上昇要因を有する区の特徴が打ち消されたものとみられる。

　したがって、今回対象とした地域の公示地価の分析結果からは、都心部から離れるほど地価は低減する一般的な特徴はあるものの、それ以外の動向は、我が国及び都市圏全体の公示地価の状況と連動した影響、すなわちバブル経済崩壊による地価の暴落の影響がほとんどであるとみられ、関西空港立地による影響を把握するのは困難である。

　しかしながら、既に紹介した関西空港の影響（「1－2　空港立地による経済効果」）の中で指摘したように、開港前後における固定資産税の伸び(2002年と1993年の比)は、3市町（泉佐野市、泉南市、田尻町）や泉州地域では、大阪府全体や全国の伸びを大きく上回っていた。3市町は、埋立地の造成や新市街地開発などにより、土地そのものが増加した面はあるが、関西空港立地や関連地域整備事業の実施が、地価に対して何らかの寄与をしたことは窺える。

　象徴的な事例として、関西空港対岸のりんくうタウンの商業業務ゾーンでは、1990年に分譲要綱を公表した際の分譲価格が113万円／㎡から153万円／㎡と、郊外地としては非常に高額であったにもかかわらず、多くの企業が応募に殺到（1989年の土地分譲登録申込みで競争率6.6倍）したことが挙げられる。

2－4　人口・産業集積と地価との関連

2－4－1　分析の考え方

　人口・産業集積に関する指標の変化と公示地価に関する指標の変化については、「2－1　国勢調査メッシュデータ分析」、「2－2　事業所・企業統計メッシュデータの分析」、「2－3　公示地価の分析」において別個に見てきたわけだが、ここでは両者の関連性に注目して分析を行う。

　具体的には、関西空港の「開港前」、「開港直後」、「開港6～7年後」の三時点[19]について、「夜間人口と住宅地価」、「卸売・小売業の従業者数と商業地価」、「製造業の従業者数と工業地価」の関係を関西空港からの距離に応じて設定した区（第1区～第9区）ごとに分析・考察する。

　比較に際しては、路線5km圏あるいは各区の動向をわかりやすく表現するため、グラフ化を行った。横軸に人口・産業集積の絶対変化指数（あるいは相対変化指数）を、縦軸に公示地価の絶対変化指数（あるいは相対変化指数）をとって、開港直後の値を矢印の始点で、開港6年後（または7年後）の値を矢印の終点で表した。

　いずれのグラフにおいても、横軸・縦軸とも、開港前（1990年または1991年）の値はすべて1.0となるため、座標軸の交点の座標を［1.0, 1.0］とし、座標軸に対して右上の領域を第1象限、左上の領域を第2象限、左下の領域を第3象限、右下の領域を第4象限と定義した。なお、相対変化指数のグラフにおいては、1次メッシュ圏域の値が基準値、すなわち［1.0, 1.0］となるため、矢印は存在しない。

---

[19] 1990年の国勢調査及び公示地価並びに1991年事業所統計調査を関西空港の「開港前」、1995年の国勢調査及び公示地価並びに1996年事業所・企業統計調査を関西空港の「開港直後」、2000年の国勢調査及び公示地価を「開港6年後」、そして、2001年事業所・企業統計調査を関西空港の「開港7年後」のデータとしている。

表 2-32(a)　人口・産業集積の変化と公示地価の変化

		夜間人口 [人]			卸売・小売業従業者数 [人]			製造業従業者数 [人]		
		1990年	1995年	2000年	1991年	1996年	2001年	1991年	1996年	2001年
	1次メッシュ圏域	16,933,825	17,051,783	17,266,955	2,655,745	2,817,658	2,605,183	1,984,864	1,825,683	1,532,659
	路線5km圏	4,406,292	4,385,186	4,393,807	1,203,029	1,246,146	1,081,550	681,654	604,414	504,890
第1区	関西空港島	0	1	1	0	3,119	2,555	0	0	1
第2区	関西空港対岸	157,679	162,310	168,762	17,109	21,878	22,297	19,471	15,657	13,707
第3区	岸和田・貝塚	238,619	251,193	258,217	27,532	30,516	29,762	25,011	21,357	20,326
第4区	泉大津・高石	268,809	274,534	284,609	26,284	28,803	28,123	34,191	31,747	23,126
第5区	堺	392,532	388,595	387,167	55,485	59,640	54,470	44,813	41,549	34,424
第6区	大阪市南	971,988	959,177	943,968	136,214	141,014	123,321	131,124	115,747	89,927
第7区	大阪市中心	921,362	909,696	919,556	706,346	703,971	591,695	232,798	203,971	173,984
第8区	大阪市北・吹田	757,975	743,246	739,869	158,153	173,567	152,707	120,539	108,045	87,309
第9区	大阪空港周辺	697,328	696,434	691,658	75,906	83,638	76,620	73,707	66,341	62,086

		住宅地価の平均地価 [円/㎡]			商業地価の平均地価 [円/㎡]			工業地価の平均地価 [円/㎡]		
		1990年	1995年	2000年	1990年	1995年	2000年	1990年	1995年	2000年
	1次メッシュ圏域	450,591	258,109	208,002	3,501,961	1,169,806	571,245	478,789	271,887	200,277
	路線5km圏	585,157	317,651	251,343	6,275,144	1,955,694	856,513	595,079	314,204	231,400
第1区	関西空港島									
第2区	関西空港対岸	321,696	163,000	127,590	1,170,000	422,800	219,833	281,429	167,353	126,294
第3区	岸和田・貝塚	380,400	200,435	146,857	1,650,000	551,429	284,143	342,200	188,833	136,700
第4区	泉大津・高石	385,719	211,121	161,339	1,270,000	484,333	277,000	331,000	214,167	162,182
第5区	堺	468,267	261,024	207,732	1,572,143	663,077	372,231	371,667	188,167	149,000
第6区	大阪市南	762,217	384,869	312,870	2,688,800	828,789	480,636	566,714	315,545	239,629
第7区	大阪市中心	842,960	467,938	356,598	8,988,750	2,680,421	1,129,257	979,071	473,531	326,484
第8区	大阪市北・吹田	618,577	364,145	279,711	4,125,000	1,566,750	680,920	788,500	386,952	275,667
第9区	大阪空港周辺	601,663	323,960	268,875	2,303,333	932,227	519,500	459,833	263,286	218,857

注）第1区（1990、1995、2000年）には、公示地価の調査地点が設置されていない。

表 2-32(b)　人口・産業集積の変化と公示地価の変化（絶対変化指数*）

		夜間人口		卸売・小売業従業者数		製造業従業者数		住宅地価		商業地価		工業地価	
		1995年	2000年	1996年	2001年	1996年	2001年	1995年	2000年	1995年	2000年	1995年	2000年
1次メッシュ圏域		1.01	1.02	1.06	0.98	0.92	0.77	0.57	0.46	0.33	0.16	0.57	0.42
路線5km圏		1.00	1.00	1.04	0.90	0.89	0.74	0.54	0.43	0.31	0.14	0.53	0.39
第1区	関西空港島												
第2区	関西空港対岸	1.03	1.07	1.28	1.30	0.80	0.70	0.51	0.40	0.36	0.19	0.59	0.45
第3区	岸和田・貝塚	1.05	1.08	1.11	1.08	0.85	0.81	0.53	0.39	0.33	0.17	0.55	0.40
第4区	泉大津・高石	1.02	1.06	1.10	1.07	0.93	0.68	0.55	0.42	0.38	0.22	0.65	0.49
第5区	堺	0.99	0.99	1.07	0.98	0.93	0.77	0.56	0.44	0.42	0.24	0.51	0.40
第6区	大阪市南	0.99	0.97	1.04	0.91	0.88	0.69	0.50	0.41	0.31	0.18	0.56	0.42
第7区	大阪市中心	0.99	1.00	1.00	0.84	0.88	0.75	0.56	0.42	0.30	0.13	0.48	0.33
第8区	大阪市北・吹田	0.98	0.98	1.10	0.97	0.90	0.72	0.59	0.45	0.38	0.17	0.49	0.35
第9区	大阪空港周辺	1.00	0.99	1.10	1.01	0.90	0.84	0.54	0.45	0.40	0.23	0.57	0.48

表 2-32(c)　人口・産業集積の変化と公示地価の変化（相対変化指数*）

		夜間人口		卸売・小売業従業者数		製造業従業者数		住宅地価		商業地価		工業地価	
		1995年	2000年	1996年	2001年	1996年	2001年	1995年	2000年	1995年	2000年	1995年	2000年
1次メッシュ圏域		1.00	1.00	1.00	1.00	1.00	1.00	1.00	1.00	1.00	1.00	1.00	1.00
路線5km圏		0.99	0.98	0.98	0.92	0.96	0.96	0.95	0.93	0.93	0.84	0.93	0.93
第1区	関西空港島												
第2区	関西空港対岸	1.02	1.05	1.21	1.33	0.87	0.91	0.88	0.86	1.08	1.15	1.05	1.07
第3区	岸和田・貝塚	1.05	1.06	1.04	1.10	0.93	1.05	0.92	0.84	1.00	1.06	0.97	0.95
第4区	泉大津・高石	1.01	1.04	1.03	1.09	1.01	0.88	0.96	0.91	1.14	1.34	1.14	1.17
第5区	堺	0.98	0.97	1.01	1.00	1.01	0.99	0.97	0.96	1.26	1.45	0.89	0.96
第6区	大阪市南	0.98	0.95	0.98	0.92	0.96	0.89	0.88	0.89	0.92	1.10	0.98	1.01
第7区	大阪市中心	0.98	0.98	0.94	0.85	0.95	0.97	0.97	0.92	0.89	0.77	0.85	0.80
第8区	大阪市北・吹田	0.97	0.96	1.03	0.98	0.97	0.94	1.03	0.98	1.14	1.01	0.86	0.84
第9区	大阪空港周辺	0.99	0.97	1.04	1.03	0.98	1.09	0.94	0.97	1.21	1.38	1.01	1.14

*「絶対変化指数」と「相対変化指数」については、「1－3－3　空港影響圏域の考え方と分析例」の「(2) 絶対変化指数と相対変化指数」を参照。

2-4-2 人口集積と公示地価

　ここでは、関西空港の開港前後における人口集積と公示地価の動きの関連性を見るために、夜間人口と住宅地価に注目して分析を行う。

　まず、絶対変化指数の動き（図 2-6）を見ると、1次メッシュ圏域では、開港直後から開港6年後にかけて、夜間人口が微増を続けているのに対して、住宅地価は継続的に大幅に低下している。路線5km圏では、夜間人口がほぼ横ばいであるのに対して、住宅地価は継続的に1次メッシュ圏域以上に大幅に低下している。

　次に、相対変化指数の動き（図 2-7）を見てみると、路線5km圏については、夜間人口の値が継続的に微減するとともに、住宅地価の値も継続的に低下している。

　相対変化指数の動きを区別に見ると、関西空港に近い第2区～第4区（関西空港対岸から泉大津・高石）だけで夜間人口の値が増加しているが、この特徴は絶対変化指数と同じである。しかし、住宅地価の値については、ほとんどの区が開港直後から開港6年後にかけて継続的に低下している中で、第6区（大阪市南）と第9区（大阪空港周辺）やや上向きになっていることと、第8区（大阪市北・吹田）で高い水準に留まっていることが、他とは異なっている。

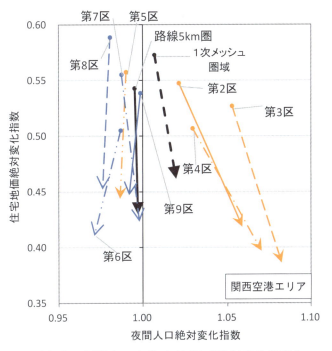

図 2-6　夜間人口と住宅地価（絶対変化指数）

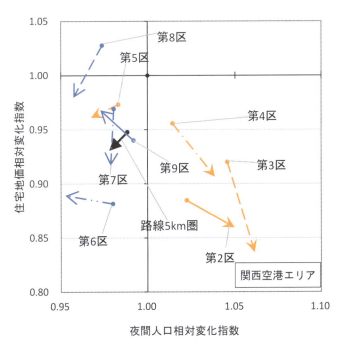

図 2-7　夜間人口と住宅地価（相対変化指数）

2-4-3　産業集積と公示地価

ここでは、関西空港の開港前後における産業集積と公示地価の動きの関連性を見るための分析を行う。

（1）卸売・小売業の集積と商業地価

1つめの産業集積の指標として、卸売・小売業の従業者数をとりあげ、商業地価との関係に注目してみよう。

まず、絶対変化指数の動き（図 2-8）を見てみると、1次メッシュ圏域では、卸売・小売業の従業者数が開港直後にいったん増加した後、開港7年後には開港前よりも減少している。また、商業地価については、継続的に大幅に下落している。路線5km圏については、1次メッシュ圏域とほぼ同じ傾向を示しているものの、従業者数・商業地価ともに、1次メッシュ圏域以上に減少している。

次に、相対変化指数の動き（図 2-9）を見てみると、路線5km圏については、卸売・小売業の従業者数の値が継続的に減少するとともに、商業地価の値も継続的に大幅な低下が続いている。

相対変化指数の動きを区別に見ると、第7区（大阪市中心）だけが、路線5km圏とほぼ同じ傾向であるが、これはむしろ、圧倒的な規模の商業集積を有する第7区の動向が、路線5km圏の動向を強く牽引したと見るべきであろう。

その他の区では、路線5km圏とは全く異なる動きを示している。まず、関西空港に近い第2区～第4区だけで従業者数の値が継続的に増加するとともに、商業地価の値も増加している。次に、第5区と第9区では、従業者数の値はやや増加ないしは横ばいであるが、商業地価の値が継続的に大幅に増加している。

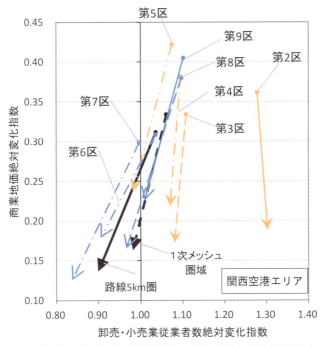

図 2-8　卸売・小売業従業者数と商業地価（絶対変化指数）

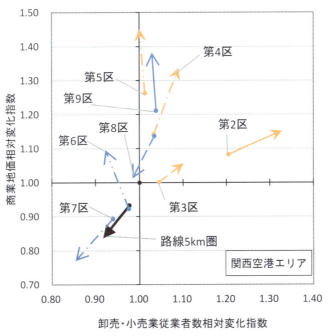

図 2-9　卸売・小売業従業者数と商業地価（相対変化指数）

(2) 製造業の集積と工業地価

2つめの産業集積の指標として、製造業の従業者数をとりあげ、工業地価との関係に注目してみよう。

まず、絶対変化指数の動き（図2-10）を見てみると、1次メッシュ圏域では、製造業の従業者数が開港直後に大幅に減少した後、開港7年後にかけてさらに減少している。また、工業地価については、継続的に大幅に下落している。路線5km圏についても、すべての矢印が1次メッシュ圏域と同じ方向を向いており、ほぼ同じ傾向を示していることがわかる。

次に、相対変化指数の動き（図2-11）を見てみると、路線5km圏については、製造業の従業者数の値も工業地価の値も、開港直後にやや減少・下落した後、開港6〜7年後にかけてはほとんど変化がない。

相対変化指数の動きを区別に見たとき、各区は異なる動きを示している。第4区と第9区は、いずれも工業地価の値が相対的に高めで推移しているが、両者の矢印は左右逆向きになっている。第3区（岸和田・貝塚）と第6区（大阪市南）は、いずれも工業地価の値がほぼ横ばいで推移しているが、両者の矢印は左右逆向きになっている。その他の区についても、一定の傾向を見出すことは難しい。

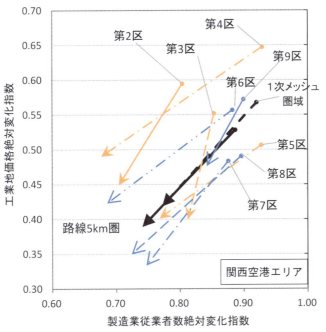

図 2-10 製造業従業者数と工業地価（絶対変化指数）

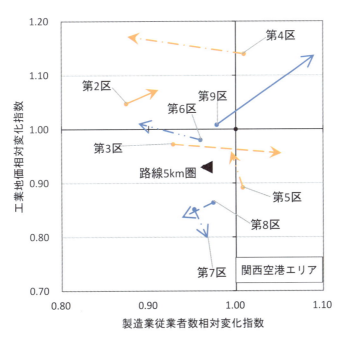

図 2-11 製造業従業者数と工業地価（相対変化指数）

2-4-4 まとめと考察

(1) 人口集積と住宅地価

　人口集積と住宅地価の関係を絶対変化指数の動きで見たときの特徴は、すべての矢印が第3象限及び第4象限に入っていて、いずれも下向きであること、つまり、夜間人口は開港前と比べて増えた地域と減った地域があるものの、住宅地価は開港前から開港6年後までの10年間で、一貫して下落しているということである。

　また、相対変化指数の動きで見たときも、ほとんどの矢印が第3象限及び第4象限に集中している。

　路線5km圏の中で夜間人口が継続的に増えたのは関西空港に近い第2区〜第4区だけであり、その増加率は1次メッシュ圏域よりも大きい。その他の区では、夜間人口は横ばいないしは減少傾向にある。これらの要因として、「2-1　国勢調査メッシュデータの分析」で次のような点を指摘してきた。

- 関西空港周辺では、空港関連地域整備事業として、新たに計画的な住宅地整備が行われるとともに、旧市街地においても都市基盤整備が図られたことで、人口が増加した。さらに、関西空港の関連事業所や、物流・商業施設などの事業所で働く従業者及びその家族の流入があった。
- 大阪市付近における夜間人口の減少は、1990年代前半の住宅価格高騰や供給減などが主たる原因と見られる。

以上に加えて、住宅地価との関係から、次のような要因を指摘することができる。

- 図2-7の路線5km圏の矢印からは、1次メッシュ圏域との相対的な比較において、「夜間人口は伸びず、住宅地価の下落率が大きい」という傾向が見えてくる。
- その中で、第2区〜第4区の動きは際立って異質なものである。背景として、開港前から開港6年後にかけての住宅地価（実数）が、他区よりも低めで推移したため、価格優位性が備わったことをあげることができる。

(2) 卸売・小売業の集積と商業地価

　卸売・小売業の集積と商業地価の関係を絶対変化指数の動きで見たときの特徴は、すべての矢印が第3象限及び第4象限に入っていていずれも下向きであること、つまり、卸売・小売業の従業者数は開港前と比べて増えた地域と減った地域があるものの、商業地価は開港前から開港6年後までの10年間で、一貫して下落しているということである。

　また、相対変化指数の動きで見たとき、ほとんどの矢印が第1象限及び第3象限に集中していることは興味深い。

　路線5km圏の中で卸売・小売業の従業者数が継続的に増えたのは関西空港対岸の第2区のみであるが、相対変化指数を見ると第3区と第4区でも継続的に増加している。一方、第7区では商業地価の下落とともに従業者数の減少が続いている。これらの要因として、「2-2　事業所・企業統計メッシュデータの分析」で次のような点を指摘した。

- 関西空港周辺では、空港開港に伴い、対岸部のりんくうタウンをはじめ、関連地域開発事業において複数の大型商業施設が立地したため、小売業や飲食業の集積が進んだ。
- 大阪市中心部では卸売業を中心に、中枢機能の変化や郊外または首都圏への移転などにより、集積の低下が顕著であった。このことは関西空港の立地による影響とは、分けて考える必要がある。

以上に加えて、商業地価との関係から、次のような要因を指摘することができる。

- 図2-9の路線5km圏の矢印からは、1次メッシュ圏域との相対的な比較において、「卸売・小売業の従業者数の減少率と商業地価の下落率が大きい」という傾向が見えてくる。
- その中で、第2区〜第4区の動きがやや異質であり、卸売・小売業と商業地価の相対変化指数がともに継続して増加している。第2区〜第4区の商業地価は、他区よりも下落の程度は小さいものの、地価の実数は他区よりも低めであることが、卸売・小売業の集積に寄与したものと見られる。

(3) 製造業の集積と工業地価

　製造業の集積と工業地価の関係を絶対変化指数の動きで見たときの特徴は、すべての矢印が第3象限に入っていていずれも左下向きであること、つまり、製造業の従業者数も工業地価も、開港前から開港6～7年後までの10年間で一貫して減少・下落しているということである。

　また、相対変化指数の動きで見たとき、矢印が第1象限～第4象限に散らばっている点は、直前の二つの分析と異なる傾向を示すものである。

　路線5km圏の中で、開港直後から開港7年後にかけて、製造業の従業者数が大きく増加したのは第3区と第9区、逆に大きく減少したのは第4区と第6区で、地域的な関連性を見出すことは難しい。これらに対する説明として、「2－2　事業所・企業統計メッシュデータの分析」で次のような点を指摘した。

- 大阪市地域での製造業従業者数の減少は、地価高騰が激しかった同地域において、生産拠点の郊外・海外への移転が他の地域よりも多かった。
- 関西空港開港に伴う航空輸送条件の変化によって、関西空港周辺に製造業が大きく集積したわけではない。

　図2-11の路線5km圏の矢印からは、1次メッシュ圏域との相対的な比較において、「製造業の従業者数の減少率と工業地価の下落率が大きい」、という傾向が見えるものの、今回の分析から新たな要因を見出すことは困難であった。

＊参考文献、ウェブサイト（2015年1月時点）

[1] 一般財団法人 土地情報センター 「地価公示時系列データ 平成24年版」
[2] 国土交通省 「国土数値情報ダウンロードサービス」、
　　http://nlftp.mlit.go.jp/ksj/index.html
[3] 国土交通省 土地・建設産業局 「土地総合情報ライブラリー」、
　　http://tochi.mlit.go.jp/
[4] 内閣府 経済社会総合研究所景気統計部
　　「(参考) 第15循環の景気の谷の暫定設定について」（平成26年5月30日）、
　　http://www.esri.cao.go.jp/jp/stat/di/140530date.pdf

第3章 成田空港エリアに関する分析

　第3章では、成田空港エリアに関する分析として、人口や産業、公示地価といった指標に着目し、第2章と同様に、成田空港の開港前〜開港直後〜開港7、8年後という時系列の中で、各指標がどのように推移してきたのかを分析する。これによって、1978年5月に開港した成田空港の立地が、周辺地域に与えた影響について考察する。

3－1　国勢調査メッシュデータの分析

　本節では、「地域メッシュ統計 1975 年国勢調査」、「地域メッシュ統計 1980 年国勢調査」及び「地域メッシュ統計 1985 年国勢調査」を用いて、人口・世帯等に関する分析を行う。
　具体的には、成田空港を含む 1 次メッシュ圏域（5339、5340）を対象として、成田空港開港前（1975 年）、開港直後（1980 年）、開港 7 年後（1985 年）における人口総数と世帯数、及び年齢3区分別人口（年少人口、生産年齢人口、老年人口）[1]について、同空港からの距離に応じて設定した 11 の区ごとに分析し、背景について考察する。
　なお、1 次メッシュ圏域、路線 5km 圏及び第 1 区〜第 11 区については図 3-1 を、これらの設定方法については「1－3－5　成田空港エリアの路線 5km 圏と区間分割」を参照していただきたい。

---

[1] 各指標の定義については「2－1　国勢調査メッシュデータの分析」を参照のこと。

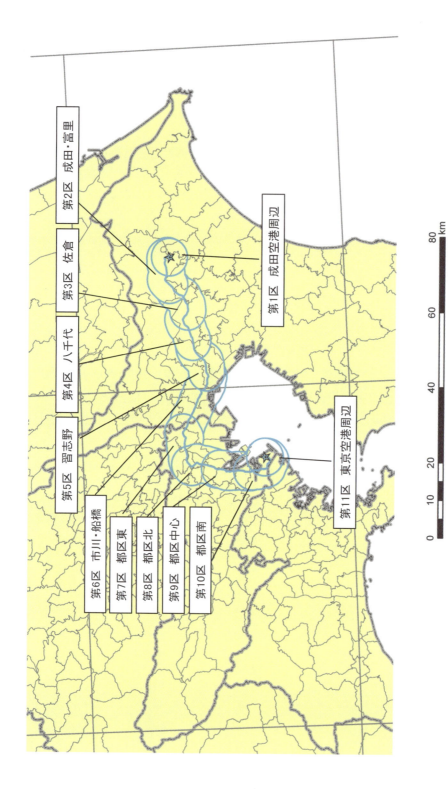

図3-1 成田空港エリアにおける路線5km圏と区間分割

3−1−1 人口と世帯の集積

人口総数、世帯数、年齢3区分別人口と、それらの構成比の推移は表3-1のとおりである。これらから次のことが見て取れる。

① 1次メッシュ圏域では、1975年から1985年にかけて、人口総数は2447万人から2746万人へ、世帯数は768万世帯から950万世帯へと増加した。これは、インフラ整備による東京圏への通勤圏の拡大による人口や世帯の急激な増加や、成田空港の建設やニュータウンの造成によるものと考えられる。

② 成田空港と東京空港を鉄道路線で結んだ帯状の圏域である路線5km圏では、1975年から1980年にかけて、人口総数は561万人から555万人へと減少した後、1985年にかけて、562万人へと増加した。世帯数は1975年から1985年にかけて、186万世帯から207万世帯へと増加した。しかし、1次メッシュ圏域に対する構成比を見ると、人口総数、世帯数ともに減少した。

③ 第1区（成田空港周辺）では、1975年から1985年にかけて、人口総数は14,500人から20,405人へ、世帯数は3,462世帯から6,613世帯へと増加した。構成比を見ると、人口総数、世帯数ともに路線5km圏とは異なり、微増した。

④ 千葉県下の第2区〜第6区（成田・富里から市川・船橋）では、人口総数、世帯数ともに増加した。構成比を見ても、人口総数、世帯数ともに1975年から1985年にかけて増加した。

⑤ 第7区〜第10区（都区東から都区南）の東京都区部では、人口総数は1975年から1985年にかけて減少したが、世帯数は1980年に減少の後、1985年にかけて増加した。

⑥ 第11区（東京空港周辺）では、1975年から1985年にかけて、人口総数は86,801人から83,373人へと減少したが、世帯数は25,960世帯から30,287世帯へと増加した。構成比を見ると、人口総数、世帯数ともに、1975年から1985年にかけて減少した。

表3-1 人口及び世帯数と構成比の推移

実数	人口総数[人]			世帯数[世帯]		
	1975年	1980年	1985年	1975年	1980年	1985年
1次メッシュ圏域	24,468,150	25,988,867	27,464,952	7,684,846	8,786,565	9,504,575
路線5km圏	5,609,325	5,551,360	5,622,444	1,859,410	2,003,310	2,072,383
第1区 成田空港周辺	14,500	17,228	20,405	3,462	5,444	6,613
第2区 成田・富里	47,503	71,147	86,896	12,703	22,597	27,238
第3区 佐倉	50,489	69,515	83,985	12,995	19,212	23,642
第4区 八千代	163,940	211,241	229,185	45,170	61,336	67,750
第5区 習志野	439,459	479,368	523,884	130,830	153,707	170,282
第6区 市川・船橋	515,702	569,016	597,172	156,013	189,308	202,403
第7区 都区東	962,163	942,815	939,695	309,759	322,652	328,620
第8区 都区北	1,660,069	1,526,419	1,481,912	574,788	569,614	569,957
第9区 都区中心	843,955	797,069	779,179	293,807	323,677	327,414
第10区 都区南	824,744	783,875	796,758	293,923	306,484	318,177
第11区 東京空港周辺	86,801	83,667	83,373	25,960	29,279	30,287
構成比	人口総数[%]			世帯数[%]		
	1975年	1980年	1985年	1975年	1980年	1985年
1次メッシュ圏域	100.00	100.00	100.00	100.00	100.00	100.00
路線5km圏	22.93	21.36	20.47	24.20	22.80	21.80
第1区 成田空港周辺	0.06	0.07	0.07	0.05	0.06	0.07
第2区 成田・富里	0.19	0.27	0.32	0.17	0.26	0.29
第3区 佐倉	0.21	0.27	0.31	0.17	0.22	0.25
第4区 八千代	0.67	0.81	0.83	0.59	0.70	0.71
第5区 習志野	1.80	1.84	1.91	1.70	1.75	1.79
第6区 市川・船橋	2.11	2.19	2.17	2.03	2.15	2.13
第7区 都区東	3.93	3.63	3.42	4.03	3.67	3.46
第8区 都区北	6.78	5.87	5.40	7.48	6.48	6.00
第9区 都区中心	3.45	3.07	2.84	3.82	3.68	3.44
第10区 都区南	3.37	3.02	2.90	3.82	3.49	3.35
第11区 東京空港周辺	0.35	0.32	0.30	0.34	0.33	0.32

実数	年少人口[人]			生産年齢人口[人]			老年人口[人]		
	1975年	1980年	1985年	1975年	1980年	1985年	1975年	1980年	1985年
1次メッシュ圏域	6,011,261	6,143,601	5,700,041	17,057,068	18,067,056	19,613,677	1,374,576	1,743,237	2,132,633
路線5km圏	1,247,619	1,173,501	1,050,003	3,995,903	3,934,267	4,058,893	359,936	435,657	508,602
第1区 成田空港周辺	3,104	3,610	4,291	9,916	11,939	14,086	1,479	1,645	1,971
第2区 成田・富里	11,957	18,765	22,720	31,884	47,613	58,110	3,659	4,722	6,044
第3区 佐倉	12,706	19,181	21,426	33,887	45,229	56,059	3,896	5,089	6,500
第4区 八千代	52,094	63,410	56,750	105,625	138,204	159,368	6,138	9,311	12,873
第5区 習志野	128,355	130,100	122,682	293,882	325,725	370,870	16,972	23,150	30,148
第6区 市川・船橋	138,596	145,180	132,596	353,157	392,092	425,862	23,504	30,949	38,372
第7区 都区東	233,332	209,443	177,618	673,929	665,910	682,722	53,835	66,006	78,970
第8区 都区北	331,125	280,974	239,496	1,204,974	1,099,439	1,078,072	122,518	144,011	163,499
第9区 都区中心	151,558	136,348	119,461	620,802	578,662	570,174	69,767	80,263	87,332
第10区 都区南	164,781	148,190	137,249	605,960	570,494	583,348	53,352	64,211	75,518
第11区 東京空港周辺	20,011	18,300	15,724	61,947	58,960	60,222	4,816	6,300	7,375
構成比	年少人口[%]			生産年齢人口[%]			老年人口[%]		
	1975年	1980年	1985年	1975年	1980年	1985年	1975年	1980年	1985年
1次メッシュ圏域	100.00	100.00	100.00	100.00	100.00	100.00	100.00	100.00	100.00
路線5km圏	20.75	19.10	18.42	23.43	21.78	20.69	26.19	24.99	23.85
第1区 成田空港周辺	0.05	0.06	0.08	0.06	0.07	0.07	0.11	0.09	0.09
第2区 成田・富里	0.20	0.31	0.40	0.19	0.26	0.30	0.27	0.27	0.28
第3区 佐倉	0.21	0.31	0.38	0.20	0.25	0.29	0.28	0.29	0.30
第4区 八千代	0.87	1.03	1.00	0.62	0.76	0.81	0.45	0.53	0.60
第5区 習志野	2.14	2.12	2.15	1.72	1.80	1.89	1.23	1.33	1.41
第6区 市川・船橋	2.31	2.36	2.33	2.07	2.17	2.17	1.71	1.78	1.80
第7区 都区東	3.88	3.41	3.12	3.95	3.69	3.48	3.92	3.79	3.70
第8区 都区北	5.51	4.57	4.20	7.06	6.09	5.50	8.91	8.26	7.67
第9区 都区中心	2.52	2.22	2.10	3.64	3.20	2.91	5.08	4.60	4.10
第10区 都区南	2.74	2.41	2.41	3.55	3.16	2.97	3.88	3.68	3.54
第11区 東京空港周辺	0.33	0.30	0.28	0.36	0.33	0.31	0.35	0.36	0.35

注) 人口及び世帯数は年齢不詳を含む

3-1-2　年齢3区分別人口及び世帯数の集積

ここでは、絶対変化指数と相対変化指数[2]を用いて、年齢3区分別人口及び世帯数の集積について各区域ごとに詳細な変化を分析する。

(1) 1次メッシュ圏域

表3-2（a）の絶対変化指数を見ると、1次メッシュ圏域の生産年齢人口は、1980年に1.06へと増加し、1985年にかけて1.15へと大きく増加しているが、年少人口は1980年に1.02へとやや増加の後、1985年にかけて0.95へと減少に転じている。

世帯数は、1980年に1.14、1985年にかけて1.24へと大きく増加している。

表3-2（a）　人口及び世帯数の変化（1次メッシュ圏域）

	人口総数		年少人口		生産年齢人口		老年人口		世帯数	
	1980年	1985年	1980年	1985年	1980年	1985年	1980年	1985年	1980年	1985年
絶対変化指数	1.06	1.12	1.02	0.95	1.06	1.15	1.27	1.55	1.14	1.24
相対変化指数	1.00	1.00	1.00	1.00	1.00	1.00	1.00	1.00	1.00	1.00

(2) 路線5km圏

表3-2（b）の絶対変化指数を見ると、路線5km圏の生産年齢人口は、1980年に0.98へとやや減少の後、1985年にかけて1.02へとやや増加に転じているが、相対変化指数を見ると、1980年に0.93へと減少し、1985年にかけて0.88へとさらに大きく減少している。つまり、1次メッシュ圏域と比べると、相対的に生産年齢人口が少なくなっていることがわかる。

世帯数の絶対変化指数を見ると、1980年に1.08、1985年にかけて1.11へと大きく増加している。一方、相対変化指数を見ると、1980年に0.94、1985年にかけて0.90と減少傾向が続いている。

表3-2（b）　人口及び世帯数の変化（路線5km圏）

	人口総数		年少人口		生産年齢人口		老年人口		世帯数	
	1980年	1985年	1980年	1985年	1980年	1985年	1980年	1985年	1980年	1985年
絶対変化指数	0.99	1.00	0.94	0.84	0.98	1.02	1.21	1.41	1.08	1.11
相対変化指数	0.93	0.89	0.92	0.89	0.93	0.88	0.95	0.91	0.94	0.90

---

[2] 絶対変化指数と相対変化指数については、「1-3-3　空港影響圏域の考え方と分析例」の「（2）絶対変化指数と相対変化指数」を参照。

(3) 第1区（成田空港周辺）

表 3-2（c）の絶対変化指数を見ると、第1区の年齢3区分別人口はいずれも、1980年、1985年にかけて大きく増加している。相対変化指数を見ると、生産年齢人口、年少人口は、1980年、1985年にかけて大きく増加している。

世帯数は、絶対変化指数を見ると、1980年に1.57、1985年にかけて1.91へと極めて大きく増加しており、相対変化指数を見ても、1980年に1.38、1985年にかけて1.54へと極めて大きく増加している。

表 3-2（c）　人口及び世帯数の変化（第1区：成田空港周辺）

	人口総数		年少人口		生産年齢人口		老年人口		世帯数	
	1980年	1985年	1980年	1985年	1980年	1985年	1980年	1985年	1980年	1985年
絶対変化指数	1.19	1.41	1.16	1.38	1.20	1.42	1.11	1.33	1.57	1.91
相対変化指数	1.12	1.25	1.14	1.46	1.14	1.24	0.88	0.86	1.38	1.54

(4) 第2区（成田・富里）

表 3-2（d）の絶対変化指数を見ると、第2区の年齢3区分別人口はいずれも、1980年、1985年にかけて大きく増加している。相対変化指数を見ると、生産年齢人口は1980年に1.41、1985年に1.58へと極めて大きく増加している。年少人口は、1980年に1.54、1985年にかけて2.00へと極めて大きく増加している。

世帯数は、絶対変化指数を見ると、1980年に1.78、1985年にかけて2.14へと極めて大きく増加している。相対変化指数を見ると、1980年に1.56、1985年にかけて1.73へと極めて大きく増加している。

表 3-2（d）　人口及び世帯数の変化（第2区：成田・富里）

	人口総数		年少人口		生産年齢人口		老年人口		世帯数	
	1980年	1985年	1980年	1985年	1980年	1985年	1980年	1985年	1980年	1985年
絶対変化指数	1.50	1.83	1.57	1.90	1.49	1.82	1.29	1.65	1.78	2.14
相対変化指数	1.41	1.63	1.54	2.00	1.41	1.58	1.02	1.06	1.56	1.73

(5) 第3区（佐倉）

表 3-2（e）の絶対変化指数を見ると、第3区の年齢3区分別人口はいずれも、1980年、1985年にかけて大きく増加している。相対変化指数を見ると、生産年齢人口、年少人口は、1980年、1985年にかけて大きく増加している。

世帯数は、絶対変化指数を見ると、1980年に1.48、1985年にかけて1.82へと極めて大きく増加しており、相対変化指数を見ても、1980年に1.29へと大きく増加し、1985

年にかけて 1.47 へと極めて大きく増加している。

表 3-2（e）　人口及び世帯数の変化（第 3 区：佐倉）

	人口総数		年少人口		生産年齢人口		老年人口		世帯数	
	1980年	1985年	1980年	1985年	1980年	1985年	1980年	1985年	1980年	1985年
絶対変化指数	1.38	1.66	1.51	1.69	1.33	1.65	1.31	1.67	1.48	1.82
相対変化指数	1.30	1.48	1.48	1.78	1.26	1.44	1.03	1.08	1.29	1.47

(6) 第 4 区（八千代）

表 3-2 (f) の絶対変化指数を見ると、第 4 区の生産年齢人口は、1980 年に 1.31、1985 年にかけて 1.51 へと極めて大きく増加している。年少人口は、1980 年に 1.22 へと大きく増加し、1985 年にかけて 1.09 へと増加している。相対変化指数を見ると、年齢 3 区分別人口は、1980 年、1985 年にかけて大きく増加している。

世帯数は、絶対変化指数を見ると、1980 年に 1.36、1985 年にかけて 1.50 へと極めて大きく増加しており、相対変化指数を見ても、1980 年に 1.19、1985 年に 1.21 へと大きく増加している。

表 3-2（f）　人口及び世帯数の変化（第 4 区：八千代）

	人口総数		年少人口		生産年齢人口		老年人口		世帯数	
	1980年	1985年	1980年	1985年	1980年	1985年	1980年	1985年	1980年	1985年
絶対変化指数	1.29	1.40	1.22	1.09	1.31	1.51	1.52	2.10	1.36	1.50
相対変化指数	1.21	1.25	1.19	1.15	1.24	1.31	1.20	1.35	1.19	1.21

(7) 第 5 区（習志野）

表 3-2 (g) の絶対変化指数を見ると、第 5 区の生産年齢人口は、1980 年に 1.11、1985 年にかけて 1.26 へと大きく増加している。年少人口は、1980 年に 1.01 へとやや増加した後、1985 年に 0.96 へとやや減少に転じている。相対変化指数を見ると、生産年齢人口は、1980 年に 1.05 へとやや増加し、1985 年にかけて 1.10 へと大きく増加している。年少人口は 1980 年、1985 年にかけて横ばいである。

世帯数は、絶対変化指数を見ると、1980 年に 1.17、1985 年にかけて 1.30 へと極めて大きく増加している。相対変化指数を見ると、1980 年に 1.03 へとやや増加し、1985 年にかけて 1.05 へと増加している。

表 3-2（g）　人口及び世帯数の変化（第 5 区：習志野）

	人口総数		年少人口		生産年齢人口		老年人口		世帯数	
	1980年	1985年	1980年	1985年	1980年	1985年	1980年	1985年	1980年	1985年
絶対変化指数	1.09	1.19	1.01	0.96	1.11	1.26	1.36	1.78	1.17	1.30
相対変化指数	1.03	1.06	0.99	1.01	1.05	1.10	1.08	1.14	1.03	1.05

(8) 第6区（市川・船橋）

　表3-2（h）の絶対変化指数を見ると、第6区の生産年齢人口は、1980年に1.11、1985年に1.21へと大きく増加している。年少人口は、1980年に1.05へと増加するが、1985年に0.96へと減少に転じている。相対変化指数を見ると、生産年齢人口は、1980年、1985年にかけて1.05とやや増加しており、年少人口は、1980年に1.02へとやや増加した後、1985年にかけては1.01と横ばいである。

　世帯数は、絶対変化指数を見ると、1980年に1.21、1985年にかけて1.30へと大きく増加している。相対変化指数を見ると、1980年に1.06へと増加し、1985年に1.05へとやや増加している。

表3-2（h）　人口及び世帯数の変化（第6区：市川・船橋）

	人口総数		年少人口		生産年齢人口		老年人口		世帯数	
	1980年	1985年	1980年	1985年	1980年	1985年	1980年	1985年	1980年	1985年
絶対変化指数	1.10	1.16	1.05	0.96	1.11	1.21	1.32	1.63	1.21	1.30
相対変化指数	1.04	1.03	1.02	1.01	1.05	1.05	1.04	1.05	1.06	1.05

(9) 第7区（都区東）

　表3-2（i）の絶対変化指数を見ると、第7区の年少人口は、1980年に0.90、1985年に0.76へと大きく減少している。相対変化指数を見ると、生産年齢人口は、1980年に0.93へと減少し、1985年にかけて0.88へと大きく減少している。

　世帯数は、絶対変化指数を見ると、1980年に1.04へとやや増加し、1985年にかけて1.06へと増加しているが、相対変化指数を見ると、1980年に0.91へと減少し、1985年に0.86へとさらに大きく減少している。

表3-2（i）　人口及び世帯数の変化（第7区：都区東）

	人口総数		年少人口		生産年齢人口		老年人口		世帯数	
	1980年	1985年	1980年	1985年	1980年	1985年	1980年	1985年	1980年	1985年
絶対変化指数	0.98	0.98	0.90	0.76	0.99	1.01	1.23	1.47	1.04	1.06
相対変化指数	0.92	0.87	0.88	0.80	0.93	0.88	0.97	0.95	0.91	0.86

(10) 第8区（都区北）

　表3-2（j）の絶対変化指数を見ると、第8区の生産年齢人口は、1980年に0.91へと減少し、1985年にかけて0.89へと大きく減少している。年少人口では、1980年に0.85、1985年にかけて0.72へと大きく減少している。相対変化指数を見ると、生産年齢人口、年少人口は1980年、1985年にかけて大きく減少している。

　世帯数は、絶対変化指数を見ると、1980年、1985年ともに横ばいであるが、相対変

化指数を見ると、1980年に 0.87、1985年にかけて 0.80 へと大きく減少している。

表 3-2 (j)　人口及び世帯数の変化（第 8 区：都区北）

	人口総数		年少人口		生産年齢人口		老年人口		世帯数	
	1980年	1985年	1980年	1985年	1980年	1985年	1980年	1985年	1980年	1985年
絶対変化指数	0.92	0.89	0.85	0.72	0.91	0.89	1.18	1.33	0.99	0.99
相対変化指数	0.87	0.80	0.83	0.76	0.86	0.78	0.93	0.86	0.87	0.80

(11) 第 9 区（都区中心）

表 3-2 (k) の絶対変化指数を見ると、第 9 区の生産年齢人口は、1985 年に 0.93、1985 年にかけて 0.92 へと減少している。年少人口は、1980 年に 0.90、1985 年にかけて 0.79 へと大きく減少している。相対変化指数を見ると、生産年齢人口、年少人口は 1980 年、1985 年にかけて大きく減少している。

世帯数は、絶対変化指数を見ると、1980 年に 1.10、1985 年に 1.11 へと大きく増加しているが、相対変化指数を見ると、1980 年に 0.96 へとやや減少し、1985 年にかけて 0.90 へと減少している。

表 3-2 (k)　人口及び世帯数の変化（第 9 区：都区中心）

	人口総数		年少人口		生産年齢人口		老年人口		世帯数	
	1980年	1985年	1980年	1985年	1980年	1985年	1980年	1985年	1980年	1985年
絶対変化指数	0.94	0.92	0.90	0.79	0.93	0.92	1.15	1.25	1.10	1.11
相対変化指数	0.89	0.82	0.88	0.83	0.88	0.80	0.91	0.81	0.96	0.90

(12) 第 10 区（都区南）

表 3-2 (l) の絶対変化指数を見ると、第 10 区の生産年齢人口は、1980 年に 0.94 へと減少し、1985 年にかけて 0.96 へとやや減少している。年少人口で 1980 年に 0.90、1985 年にかけて 0.83 へと大きく減少している。相対変化指数を見ると、生産年齢人口及び年少人口は、1980 年、1985 年にかけて大きく減少している。

世帯数は、絶対変化指数を見ると、1980 年に 1.04 へとやや増加し、1985 年に 1.08 へと増加している。相対変化指数を見ると、1995 年は 0.91 へと減少し、2000 年に 0.88 へとさらに大きく減少している。

表 3-2 (l)　人口及び世帯数の変化（第 10 区：都区南）

	人口総数		年少人口		生産年齢人口		老年人口		世帯数	
	1980年	1985年	1980年	1985年	1980年	1985年	1980年	1985年	1980年	1985年
絶対変化指数	0.95	0.97	0.90	0.83	0.94	0.96	1.20	1.42	1.04	1.08
相対変化指数	0.89	0.86	0.88	0.88	0.89	0.84	0.95	0.91	0.91	0.88

(13) 第11区（東京空港周辺）

表3-2（m）の絶対変化指数を見ると、第11区の生産年齢人口は、1980年に0.95、1985年に0.97へとやや減少している。相対変化指数を見ると、生産年齢人口及び年少人口で、1980年、1985年にかけて大きく減少している。

世帯数は、絶対変化指数を見ると、1980年に1.13、1985年にかけて1.17へと大きく増加している。相対変化指数を見ると、1980年は0.99と横ばいだが、1985年には0.94へと減少している。

表3-2（m） 人口及び世帯数の変化（第11区：東京空港周辺）

	人口総数		年少人口		生産年齢人口		老年人口		世帯数	
	1980年	1985年	1980年	1985年	1980年	1985年	1980年	1985年	1980年	1985年
絶対変化指数	0.96	0.96	0.91	0.79	0.95	0.97	1.31	1.53	1.13	1.17
相対変化指数	0.91	0.86	0.89	0.83	0.90	0.85	1.03	0.99	0.99	0.94

ここからは、相対変化指数を表 3-3 のように記号化して評価を行う。表内の記号は、相対変化指数が 0.99 以上 1.01 未満であるものを「変化なし」と定義し、「→」と表記した。増加傾向については、1.01 以上 1.05 未満に「○」を、1.05 以上 1.10 未満に「○○」を、1.10 以上 1.20 未満に「○○○」を、1.20 以上 1.30 未満に「◎」、1.30 以上 2.00 未満に「◎◎」を、2.00 以上に「◎◎◎」を付した。

一方、減少傾向については、0.95 以上 0.99 未満に「▼」を、0.90 以上 0.95 未満に「▼▼」を、0.80 以上 0.90 未満に「▼▼▼」を、0.70 以上 0.80 未満に「■」を、そし

表 3-3　相対変化指数と対応する記号（再掲）

相対変化指数	記号
0から大幅に増加	＋
2.00以上	◎◎◎
1.30～2.00未満	◎◎
1.20～1.30未満	◎
1.10～1.20未満	○○○
1.05～1.10未満	○○
1.01～1.05未満	○
0.99～1.01未満	→
0.95～0.99未満	▼
0.90～0.95未満	▼▼
0.80～0.90未満	▼▼▼
0.70～0.80未満	■
0.70未満	■■
0より変化なし	－

て 0.70 未満に「■■」を付した。なお、0 から大幅に増加したものには「＋」、0 より変化のないものには「－」を付している（以下、同様とする）。

これらの記号を用いて、(3)〜(13) の結果をわかりやすく整理したものが表 3-4 である。成田空港立地と人口及び世帯数の集積との関係について、路線 5km 圏の各区の分析結果を踏まえながら考察を行う。

「1-2　空港立地による経済効果」でみたように、成田空港においては開港 4 年後の 1982 年時点で空港関連事業所の従業者数が空港内で 2 万人、空港近傍を含めると 3 万人を越える規模となっている。これらの空港関連事業所の従業者とその家族は、「成田国際空港周辺地域整備計画」[3] において整備対象となった成田ニュータウンを中心として居住したものとみられる。実態調査結果を見ても、成田空港の関連事業所の従業者の居住地は、空港周辺地域で 4 割強、千葉県内で 8 割強となっている（表 3-5）。

表 3-4 を見ると、第 1 区〜第 4 区の人口及び世帯数の相対変化指数は、極めて大きく増加しており、特に成田ニュータウンがある第 2 区で大きくなっている。さらに、年少人口及び生産年齢人口が極めて大きく増加していることから、ニュータウン居住の対象

---

[3] 総務省「成田国際空港周辺地域整備計画（昭和 45 年 3 月）」：
http://www.pref.chiba.lg.jp/kuushin/documents/seibikeikaku.pdf

となるファミリー層が住み着いたことがわかる（表3-6、図3-2）。このことから、千葉県内の各地区のうち、少なくとも第1区〜第4区では、成田空港立地に伴う空港関連事業所の従業者雇用による、人口集積への影響があったと考えられる。

一方、東京都区部については、表3-4のように、相対変化指数は大きく減少している。これには、高度経済成長の前半期にあたる1956年に首都圏整備法[4]が制定され、大都市圏への人口・産業の過度の集中を防ぐため、東京都区部などの既成市街地では工場、大学の新規立地や増設を制限したことも影響しているものと考えられる。

表3-4 人口及び世帯数の相対変化指数による比較

人口及び世帯数	人口総数		世帯数	
	1980年	1985年	1980年	1985年
第1区 成田空港周辺	○○○	◎	◎◎	◎◎
第2区 成田・富里	◎◎	◎◎	◎◎	◎◎
第3区 佐倉	◎	◎◎	◎	◎◎
第4区 八千代	◎	◎	○○○	◎
第5区 習志野	○	○○	○	○○
第6区 市川・船橋	○	○	○○	○
第7区 都区東	▼▼	▼▼▼	▼▼	▼▼▼
第8区 都区北	▼▼▼	■	▼▼▼	▼▼▼
第9区 都区中心	▼▼	▼▼▼	▼	▼▼
第10区 都区南	▼▼▼	▼▼▼	▼▼	▼▼▼
第11区 東京空港周辺	▼▼	▼▼▼	▼	▼▼

年齢3区分	年少人口		生産年齢人口		老年人口	
	1980年	1985年	1980年	1985年	1980年	1985年
第1区 成田空港周辺	○○○	◎◎	○○○	◎	▼▼▼	▼▼▼
第2区 成田・富里	◎◎	◎◎◎	◎◎	◎◎	○	○○
第3区 佐倉	◎◎	◎◎	◎	◎◎	○	○○
第4区 八千代	○○○	○○○	◎	◎◎	○○○	◎◎
第5区 習志野	→	→	○	○○	○○	○○
第6区 市川・船橋	○	→	○	○	○	○○
第7区 都区東	▼▼▼	▼▼▼	▼▼	▼▼▼	▼	▼▼
第8区 都区北	▼▼▼	■	▼▼▼	■	▼▼	▼▼▼
第9区 都区中心	▼▼▼	▼▼▼	▼▼▼	■	▼▼	▼▼▼
第10区 都区南	▼▼▼	▼▼▼	▼▼▼	▼▼▼	▼▼	▼▼
第11区 東京空港周辺	▼▼▼	▼▼▼	▼▼▼	▼▼▼	○	▼

---

[4] 昭和31年法律第83号

表 3-5　空港関連事業所の従業者の居住地（1974 年 10 月時点）　　（上段：人、下段：%）

	空港周辺 7市町村	その他 千葉県	千葉県計	千葉県外	合計
空港内事業所	9,905 44.6	8,142 36.7	18,047 81.3	4,151 18.7	22,198 100.0
空港外事業所	3,008 37.0	3,743 46.0	6,751 83.0	1,379 17.0	8,130 100.0
合計	12,193 40.2	11,885 39.2	24,798 81.8	5,530 18.2	30,328 100.0

資料：「成田空港経済影響調査」（1985年3月、新東京国際空港公団）より作成
注）空港周辺7市町村：成田市、富里村、芝山町、下総町、神崎町、大栄町、多古町

表 3-6　成田空港開港前後に建設された主な宅地開発

地区名（愛称など）	事業開始 年度また は建設年	計画戸数 または 総戸数	計画人口	
浦安Ⅰ期・浦安Ⅱ期	1961年	33,400	113,000	千葉県浦安市
板橋	1966年	17,050	60,000	東京都板橋区
千葉幸町	1967年	5,935	20,800	千葉県成田市
成田ニュータウン	1968年	16,000	60,000	千葉県成田市
千葉ニュータウン	1969年	45,600	143,300	千葉県船橋市・印西市・白井市
稲毛海浜ニュータウン	1969年	17,400	64,000	千葉県千葉市
検見川海浜ニュータウン	1970年	13,600	50,000	千葉県千葉市
幕張新都心	1972年	9,400	36,000	千葉県千葉市
City&Cityおゆみ野	1977年	22,720	80,000	千葉県千葉市
ユーカリが丘ニュータウン	1977年	5,400	20,000	千葉県佐倉市
成田空港開港	1978年			千葉県成田市
あすみが丘	1982年	9,560	30,600	千葉県千葉市

資料：（公財）統計情報研究開発センター調べ
注）1986年度までに事業開始及び計画戸数または総戸数が5000戸以上とする。

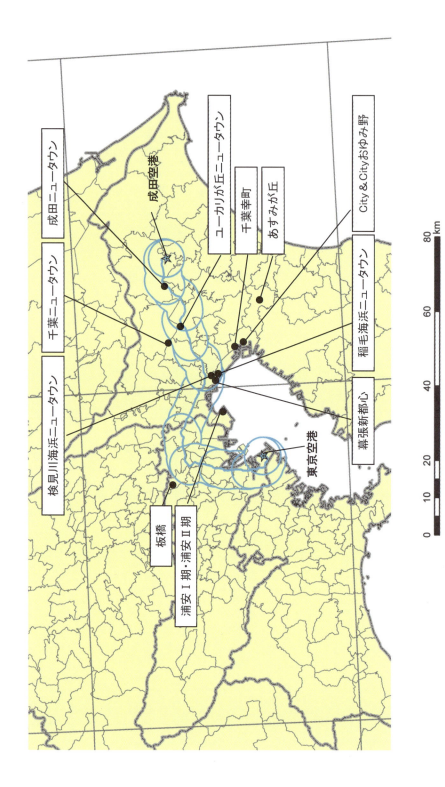

図3-2 成田空港開港前後に建設された主な宅地開発

3-2 事業所統計メッシュデータの分析

　本節では、「地域メッシュ統計 1975 年事業所統計調査」、「地域メッシュ統計 1981 年事業所統計調査」及び「地域メッシュ統計 1986 年事業所統計調査」を用いて、全産業、製造業、運輸・通信業、卸売・小売業について分析を行う。なお、第 2 章では、産業中分類を用いて分析を行ったが、本章では、三時点とも産業中分類が掲載されていないため、産業大分類のデータを用いる。

　具体的には、成田空港開港前（1975 年）、開港直後（1981 年）、開港 8 年後（1986 年）の三時点において成田空港エリアに立地する全産業の事業所数と従業者数の変化を、第 1 章で設定した、同空港からの距離に応じて設定した 11 の区ごとに分析することで、成田空港の開港が産業集積に及ぼした影響の背景について考察する。

　なお、1 次メッシュ圏域、路線 5km 圏及び第 1 区～第 11 区については前節の図 3-1 を、これらの設定方法については「1－3－5　成田空港エリアの路線 5km 圏と区間分割」を参照していただきたい。

3－2－1　全産業の集積

各区域における全産業の事業所数と従業者数、及びそれらの構成比の推移は、表 3-7、表 3-8 のとおりである。これらから、次のことが見て取れる。

① 1 次メッシュ圏域では、1975 年から 1986 年にかけて、全産業の事業所数は 113 万事業所から 143 万事業所へ、従業者数は 1084 万人から 1369 万人へと増加した。当該圏域には、京浜工業地帯及び京葉工業地域があり、数多くの工業団地があることが影響していると考えられる。

② 成田空港と東京空港を鉄道路線で結んだ帯状の圏域である路線 5km 圏では、1975 年から 1986 年にかけて、事業所数は 43 万事業所から 50 万事業所へ、従業者数は 481 万人から 544 万人へと増加した。しかし、1 次メッシュ圏域に対する構成比を見ると、事業所数、従業者ともに減少した。

③ 第 1 区（成田空港周辺）では、1975 年から 1986 年にかけて、事業所数は 449 事業所から 1,163 事業所へ、従業者数は 3,282 人から 31,219 人へと増加した。構成比を見ると、事業所数は 1975 年から 1986 年にかけて微増したが、従業者数は減少した。

④ 千葉県下の第 2 区～第 6 区（成田・富里から市川・船橋）では、1975 年から 1986 年にかけて、事業所数、従業者数ともに増加した。構成比を見ても、事業所数、従業者数ともに増加した。

⑤ 第 7 区～第 10 区（都区東から都区南）の東京都区部では、1975 年から 1986 年にかけて、事業所数は減少し、従業者数は増加した。構成比を見ると、事業所数、従業者数とも、路線 5km 圏と同様に減少した。

⑥ 第 11 区（東京空港周辺）では、1975 年から 1986 年にかけて、事業所数は 6,006 事業所から 7,027 事業所へと増加したが、従業者数は 120,380 人から 110,857 人へと減少した。構成比を見ると、事業所数、従業者数とも、路線 5km 圏と同様に減少した。

表 3-7 全産業従業者数及び構成比の推移

全産業		事業所数[事業所]			構成比[%]		
		1975年	1981年	1986年	1975年	1981年	1986年
1次メッシュ圏域		1,133,186	1,369,179	1,432,987	100.00	100.00	100.00
路線5km圏		428,699	490,472	495,733	37.83	35.82	34.59
第1区	成田空港周辺	449	1,058	1,163	0.04	0.08	0.08
第2区	成田・富里	2,203	3,374	3,978	0.19	0.25	0.28
第3区	佐倉	1,453	2,202	2,511	0.13	0.16	0.18
第4区	八千代	3,887	5,801	6,673	0.34	0.42	0.47
第5区	習志野	8,562	12,451	14,307	0.76	0.91	1.00
第6区	市川・船橋	18,550	22,914	24,695	1.64	1.67	1.72
第7区	都区東	48,148	58,695	57,391	4.25	4.29	4.00
第8区	都区北	142,962	148,809	143,517	12.62	10.87	10.02
第9区	都区中心	144,045	173,050	180,998	12.71	12.64	12.63
第10区	都区南	52,434	55,362	53,473	4.63	4.04	3.73
第11区	東京空港周辺	6,006	6,756	7,027	0.53	0.49	0.49

表 3-8 全産業事業所数及び構成比の推移

全産業		従業者数[人]			構成比[%]		
		1975年	1981年	1986年	1975年	1981年	1986年
1次メッシュ圏域		10,839,878	12,551,929	13,694,181	100.00	100.00	100.00
路線5km圏		4,806,775	5,203,498	5,437,830	44.34	41.46	39.71
第1区	成田空港周辺	3,282	24,916	31,219	0.03	0.20	0.23
第2区	成田・富里	17,676	27,470	31,455	0.16	0.22	0.23
第3区	佐倉	12,735	17,787	22,679	0.12	0.14	0.17
第4区	八千代	31,423	42,322	51,956	0.29	0.34	0.38
第5区	習志野	74,155	106,340	129,263	0.68	0.85	0.94
第6区	市川・船橋	149,069	177,880	200,296	1.38	1.42	1.46
第7区	都区東	309,613	357,710	363,455	2.86	2.85	2.65
第8区	都区北	1,083,864	1,106,240	1,094,316	10.00	8.81	7.99
第9区	都区中心	2,557,796	2,773,410	2,938,521	23.60	22.10	21.46
第10区	都区南	446,782	458,481	463,813	4.12	3.65	3.39
第11区	東京空港周辺	120,380	110,942	110,857	1.11	0.88	0.81

以下では、絶対変化指数と相対変化指数[5]を用いて、各区域ごとに詳細な変化を分析する。

(1) 1次メッシュ圏域

表 3-9 (a) の絶対変化指数を見ると、1次メッシュ圏域の事業所数は、1981 年に 1.21、1986 年にかけて 1.26 へと大きく増加している。従業者数も、

表 3-9 (a)　全産業事業所数と従業者数の変化（1次メッシュ圏域）

1次メッシュ圏域	事業所数		従業者数	
	1981年	1986年	1981年	1986年
絶対変化指数	1.21	1.26	1.16	1.26
相対変化指数	1.00	1.00	1.00	1.00

1981 年に 1.16、1986 年にかけて 1.26 へと大きく増加している。

(2) 路線 5km 圏

表 3-9 (b) の絶対変化指数を見ると、路線 5km 圏の事業所数は、1981 年に 1.14、1986 年にかけて 1.16 へと大きく増加しているが、相対変化指数を

表 3-9 (b)　全産業事業所数と従業者数の変化（路線 5km 圏）

路線5km圏	事業所数		従業者数	
	1981年	1986年	1981年	1986年
絶対変化指数	1.14	1.16	1.08	1.13
相対変化指数	0.95	0.91	0.93	0.90

見ると、1981 年に 0.95、2001 年にかけて 0.91 へと減少している。

従業者数では、絶対変化指数を見ると、1981 年に 1.08 へと増加し、1986 年にかけて 1.13 へとさらに大きく増加しているが、相対変化指数を見ると、1981 年に 0.93 へと減少し、1986 年にかけて 0.90 へとさらに大きく減少している。

(3) 第 1 区（成田空港周辺）

表 3-9 (c) の絶対変化指数を見ると、第 1 区の事業所数は、1981 年に 2.36、1986 年にかけて 2.59 へと極めて大き

表 3-9 (c)　全産業事業所数と従業者数の変化（第 1 区：成田空港周辺）

第1区	事業所数		従業者数	
	1981年	1986年	1981年	1986年
絶対変化指数	2.36	2.59	7.59	9.51
相対変化指数	1.95	2.05	6.56	7.53

く増加しており、相対変化指数を見ても、1981 年に 1.95、1986 年に 2.05 へと極めて大きく増加している。

従業者数は、絶対変化指数を見ると、1981 年に 7.59、1986 年に 9.51 へと極めて大

---

[5] 絶対変化指数と相対変化指数については、「1－3－3　空港影響圏域の考え方と分析例」の「(2) 絶対変化指数と相対変化指数」を参照。

きく増加しており、相対変化指数を見ても1981年に6.56、1986年に7.53へと極めて大きく増加している。

(4) 第2区（成田・富里）

表 3-9 (d) を見ると、第 2 区の事業所数は、絶対変化指数を見ると、1981 年に 1.53、1986年に1.81へと極めて大きく増加しており、相対変化指数

表 3-9 (d)　全産業事業所数と従業者数の変化（第 2 区：成田・富里）

第2区	事業所数		従業者数	
	1981年	1986年	1981年	1986年
絶対変化指数	1.53	1.81	1.55	1.78
相対変化指数	1.27	1.43	1.34	1.41

を見ても、1981年に1.27、1986年に1.43へと極めて大きく増加している。

従業者数は、絶対変化指数を見ると、1981年に1.55、1986年に1.78へと極めて大きく増加しており、相対変化指数を見ても1981年に1.34、1986年に1.41へと極めて大きく増加している。

(5) 第3区（佐倉）

表 3-9 (e) の絶対変化指数を見ると、第 3 区の事業所数は、1981 年に 1.52、1986 年に 1.73 へと極めて大きく増加しており、相対変化指数を見て

表 3-9 (e)　全産業事業所数と従業者数の変化（第 3 区：佐倉）

第3区	事業所数		従業者数	
	1981年	1986年	1981年	1986年
絶対変化指数	1.52	1.73	1.40	1.78
相対変化指数	1.25	1.37	1.21	1.41

も、1981年に1.25、1986年に1.37へと極めて大きく増加している。

従業者数は、絶対変化指数を見ると、1981年に1.40、1986年に1.78へと極めて大きく増加しており、相対変化指数を見ても1981年に1.21、1986年に1.41へと極めて大きく増加している。

(6) 第4区（八千代）

表 3-9 (f) の絶対変化指数を見ると、第 4 区の事業所数は1981年に1.49、1986年に1.72へと極めて大きく増加している。また相対変化指数を見て

表 3-9 (f)　全産業事業所数と従業者数の変化（第 4 区：八千代）

第4区	事業所数		従業者数	
	1981年	1986年	1981年	1986年
絶対変化指数	1.49	1.72	1.35	1.65
相対変化指数	1.24	1.36	1.16	1.31

も、1981年に1.24、1986年に1.36へと極めて大きく増加している。

従業者数の絶対変化指数を見ると、1981年に1.35、1986年に1.65へと極めて大きく増加し、相対変化指数を見ても1981年に1.16、1986年に1.31へと極めて大きく増加している。

(7) 第5区（習志野）

表 3-9（g）の絶対変化指数を見ると、第5区の事業所数は、1981年に1.45、1986年に1.67へと極めて大きく増加しており、相対変化指数を見ても、1981年に1.20、1986年に1.32へと極めて大きく増加している。

表3-9（g） 全産業事業所数と従業者数の変化（第5区：習志野）

第5区	事業所数		従業者数	
	1981年	1986年	1981年	1986年
絶対変化指数	1.45	1.67	1.43	1.74
相対変化指数	1.20	1.32	1.24	1.38

従業者数は、絶対変化指数を見ると、1981年に1.43、1986年に1.74へと極めて大きく増加しており、相対変化指数を見ても1981年に1.24、1986年に1.38へと極めて大きく増加している。

(8) 第6区（市川・船橋）

表 3-9（h）の絶対変化指数を見ると、第6区の事業所数は、1981年に1.24へと大きく増加し、1986年にかけて1.33へと極めて大きく増加している。相対変化指数を見ると、1981年に1.02へとやや増加し、1986年にかけて1.05へと増加している。

表3-9（h） 全産業事業所数と従業者数の変化（第6区：市川・船橋）

第6区	事業所数		従業者数	
	1981年	1986年	1981年	1986年
絶対変化指数	1.24	1.33	1.19	1.34
相対変化指数	1.02	1.05	1.03	1.06

従業者数は、絶対変化指数を見ると、1981年に1.19へと大きく増加し、1986年に1.34へと極めて大きく増加している。相対変化指数を見ると、1981年に1.03へとやや増加し、1986年にかけて1.06へと増加している。

(9) 第7区（都区東）

表3-9（i）の絶対変化指数を見ると、第7区の事業所数は、1981年に1.22、1986年に1.19へと大きく増加している。相対変化指数を見ると、1981年にかけては1.01へと横ばいの後、1986年に0.94へと減少している。

表3-9（i） 全産業事業所数と従業者数の変化（第7区：都区東）

第7区	事業所数		従業者数	
	1981年	1986年	1981年	1986年
絶対変化指数	1.22	1.19	1.16	1.17
相対変化指数	1.01	0.94	1.00	0.93

従業者数は、絶対変化指数を見ると、1981年に1.16、1986年に1.17へと大きく増加しているが、相対変化指数を見ると、1981年に1.00と横ばいの後、1986年に0.93へと減少している。

(10) 第8区（都区北）

表3-9（j）の絶対変化指数を見ると、第8区の事業所数は、1981年に1.04へとやや増加し、1986年にかけては横ばいである。相対変化指数を見ると、1981年に0.86、1986年に0.79へと大きく減少している。

表3-9（j） 全産業事業所数と従業者数の変化（第8区：都区北）

第8区	絶対変化指数		相対変化指数	
	1981年	1986年	1981年	1986年
絶対変化指数	1.04	1.00	1.02	1.01
相対変化指数	0.86	0.79	0.88	0.80

従業者数は、絶対変化指数を見ると、1981年に1.02へとやや増加し、1986年にかけては1.01と横ばいである。相対変化指数を見ると、1981年に0.88、1986年に0.80へと大きく減少している。

(11) 第9区（都区中心）

表3-9（k）の絶対変化指数を見ると、第9区の事業所数は、1981年に1.20、1986年に1.26へと大きく増加している。相対変化指数を見ると、1981年、1986年ともに横ばいである。

表3-9（k） 全産業事業所数と従業者数の変化（第9区：都区中心）

第9区	事業所数		従業者数	
	1981年	1986年	1981年	1986年
絶対変化指数	1.20	1.26	1.08	1.15
相対変化指数	0.99	0.99	0.94	0.91

従業者数は、絶対変化指数を見ると、1981年に1.08へと増加、1986年に1.15へとさらに大きく増加しているが、相対変化指数を見ると、1981年に0.94、1986年に0.91へと減少している。

(12) 第10区（都区南）

表3-9 (l) の絶対変化指数を見ると、第10区の事業所数は、1981年に1.06へと増加、1986年にかけて1.02へとやや増加している。相対変化指数を見ると、1981年に0.87、1986年に0.81へと大きく減少している。

表3-9 (l) 全産業事業所数と従業者数の変化（第10区：都区南）

第10区	事業所数		従業者数	
	1981年	1986年	1981年	1986年
絶対変化指数	1.06	1.02	1.03	1.04
相対変化指数	0.87	0.81	0.89	0.82

従業者数は、絶対変化指数を見ると、1981年に1.03、1986年に1.04へとやや増加しているが、相対変化指数を見ると、1981年に0.89、1986年に0.82へと大きく減少している。

(13) 第11区（東京空港周辺）

表3-9 (m) の絶対変化指数を見ると、第11区の事業所数は、1981年に1.12、1986年に1.17へと大きく増加しているが、相対変化指数は、1981年、1986年ともに0.93へと減少している。

表3-9 (m) 全産業事業所数と従業者数の変化（第11区：東京空港周辺）

第11区	事業所数		従業者数	
	1981年	1986年	1981年	1986年
絶対変化指数	1.12	1.17	0.92	0.92
相対変化指数	0.93	0.93	0.80	0.73

従業者数は、絶対変化指数を見ると、1981年、1986年ともに0.92へと減少しており、相対変化指数を見ると、1981年に0.80、1986年に0.73へと大きく減少している。

ここまで（3）～（13）で見てきた相対変化指数を、記号化[6]してわかりやすく整理したものが表3-10であり、これに基づいて、成田空港立地と全産業の集積との関係を、各区域の分析結果を踏まえながら考察を行う。

　「3－1－1　人口と世帯の集積」でも述べたように、首都圏整備法（前出）により、東京都区部などの既成市街地では工場、大学等の新規立地や増設を制限したが、首都圏のなかでも千葉県などの近郊整備地帯では、計画的に市街地を整備する地域として、工業団地などが整備された。一方、空港関連事業所の従業者数が空港内で2万人、空港近傍を含めると3万人を越える規模の事業所が、成田空港周辺地域を中心に立地・稼働した。

　以上のような圏域全体における動向と空港関連事業所に係る動向、及び各区の分析結果からは、第1区の全産業の従業者数の非常に大きな増加は、成田空港の空港関連事業所の立地・稼働の影響であると判断できる。また唯一、1981年、1986年と二時点とも従業者が減少した第11区（東京空港周辺）は、東京空港から成田空港への国際線移転の影響があったとみられる。しかし、その他の地区については、圏域レベルでの産業立地政策などの影響も排除できず、成田空港立地の影響を明確には把握できないと考えられる。

表3-10　全産業事業所数及び従業者数の相対変化指数による比較

全産業		事業所数		従業者数	
		1981年	1986年	1981年	1986年
第1区	成田空港周辺	◎◎	◎◎◎	◎◎◎	◎◎◎
第2区	成田・富里	◎	◎◎	◎◎	◎◎
第3区	佐倉	◎	◎◎	◎	◎◎
第4区	八千代	◎	◎◎	◎◎◎	◎◎◎
第5区	習志野	◎	◎◎	◎	◎◎
第6区	市川・船橋	○	○○	○	○○
第7区	都区東	→	▼▼	→	▼▼
第8区	都区北	▼▼▼	■	▼▼▼	■
第9区	都区中心	→	→	▼▼	▼▼
第10区	都区南	▼▼▼	▼▼▼	▼▼▼	▼▼▼
第11区	東京空港周辺	▼▼	▼▼	■	■

---

[6] 相対変化指数の記号化については、「3－1　国勢調査メッシュデータの分析」を参照のこと。

3－2－2　製造業の集積

本項では、製造業の事業所数と従業者数の変化を分析する。

製造業中分類の三業種（一般機械器具製造業、電気機械器具製造業、輸送用機械器具製造業）は、航空輸送への依存度が高いと考えられる。しかし、分析対象となる三時点の事業所統計調査において、これらの地域メッシュ統計データが用意されていないため、ここでは産業大分類の「製造業」のみ用いた。

製造業の事業所数と従業者数、及びそれらの構成比の推移は、表 3-11、表 3-12 のとおりである。これらから次のことが見て取れる。

① 1次メッシュ圏域では、1975 年から 1986 年にかけて、製造業の事業所数は 18 万事業所から 20 万事業所へ、従業者数は 303 万人から 311 万人へと増加した。当該圏域には、京浜工業地帯及び京葉工業地域があり、数多くの工業団地があることが影響していると考えられる。

② 成田空港と東京空港を鉄道路線で結んだ帯状の圏域である路線 5km 圏では、1975 年から 1986 年にかけて、事業所数は 8.9 万事業所から 8.6 万事業所へ、従業者数は、120 万人から 108 万人へと減少した。1次メッシュ圏域に対する構成比で見ると、事業所数、従業者ともに減少した。

③ 第1区（成田空港周辺）では、1975 年から 1986 年にかけて、事業所数は 49 事業所から 87 事業所へ、従業者数は 521 人から 1,119 人へといずれも約 2 倍に増加した。構成比を見ると、事業所数、従業者数ともに、1975 年から 1986 年にかけて微増した。

④ 千葉県下の第2区〜第6区（成田・富里から市川・船橋）では、1975 年から 1986 年にかけて、事業所数、従業者数ともに増加した。構成比を見ると、路線 5km 圏とは異なり、事業所数、従業者数ともに 1975 年から 1986 年にかけて増加した。

⑤ 第7区〜第10区（都区東から都区南）の東京都区部では、事業所数、従業者数ともに、1975 年から 1981 年にかけて増加した区もあるものの、1986 年にかけてすべての区で減少した。構成比を見ると、事業所数、従業者数ともに 1975 年から 1986 年にかけて減少した。

⑥ 第11区（東京空港周辺）では、1975 年から 1986 年にかけて、事業所数は 2,169 事業所から 2,774 事業所へと増加したが、従業者数は、55,676 人から 52,421 人へと減少した。構成比を見ると、事業所数は 1975 年から 1986 年にかけて 1.21%から 1.39%へと増加したが、従業者数は 1.84%から 1.68%へと減少した。

表 3-11 製造業事業所数及び構成比の推移

製造業	事業所数[事業所]			構成比[%]		
	1975年	1981年	1986年	1975年	1981年	1986年
1次メッシュ圏域	179,642	198,374	199,119	100.00	100.00	100.00
路線5km圏	88,703	92,063	85,672	49.38	46.41	43.03
第1区 成田空港周辺	49	81	87	0.03	0.04	0.04
第2区 成田・富里	130	155	184	0.07	0.08	0.09
第3区 佐倉	110	172	169	0.06	0.09	0.08
第4区 八千代	324	483	600	0.18	0.24	0.30
第5区 習志野	679	832	938	0.38	0.42	0.47
第6区 市川・船橋	2,823	3,135	3,426	1.57	1.58	1.72
第7区 都区東	12,575	13,949	13,495	7.00	7.03	6.78
第8区 都区北	40,510	39,225	35,310	22.55	19.77	17.73
第9区 都区中心	18,471	20,735	18,465	10.28	10.45	9.27
第10区 都区南	10,863	10,750	10,224	6.05	5.42	5.13
第11区 東京空港周辺	2,169	2,546	2,774	1.21	1.28	1.39

表 3-12 製造業従業者数及び構成比の推移

製造業	従業者数[人]			構成比[%]		
	1975年	1981年	1986年	1975年	1981年	1986年
1次メッシュ圏域	3,028,690	3,087,599	3,113,605	100.00	100.00	100.00
路線5km圏	1,198,577	1,174,034	1,075,849	39.57	38.02	34.55
第1区 成田空港周辺	521	709	1,119	0.02	0.02	0.04
第2区 成田・富里	2,762	2,520	3,407	0.09	0.08	0.11
第3区 佐倉	3,659	4,946	6,171	0.12	0.16	0.20
第4区 八千代	10,981	10,299	12,249	0.36	0.33	0.39
第5区 習志野	21,152	20,049	24,634	0.70	0.65	0.79
第6区 市川・船橋	50,368	47,040	51,134	1.66	1.52	1.64
第7区 都区東	104,959	103,510	96,078	3.47	3.35	3.09
第8区 都区北	327,816	305,280	273,402	10.82	9.89	8.78
第9区 都区中心	453,486	478,120	427,925	14.97	15.49	13.74
第10区 都区南	167,197	147,571	127,309	5.52	4.78	4.09
第11区 東京空港周辺	55,676	53,990	52,421	1.84	1.75	1.68

以下では、絶対変化指数と相対変化指数を用いて、各区域ごとに詳細な変化を分析する。

(1) 1次メッシュ圏域

表 3-13 (a) の絶対変化指数を見ると、1次メッシュ圏域の製造業の事業所数は、1981年に 1.10、1986 年にかけて 1.11 へと大きく増加している。

表 3-13 (a)　製造業事業所数と従業者数の変化（1次メッシュ圏域）

1次メッシュ圏域	事業所数		従業者数	
	1981年	1986年	1981年	1986年
絶対変化指数	1.10	1.11	1.02	1.03
相対変化指数	1.00	1.00	1.00	1.00

従業者数では、1981 年に 1.02、1986 年に 1.03 へとやや増加している。

(2) 路線 5km 圏

表 3-13 (b) の絶対変化指数を見ると、路線 5km 圏の製造業の事業所数は、1981 年に 1.04 へと増加した後、1986 年にかけて 0.97 へとやや減少に

表 3-13 (b)　製造業事業所数と従業者数の変化（路線 5km 圏）

路線5km圏	事業所数		従業者数	
	1981年	1986年	1981年	1986年
絶対変化指数	1.04	0.97	0.98	0.90
相対変化指数	0.94	0.87	0.96	0.87

転じている。相対変化指数を見ると、1981 年に 0.94 へと減少し、1986 年にかけて 0.87 へとさらに大きく減少している。

従業者数では、絶対変化指数、相対変化指数ともに 1981 年にやや減少し、1986 年さらに大きく減少している。

(3) 第 1 区（成田空港周辺）

表 3-13 (c) の絶対変化指数及び相対変化指数を見ると、第 1 区の事業所数は、1981 年に 1.65、1986 年にかけて 1.78 へと極めて大きく増加しており、

表 3-13 (c)　製造業事業所数と従業者数の変化（第 1 区：成田空港周辺）

第1区	事業所数		従業者数	
	1981年	1986年	1981年	1986年
絶対変化指数	1.65	1.78	1.36	2.15
相対変化指数	1.50	1.60	1.33	2.09

相対変化指数を見ても、1981 年に 1.50、1986 年にかけて 1.60 へと極めて大きく増加している。

従業者数は、絶対変化指数を見ると、1981 年に 1.36、1986 年にかけて 2.15 へと極めて大きく増加しており、相対変化指数を見ても、1981 年に 1.33、1986 年にかけて

2.09へと極めて大きく増加している。

（4）第2区（成田・富里）

表 3-13（d）の絶対変化指数を見ると、第2区の事業所数は、1981年に1.19へと大きく増加し、1986年に1.42へと極めて大きく増加している。相対変化指数を見ると、1981年に1.08へと増加し、1986年にかけて1.28へと大きく増加している。

表 3-13（d） 製造業事業所数と従業者数の変化（第2区：成田・富里）

第2区	事業所数		従業者数	
	1981年	1986年	1981年	1986年
絶対変化指数	1.19	1.42	0.91	1.23
相対変化指数	1.08	1.28	0.89	1.20

従業者数は、絶対変化指数を見ると、1981年に0.91へと減少した後、1986年に1.23へと大きく増加に転じている。相対変化指数を見ると、1981年に0.89へと大きく減少した後、1986年に1.20へと大きく増加に転じている。

（5）第3区（佐倉）

表 3-13（e）の絶対変化指数を見ると、第3区の事業所数は1981年に1.56、1986年に1.54へと極めて大きく増加しており、相対変化指数を見ても、1981年に1.42、1986年に1.39へと極めて大きく増加している。

表 3-13（e） 製造業事業所数と従業者数の変化（第3区：佐倉）

第3区	事業所数		従業者数	
	1981年	1986年	1981年	1986年
絶対変化指数	1.56	1.54	1.35	1.69
相対変化指数	1.42	1.39	1.33	1.64

従業者数は、絶対変化指数を見ると、1981年に1.35、1986年に1.69へと極めて大きく増加しており、相対変化指数を見ても1981年に1.33、1986年に1.64へと極めて大きく増加している。

（6）第4区（八千代）

表 3-13（f）の絶対変化指数を見ると、第4区の事業所数は、1981年に1.49、1986年に1.85へと極めて大きく増加しており、相対変化指数を見ても、1981年に1.35、1986年に1.67へと極めて大きく増加している。

表 3-13（f） 製造業事業所数と従業者数の変化（第4区：八千代）

第4区	事業所数		従業者数	
	1981年	1986年	1981年	1986年
絶対変化指数	1.49	1.85	0.94	1.12
相対変化指数	1.35	1.67	0.92	1.09

従業者数は、絶対変化指数を見ると、1981年に0.94へと減少した後、1986年にかけて1.12へと大きく増加に転じている。相対変化指数を見ても1981年に0.92へと減少した後、1986年に1.09へと増加に転じている。

(7) 第5区（習志野）

表3-13（g）の絶対変化指数を見ると、第5区の事業所数は、1981年に1.23へと大きく増加し、1986年に1.38へと極めて大きく増加している。相対変化指数を見ても、1981年に1.11、1986年に1.25へと大きく増加している。

表3-13（g）　製造業事業所数と従業者数の変化（第5区：習志野）

第5区	事業所数		従業者数	
	1981年	1986年	1981年	1986年
絶対変化指数	1.23	1.38	0.95	1.16
相対変化指数	1.11	1.25	0.93	1.13

従業者数は、絶対変化指数を見ると、1981年に0.95へと減少した後、1986年にかけて1.16へと大きく増加に転じている。相対変化指数を見ても1981年に0.93へと減少した後、1986年に1.13へと大きく増加に転じている。

(8) 第6区（市川・船橋）

表3-13（h）の絶対変化指数を見ると、第6区の事業所数は、1981年に1.11、1986年に1.21へと大きく増加している。

表3-13（h）　製造業事業所数と従業者数の変化（第6区：市川・船橋）

第6区	事業所数		従業者数	
	1981年	1986年	1981年	1986年
絶対変化指数	1.11	1.21	0.93	1.02
相対変化指数	1.01	1.09	0.92	0.99

相対変化指数を見ると、1981年に1.01と横ばいの後、1986年に1.09へと増加している。

従業者数は、絶対変化指数を見ると、1981年に0.93へと減少した後、1986年にかけて1.02へとやや増加に転じている。相対変化指数を見ると1981年に0.92へと減少し、1986年にかけて0.99へとやや減少している。

(9) 第7区（都区東）

表3-13（i）の絶対変化指数を見ると、第7区の事業所数は、1981年に1.11、1986年にかけて1.07へと増加している。

従業者数は、絶対変化指数を見ると、1981年に0.99とやや減少し、1986年にかけて0.92へと減少している。相対変化指数を見ると、1981年に0.97へとやや減少し、1986年にかけて0.89へとさらに大きく減少している。

表 3-13（i）　製造業事業所数と従業者数の変化（第7区：都区東）

第7区	事業所数		従業者数	
	1981年	1986年	1981年	1986年
絶対変化指数	1.11	1.07	0.99	0.92
相対変化指数	1.00	0.97	0.97	0.89

（10）第8区（都区北）

表 3-13（j）の絶対変化指数を見ると、第8区の事業所数は、1981年に0.97へとやや減少し、1986年にかけて0.87へとさらに大きく減少している。相対変化指数を見ると、1981年に0.88、1986年に0.79へと大きく減少している。

表 3-13（j）　製造業事業所数と従業者数の変化（第8区：都区北）

第8区	事業所数		従業者数	
	1981年	1986年	1981年	1986年
絶対変化指数	0.97	0.87	0.93	0.83
相対変化指数	0.88	0.79	0.91	0.81

従業者数は、絶対変化指数を見ると、1981年に0.93へと減少し、1986年にかけて0.83へとさらに大きく減少している。相対変化指数を見ても、1981年に0.91へと減少し、1986年にかけて0.81へとさらに大きく減少している。

（11）第9区（都区中心）

表 3-13（k）の絶対変化指数を見ると、第9区の事業所数は、1981年に1.12と大きく増加し、1986年にかけては1.00へと横ばいである。相対変化指数を見ると、1981年に1.02へとやや増加の後、1986年に0.90へと減少に転じている。

表 3-13（k）　製造業事業所数と従業者数の変化（第9区：都区中心）

第9区	事業所数		従業者数	
	1981年	1986年	1981年	1986年
絶対変化指数	1.12	1.00	1.05	0.94
相対変化指数	1.02	0.90	1.03	0.92

従業者数は、絶対変化指数を見ると、1981年に1.05へと増加した後、1986年にかけて0.94へと減少に転じている。相対変化指数を見ると、1981年に1.03へとやや増加した後、1986年にかけて0.92へと減少に転じている。

(12) 第10区（都区南）

表3-13（l）の絶対変化指数を見ると、第10区の事業所数は、1981年に0.99へとやや減少し、1986年にかけては0.94へと減少している。相対変化指数を見ると、1981年に0.90、1986年に0.85へと大きく減少している。

従業者数は、絶対変化指数を見ると、1981年に0.88、1986年にかけて0.76へと大きく減少している。相対変化指数を見ても、1981年に0.87、1986年にかけて0.74へと大きく減少している。

表3-13（l）　製造業事業所数と従業者数の変化（第10区：都区南）

第10区	事業所数		従業者数	
	1981年	1986年	1981年	1986年
絶対変化指数	0.99	0.94	0.88	0.76
相対変化指数	0.90	0.85	0.87	0.74

(13) 第11区（東京空港周辺）

表3-13（m）の絶対変化指数を見ると、第11区の事業所数は、1981年に1.17、1986年にかけて1.28へと大きく増加している。相対変化指数を見ると、1981年に1.06へと増加し、1986年にかけて1.15へとさらに大きく増加している。

従業者数は、絶対変化指数を見ると、1981年に0.97へとやや減少し、1986年にかけて0.94へと減少しており、相対変化指数を見ても、1981年に0.95へとやや減少し、1986年にかけて0.92へと減少している。

表3-13（m）　製造業事業所数と従業者数の変化（第11区：東京空港周辺）

第11区	事業所数		従業者数	
	1981年	1986年	1981年	1986年
絶対変化指数	1.17	1.28	0.97	0.94
相対変化指数	1.06	1.15	0.95	0.92

ここまで（3）～（13）で見てきた相対変化指数を、記号化してわかりやすく整理したものが表3-14である。これに基づいて、成田空港立地と製造業の集積との関係について、各区域の分析結果を踏まえながら考察を行う。

　東京圏域全体の産業政策と、成田空港関連事業所に関する動向は「3－2－1　全産業の集積」と同様である。

　第1区（成田空港周辺）の製造業従業者数は、他の地区と比べて絶対変化指数、相対変化指数とも大きいものの、全産業ほどの抜き出た値ではない。そもそも、空港関連事業所の産業構成を見ると、エアラインを中心とする航空運送業などの運輸業や、物販・飲食などのサービス業がほとんどであり、製造業はない（図3-3）。

　全体的にみて、千葉県下の第1区～第6区では増加、東京都下の第7区～第11区では減少と、首都圏整備法による地域区分と対応するように、製造業従業者数の増減が分かれていることから、製造業集積に対する成田空港立地の影響はなく、首都圏における産業立地政策が強く影響したものと考えられる。

表3-14 製造業事業所数及び従業者数の相対変化指数による比較

製造業	事業所数		従業者数	
	1981年	1986年	1981年	1986年
第1区 成田空港周辺	◎◎	◎◎	◎◎	◎◎◎
第2区 成田・富里	○○	◎	▼▼▼	○○○
第3区 佐倉	◎◎	◎◎	◎◎	◎◎
第4区 八千代	◎◎	◎◎	▼▼	◎◎
第5区 習志野	○○○	◎	▼▼	○○○
第6区 市川・船橋	→	○○	▼▼	▼
第7区 都区東	→	▼	▼	▼▼▼
第8区 都区北	▼▼▼	■	▼▼	▼▼▼
第9区 都区中心	○	▼▼	○	▼▼
第10区 都区南	▼▼▼	▼▼▼	▼▼▼	■
第11区 東京空港周辺	○○	○○○	▼	▼▼

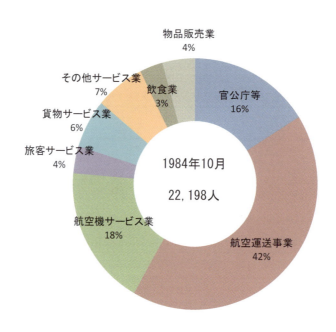

図 3-3 成田空港内従業者数割合

資料:「成田空港ハンドブック」(新東京国際空港振興協会) より作成

3－2－3 運輸・通信業の集積

本項では、運輸・通信業の事業所数と従業者数の変化を分析する。

産業中分類の運輸業と通信業について、特に運輸業は、空港立地による社会経済への影響を見る上で最も重要な業種である。しかし、分析対象とする三時点の事業所統計において、運輸業だけを集計した地域メッシュ統計データが提供されていないため、ここでは産業大分類の「運輸・通信業」のみを用いた。

運輸・通信業の事業所数と従業者数、及びそれらの構成比の推移は、表3-15、表3-16のとおりである。これらから次のことが見て取れる。

① 1次メッシュ圏域では、1975年から1986年にかけて、運輸・通信業の事業所数は2.7万事業所から4.3万事業所へ、従業者数は79万人から93万人へと増加した。

② 成田空港と東京空港を鉄道路線で結んだ帯状の圏域である路線5km圏では、事業所数は1975年から1986年にかけて、1.1万事業所から1.6万事業所へと増加した。従業者数は1975年から1981年にかけて38万人から41万人へと増加した後、1986年にかけて39万人へと減少した。1次メッシュ圏域に対する構成比で見ると、事業所数、従業者ともに1975年から1986年にかけて減少した。

③ 第1区（成田空港周辺）では、1975年から1986年にかけて、事業所数は7事業所から172事業所へ、従業者数は129人から15,609人へと大きく増加し、構成比を見ても事業所数、従業者数ともに、1975年から1986年にかけて増加した。

④ 千葉県下の第2区～第6区（成田・富里から市川・船橋）では、1975年から1986年にかけて、事業所数は増加した。従業者数は1975年から1981年にかけて増加した後、1986年にかけては成田空港に近い区では減少し、東京都域に近い区では増加した。構成比を見ると、事業所数、従業者数ともに、1975年から1986年にかけてほとんどの区で増加した。

⑤ 第7区～第10区（都区東から都区南）の東京都区部を見ると、第7区（都区東）では1975年から1986年にかけて、事業所数、従業者数ともに大きく増加したのが特徴的である。構成比を見ると、第8区～第10区では、事業所数、従業者数とも減少しているのに対して、第7区だけが事業所数で4.99％から6.96％へ、従業者数で2.43％から2.88％へと増加し、異なった傾向が見られた。

⑥ 第11区（東京空港周辺）では、1975年から1986年にかけて、事業所数は379事業所から540事業所へと増加した。従業者数は、1975年から1986年にかけて34,752人から23,486人へと減少した。構成比を見ると、事業所数、従業者数ともに1975年から1986年にかけて、路線5km圏同様に減少した。

表 3-15　運輸・通信業事業所数及び構成比の推移

運輸・通信業	事業所数[事業所]			構成比[%]		
	1975年	1981年	1986年	1975年	1981年	1986年
1次メッシュ圏域	26,820	41,410	43,376	100.00	100.00	100.00
路線5km圏	10,619	16,383	16,383	39.59	39.56	37.77
第1区　成田空港周辺	7	143	172	0.03	0.35	0.40
第2区　成田・富里	42	66	76	0.16	0.16	0.18
第3区　佐倉	34	46	47	0.13	0.11	0.11
第4区　八千代	51	72	100	0.19	0.17	0.23
第5区　習志野	148	250	314	0.55	0.60	0.72
第6区　市川・船橋	432	817	951	1.61	1.97	2.19
第7区　都区東	1,339	3,063	3,018	4.99	7.40	6.96
第8区　都区北	2,601	3,790	3,563	9.70	9.15	8.21
第9区　都区中心	4,339	5,657	5,674	16.18	13.66	13.08
第10区　都区南	1,247	1,982	1,928	4.65	4.79	4.44
第11区　東京空港周辺	379	497	540	1.41	1.20	1.24

表 3-16　運輸・通信業従業者数及び構成比の推移

運輸・通信業	従業者数[人]			構成比[%]		
	1975年	1981年	1986年	1975年	1981年	1986年
1次メッシュ圏域	787,760	878,531	925,722	100.00	100.00	100.00
路線5km圏	376,755	403,755	392,671	47.83	45.96	42.42
第1区　成田空港周辺	129	14,108	15,609	0.02	1.61	1.69
第2区　成田・富里	1,878	2,775	2,395	0.24	0.32	0.26
第3区　佐倉	1,328	1,545	1,424	0.17	0.18	0.15
第4区　八千代	999	1,325	2,595	0.13	0.15	0.28
第5区　習志野	4,713	6,742	8,210	0.60	0.77	0.89
第6区　市川・船橋	10,411	15,241	18,961	1.32	1.73	2.05
第7区　都区東	19,106	24,527	26,635	2.43	2.79	2.88
第8区　都区北	71,754	73,360	71,438	9.11	8.35	7.72
第9区　都区中心	197,013	207,661	182,248	25.01	23.64	19.69
第10区　都区南	34,672	37,340	39,670	4.40	4.25	4.29
第11区　東京空港周辺	34,752	19,131	23,486	4.41	2.18	2.54

以下では、絶対変化指数と相対変化指数を用いて、各区域ごとに詳細な変化を分析する。

(1) 1次メッシュ圏域

表 3-17 (a) の絶対変化指数を見ると、1次メッシュ圏域の運輸・通信業の事業所数は、1981 年に 1.54、1986 年にかけて 1.62 へと極めて大きく増加している。

表 3-17 (a)　運輸・通信業事業所数と従業者数の変化（1次メッシュ圏域）

1次メッシュ圏域	事業所数		従業者数	
	1981年	1986年	1981年	1986年
絶対変化指数	1.54	1.62	1.12	1.18
相対変化指数	1.00	1.00	1.00	1.00

従業者数も、1981 年に 1.12、1986 年にかけて 1.18 へと大きく増加している。

(2) 路線 5km 圏

表 3-17 (b) の絶対変化指数を見ると、路線 5km 圏の事業所数は、1981 年に 1.54 へと大きく増加し、1986 年にかけて

表 3-17 (b)　運輸・通信業事業所数と従業者数の変化（路線 5km 圏）

路線5km圏	事業所数		従業者数	
	1981年	1986年	1981年	1986年
絶対変化指数	1.54	1.07	1.54	1.04
相対変化指数	1.00	0.95	0.96	0.89

1.07 へと増加している。相対変化指数を見ると、1981 年に 1.00 と横ばいの後、1986 年にかけて 0.95 へとやや減少に転じている。

従業者数の絶対変化指数を見ると、1981 年に 1.54 へと極めて大きく増加し、1986 年にかけて 1.04 へとやや増加している。相対変化指数を見ると、1981 年に 0.96 へとやや減少し、1986 年にかけて 0.89 へとさらに大きく減少している。

(3) 第 1 区（成田空港周辺）

表 3-17 (c) の絶対変化指数を見ると、第 1 区の事業所数は、1981 年に 20.43、1986 年にかけては 24.57 へと極めて大きく増加しており、相対変化指数を見ても、1981 年に

表 3-17 (c)　運輸・通信業事業所数と従業者数の変化（第 1 区：成田空港周辺）

第1区	事業所数		従業者数	
	1981年	1986年	1981年	1986年
絶対変化指数	20.43	24.57	109.36	121.00
相対変化指数	13.23	15.19	98.06	102.97

13.23、1986 年に 15.19 へと極めて大きく増加している。

従業者数は、絶対変化指数を見ると、1981 年に 109.36、1986 年にかけて 121.00 へ

と極めて大きく増加しており、相対変化指数を見ても、1981 年に 98.06、1986 年に 102.97 へと極めて大きく増加している。

（4）第2区（成田・富里）

表 3-17（d）の絶対変化指数を見ると、第 2 区の事業所数は、1981 年に 1.57、1986 年に 1.81 へと極めて大きく増加している。相対変化指数を見ると、1981 年に 1.02 へとやや増加し、1986 年にかけて 1.12 へと大きく増加している。

表 3-17（d） 運輸・通信業事業所数と従業者数の変化（第2区：成田・富里）

第2区	事業所数		従業者数	
	1981年	1986年	1981年	1986年
絶対変化指数	1.57	1.81	1.48	1.28
相対変化指数	1.02	1.12	1.32	1.09

従業者数は、絶対変化指数を見ると、1981 年に 1.48 へと極めて大きく増加し、1986 年に 1.28 へと大きく増加している、相対変化指数を見ると、1981 年に 1.32 へと極めて大きく増加し、1986 年にかけて 1.09 へと増加している。

（5）第3区（佐倉）

表 3-17（e）の絶対変化指数を見ると、第 3 区の事業所数は、1981 年に 1.35、1986 年に 1.38 へと極めて大きく増加しているが、相対変化指数を見ると、1981 年に 0.88、1986 年にかけて 0.85 へと大きく減少している。

表 3-17（e） 運輸・通信業事業所数と従業者数の変化（第3区：佐倉）

第3区	事業所数		従業者数	
	1981年	1986年	1981年	1986年
絶対変化指数	1.35	1.38	1.16	1.07
相対変化指数	0.88	0.85	1.04	0.91

従業者数は、絶対変化指数を見ると、1981 年に 1.16 へと大きく増加し、1986 年にかけて 1.07 へと増加している。相対変化指数を見ると、1981 年に 1.04 へとやや増加した後、1986 年にかけて 0.91 へと減少に転じている。

(6) 第4区（八千代）

表3-17（f）の絶対変化指数を見ると、第4区の事業所数は、1981年に1.41、1986年に1.96へと極めて大きく増加している。相対変化指数を見ると、1981年に0.91へと減少した後、1986年に1.21へと大きく増加に転じている。

従業者数は、絶対変化指数を見ると、1981年に1.33、1986年にかけて2.60へと極めて大きく増加している。相対変化指数を見ると、1981年に1.19へと大きく増加し、1986年にかけて2.21へと極めて大きく増加している。

表3-17（f） 運輸・通信業事業所数と従業者数の変化（第4区：八千代）

第4区	事業所数		従業者数	
	1981年	1986年	1981年	1986年
絶対変化指数	1.41	1.96	1.33	2.60
相対変化指数	0.91	1.21	1.19	2.21

(7) 第5区（習志野）

表3-17（g）の絶対変化指数を見ると、第5区の事業所数は、1981年に1.69、1986年にかけて2.12へと極めて大きく増加している。相対変化指数を見ると、1981年に1.09へと増加し、1986年にかけて1.31へとさらに大きく増加している。

従業者数は、絶対変化指数を見ると、1981年に1.43、1986年にかけて1.74へと極めて大きく増加している。相対変化指数を見ると、1981年に1.28へと大きく増加し、1986年にかけて1.48へと極めて大きく増加している。

表3-17（g） 運輸・通信業事業所数と従業者数の変化（第5区：習志野）

第5区	事業所数		従業者数	
	1981年	1986年	1981年	1986年
絶対変化指数	1.69	2.12	1.43	1.74
相対変化指数	1.09	1.31	1.28	1.48

(8) 第6区（市川・船橋）

表3-17（h）の絶対変化指数を見ると、第6区の事業所数は、1981年に1.89、1986年にかけて2.20へと極めて大きく増加している。相対変化指数を見ると、1981年に1.22へと大きく増加し、1986年にかけて1.36へと極めて大きく増加している。

従業者数は、絶対変化指数を見ると、1981年に1.46、1986年にかけて1.82へと極

表3-17（h） 運輸・通信業事業所数と従業者数の変化（第6区：市川・船橋）

第6区	事業所数		従業者数	
	1981年	1986年	1981年	1986年
絶対変化指数	1.89	2.20	1.46	1.82
相対変化指数	1.22	1.36	1.31	1.55

めて大きく増加しており、相対変化指数を見ても、1981 年に 1.31、1986 年にかけて 1.55 へと極めて大きく増加している。

(9) 第7区（都区東）

表 3-17 (i) の絶対変化指数を見ると、第 7 区の事業所数は、1981 年に 2.29、1986 年にかけて 2.25 へと極めて大きく増加している。相対変化指数を見ると、1981 年に 1.48、1986 年にかけて 1.39 へと極めて大きく増加している。

表 3-17（i） 運輸・通信業事業所数と従業者数の変化（第7区：都区東）

第7区	事業所数		従業者数	
	1981年	1986年	1981年	1986年
絶対変化指数	2.29	2.25	1.28	1.39
相対変化指数	1.48	1.39	1.15	1.19

従業者数は、絶対変化指数を見ると、1981 年に 1.28 へと大きく増加し、1986 年にかけて 1.39 へと極めて大きく増加しており、相対変化指数を見ても、1981 年に 1.15、1986 年にかけて 1.19 へと大きく増加している。

(10) 第8区（都区北）

表 3-17 (j) の絶対変化指数を見ると、第 8 区の事業所数は、1981 年に 1.46、1986 年に 1.37 へと極めて大きく増加しているが、相対変化指数を見ると、1981 年に 0.94 へと減少し、1986 年に 0.85 へとさらに大きく減少している。

表 3-17（j） 運輸・通信業事業所数と従業者数の変化（第8区：都区北）

第8区	事業所数		従業者数	
	1981年	1986年	1981年	1986年
絶対変化指数	1.46	1.37	1.02	1.00
相対変化指数	0.94	0.85	0.92	0.85

従業者数は、絶対変化指数を見ると、1981 年に 1.02 とやや増加した後、1986 年に 1.00 へと横ばいになっている。相対変化指数を見ると、1981 年に 0.92 へと減少し、1986 年に 0.85 へとさらに大きく減少している。

(11) 第9区（都区中心）

　表3-17（k）の絶対変化指数を見ると、第9区の事業所数は、1981年に1.30、1986年に1.31へと極めて大きく増加しているが、相対変化指数を見ると、1981年に0.84、1986年に0.81へと大きく減少している。

表3-17（k）　運輸・通信業事業所数と従業者数の変化（第9区：都区中心）

第9区	事業所数		従業者数	
	1981年	1986年	1981年	1986年
絶対変化指数	1.30	1.31	1.05	0.93
相対変化指数	0.84	0.81	0.95	0.79

　従業者数は、絶対変化指数を見ると、1981年に1.05へと増加した後、1986年に0.93へと減少に転じている。相対変化指数を見ると、1981年に0.95へと減少し、1986年に0.79へとさらに大きく減少している。

(12) 第10区（都区南）

　表3-17（l）の絶対変化指数を見ると、第10区の事業所数は、1981年に1.59、1986年に1.55へと極めて大きく増加している。相対変化指数は、

表3-17（l）　運輸・通信業事業所数と従業者数の変化（第10区：都区南）

第10区	事業所数		従業者数	
	1981年	1986年	1981年	1986年
絶対変化指数	1.59	1.55	1.08	1.14
相対変化指数	1.03	0.96	0.97	0.97

1981年に1.03とやや増加した後、1986年に0.96へとやや減少に転じている。

　従業者数は、絶対変化指数を見ると、1981年に1.08へと増加し、1986年に1.14へとさらに大きく増加しているが、相対変化指数を見ると、1981年、1986年ともに0.97へとやや減少している。

(13) 第11区（東京空港周辺）

　表3-17（m）の絶対変化指数を見ると、第11区の事業所数は、1981年に1.31、1986年に1.42へと極めて大きく増加しているが、相対変化指数を

表3-17（m）　運輸・通信業事業所数と従業者数の変化（第11区：東京空港周辺）

第11区	事業所数		従業者数	
	1981年	1986年	1981年	1986年
絶対変化指数	1.31	1.42	0.55	0.68
相対変化指数	0.85	0.88	0.49	0.58

見ると、1981年に0.85、1986年に0.88へと大きく減少している。

　従業者数は、絶対変化指数を見ると、1981年に0.55、1986年に0.68へと極めて大きく減少している。相対変化指数を見ても、1981年に0.49、1986年に0.58へと極めて大きく減少している。

ここまで（3）～（13）で見てきた相対変化指数を、記号化してわかりやすく整理したものが表3-18である。これに基づいて、成田空港立地と運輸・通信業の集積との関係を、各区域の分析結果を踏まえながら考察を行う。

　分析対象期間における東京圏域における産業立地政策の状況と、成田空港の空港関連事業所の立地状況は、既に記述したとおりである。

　成田空港が含まれる第1区の運輸・通信業の従業者の極めて大きな伸びは、空港関連産業の中心が運輸業であることからみて、明らかに成田空港立地による影響である。逆に、運輸・通信業の従業者が1986年時点で唯一減少している第11区（東京空港周辺）については、東京空港から成田空港への国際線移転の影響が現れているものと考えられる。

　ところで、成田空港の航空貨物輸送においては、空港と都心との距離が遠いこと、空港内の貨物地区の面積が狭隘であったことなどから、空港と都心を中継する場所（市川市原木）にTACT[7]（東京エアカーゴ・シティターミナル株式会社）が設置され、航空貨物の輸送・分別・保管・通関等のサービスを行う運輸サービス事業者が立地した。

　したがって、第6区（市川・船橋）においても、成田空港立地による運輸・通信業の集積への影響があったものと考えられる。

　なお、1986年における従業者数の相対変化指数を見ると、第6区よりも第4区の方が大きくなっているが、航空貨物関連の施設などは見られないことから、成田空港の影響はないものと見られる。

---

[7] 2003年に解散し、現在は東京税関東京航空貨物出張所が立地し、成田空港の航空貨物の通関業務が行われている。

表 3-18 運輸・通信業事業所数及び従業者数の相対変化指数による比較

運輸・通信業	事業所数		従業者数	
	1981年	1986年	1981年	1986年
第1区　成田空港周辺	◎◎◎	◎◎◎	◎◎◎	◎◎◎
第2区　成田・富里	○	○○○	◎◎	○○
第3区　佐倉	▼▼▼	▼▼▼	○	▼▼
第4区　八千代	▼▼	◎	○○○	◎◎◎
第5区　習志野	○○	◎◎	◎	◎◎
第6区　市川・船橋	◎	◎◎	◎◎	◎◎
第7区　都区東	◎◎	◎◎	○○○	○○○
第8区　都区北	▼▼	▼▼▼	▼▼	▼▼▼
第9区　都区中心	▼▼▼	▼▼▼	▼▼	■
第10区　都区南	○	▼	▼	▼
第11区　東京空港周辺	▼▼▼	▼▼▼	■■	■■

3－2－4 卸売・小売業の集積

本項では、卸売・小売業について、事業所数と従業者数の変化を分析する。

なお、1975年以前の事業所統計調査において、「卸売業」「小売業」「飲食店」別に集計した地域メッシュ統計データが用意されていないため、ここでは産業大分類の「卸売・小売業」のみを用いた。

卸売・小売業の事業所数と従業者数、及びそれらの構成比の推移は、表3-19、表3-20のとおりである。これらから次のことが見て取れる。

① 1次メッシュ圏域では、1975年から1986年にかけて、卸売・小売業の事業所数は53万事業所から64万事業所へ、従業者数は311万人から417万人へと増加した。

② 成田空港と東京空港を鉄道路線で結んだ帯状の圏域である路線5km圏では、事業所数は1975年から1986年にかけて19万事業所から22万事業所へ、従業者数は153万人から180万人へと増加した。1次メッシュ圏域に対する構成比で見ると、事業所数、従業者ともに1975年から1986年にかけて減少した。

③ 第1区（成田空港周辺）では、事業所数は1975年から1981年にかけて207事業所から443事業所へと増加した後、1986年にかけて439事業所へと減少した。従業者数は1975年から1986年にかけて、670人から4,531人へと増加した。構成比を見ると、事業所数、従業者数ともに、1975年から1986年にかけて微増した。

④ 千葉県下の第2区～第6区（成田・富里から市川・船橋）では、1975年から1986年にかけて、事業所数、従業者数ともに増加した。構成比を見ても、事業所数、従業者数ともに、1975年から1986年にかけて増加した。

⑤ 第7区～第10区（都区東から都区南）の東京都区部では、事業所数、従業者数ともに1975年から1986年にかけて増加した。構成比を見ると、事業所数、従業者数ともに1975年から1986年にかけて、路線5km圏と同様の傾向が見られた。

⑥ 第11区（東京空港周辺）では、事業所数、従業者数ともに、1975年から1981年にかけて、増加した後、1986年にかけて減少した。構成比を見ると、事業所数、従業者数ともに1975年から1986年にかけて、路線5km圏と同様に、減少した。

表 3-19　卸売・小売業事業所数及び構成比の推移

卸売・小売業	事業所数[事業所]			構成比[%]		
	1975年	1981年	1986年	1975年	1981年	1986年
1次メッシュ圏域	531,184	625,527	642,346	100.00	100.00	100.00
路線5km圏	194,754	219,923	223,021	36.66	35.16	34.72
第1区　成田空港周辺	207	443	439	0.04	0.07	0.07
第2区　成田・富里	1,200	1,826	2,076	0.23	0.29	0.32
第3区　佐倉	704	985	1,175	0.13	0.16	0.18
第4区　八千代	2,047	2,827	3,132	0.39	0.45	0.49
第5区　習志野	4,363	6,291	6,772	0.82	1.01	1.05
第6区　市川・船橋	8,544	10,779	11,149	1.61	1.72	1.74
第7区　都区東	21,070	24,632	24,028	3.97	3.94	3.74
第8区　都区北	61,806	64,484	63,717	11.64	10.31	9.92
第9区　都区中心	70,239	81,716	85,218	13.22	13.06	13.27
第10区 都区南	22,448	23,658	23,101	4.23	3.78	3.60
第11区 東京空港周辺	2,126	2,282	2,214	0.40	0.36	0.34

表 3-20　卸売・小売業事業所数及び構成比の推移

卸売・小売業	従業者数[人]			構成比[%]		
	1975年	1981年	1986年	1975年	1981年	1986年
1次メッシュ圏域	3,108,362	3,711,665	4,174,659	100.00	100.00	100.00
路線5km圏	1,528,226	1,649,503	1,799,485	49.16	44.44	43.10
第1区　成田空港周辺	670	3,656	4,531	0.02	0.10	0.11
第2区　成田・富里	5,147	9,650	11,908	0.17	0.26	0.29
第3区　佐倉	2,744	3,963	5,945	0.09	0.11	0.14
第4区　八千代	8,650	13,375	16,703	0.28	0.36	0.40
第5区　習志野	19,003	36,235	42,319	0.61	0.98	1.01
第6区　市川・船橋	38,881	53,211	58,735	1.25	1.43	1.41
第7区　都区東	86,736	107,225	113,319	2.79	2.89	2.71
第8区　都区北	357,736	373,550	390,153	11.51	10.06	9.35
第9区　都区中心	885,550	917,376	1,010,663	28.49	24.72	24.21
第10区 都区南	109,734	117,142	131,251	3.53	3.16	3.14
第11区 東京空港周辺	13,375	14,120	13,958	0.43	0.38	0.33

以下では、絶対変化指数と相対変化指数を用いて、各区域ごとに詳細な変化を分析する。

(1) 1次メッシュ圏域

表3-21 (a) の絶対変化指数を見ると、1次メッシュ圏域の卸売・小売業の事業所数及び従業者数は、1981年、1986年に大きく増加している。

表3-21 (a)　卸売・小売業事業所数と従業者数の変化（1次メッシュ圏域）

1次メッシュ圏域	事業所数		従業者数	
	1981年	1986年	1981年	1986年
絶対変化指数	1.18	1.21	1.19	1.34
相対変化指数	1.00	1.00	1.00	1.00

(2) 路線5km圏

表3-21 (b) の絶対変化指数を見ると、路線5km圏の事業所数は、1981年に1.13、1986年にかけて1.15へと大きく増加しているが、相対変化指数を見ると、1981年に0.96へとやや減少し、1986年にかけて0.95へと減少している。

表3-21 (b)　卸売・小売業事業所数と従業者数の変化（路線5km圏）

路線5km圏	事業所数		従業者数	
	1981年	1986年	1981年	1986年
絶対変化指数	1.13	1.15	1.08	1.18
相対変化指数	0.96	0.95	0.90	0.88

従業者数の絶対変化指数を見ると、1981年に1.08へと増加し、1986年にかけて1.18へと大きく増加しているが、相対変化指数を見ると、1981年に0.90へと減少し、1986年にかけて0.88へとさらに大きく減少している。

(3) 第1区（成田空港周辺）

表3-21 (c) の絶対変化指数を見ると、第1区の事業所数は、1981年に2.14、1986年にかけては2.12へと極めて大きく増加している。相対変化指数を見ると、1981年に1.82、1986年にかけて1.75へと極めて大きく増加している。

表3-21 (c)　卸売・小売業事業所数と従業者数の変化（第1区：成田空港周辺）

第1区	事業所数		従業者数	
	1981年	1986年	1981年	1986年
絶対変化指数	2.14	2.12	5.46	6.76
相対変化指数	1.82	1.75	4.57	5.04

従業者数は、絶対変化指数を見ると、1981年に5.46、1986年にかけては6.76へと極めて大きく増加しており、相対変化指数を見ても、1981年に4.57、1986年にかけて5.04へと極めて大きく増加している。

(4) 第2区（成田・富里）

表 3-21 (d) の絶対変化指数を見ると、第 2 区の事業所数は、1981 年に 1.52、1986 年にかけては 1.73 へと極めて大きく増加している。相対変化指数を見ても、1981 年に 1.29 へと大きく増加し、1986 年にかけて 1.43 へと極めて大きく増加している。

従業者数は、絶対変化指数を見ると、1981 年に 1.87、1986 年にかけては 2.31 へと極めて大きく増加している。相対変化指数を見ると、1981 年に 1.57、1986 年にかけて 1.72 へと極めて大きく増加している。

表 3-21 (d)　卸売・小売業事業所数と従業者数の変化（第 2 区：成田・富里）

第2区	事業所数		従業者数	
	1981年	1986年	1981年	1986年
絶対変化指数	1.52	1.73	1.87	2.31
相対変化指数	1.29	1.43	1.57	1.72

(5) 第3区（佐倉）

表 3-21 (e) の絶対変化指数を見ると、第 3 区の事業所数は、1981 年に 1.40、1986 年にかけては 1.67 へと極めて大きく増加しており、相対変化指数を見ても、1981 年に 1.19 へと大きく増加し、1986 年にかけて 1.38 へと極めて大きく増加している。

従業者数は、絶対変化指数を見ると、1981 年に 1.44、1986 年にかけては 2.17 へと極めて大きく増加している。相対変化指数を見ると、1981 年に 1.21 へと大きく増加し、1986 年にかけて 1.61 へと極めて大きく増加している。

表 3-21 (e)　卸売・小売業事業所数と従業者数の変化（第 3 区：佐倉）

第3区	事業所数		従業者数	
	1981年	1986年	1981年	1986年
絶対変化指数	1.40	1.67	1.44	2.17
相対変化指数	1.19	1.38	1.21	1.61

(6) 第4区（八千代）

表3-21（f）の絶対変化指数を見ると、第4区の事業所数は、1981年に1.38、1986年にかけては1.53へと極めて大きく増加しており、相対変化指数を見ても、1981年に1.17、1986年にかけて1.27へと大きく増加している。

表3-21（f） 卸売・小売業事業所数と従業者数の変化（第4区：八千代）

第4区	事業所数		従業者数	
	1981年	1986年	1981年	1986年
絶対変化指数	1.38	1.53	1.55	1.93
相対変化指数	1.17	1.27	1.29	1.44

従業者数は、絶対変化指数を見ると、1981年に1.55、1986年にかけて1.93へと極めて大きく増加しており、相対変化指数を見ても、1981年に1.29へと大きく増加し、1986年にかけて1.44へと極めて大きく増加している。

(7) 第5区（習志野）

表3-21（g）の絶対変化指数を見ると、第5区の事業所数は、1981年に1.44、1986年にかけて1.55へと極めて大きく増加しており、相対変化指数を見ても、1981年に1.22、1986年にかけて1.28へと大きく増加している。

表3-21（g） 卸売・小売業事業所数と従業者数の変化（第5区：習志野）

第5区	事業所数		従業者数	
	1981年	1986年	1981年	1986年
絶対変化指数	1.44	1.55	1.91	2.23
相対変化指数	1.22	1.28	1.60	1.66

従業者数は、絶対変化指数を見ると、1981年に1.91、1986年にかけて2.23へと極めて大きく増加している。相対変化指数を見ると、1981年に1.60、1986年にかけて1.66へと極めて大きく増加している。

(8) 第6区（市川・船橋）

表3-21（h）の絶対変化指数を見ると、第6区の事業所数は、1981年に1.26、1986年にかけて1.30へと大きく増加している。相対変化指数を見ると、1981年に1.07、1986年にかけて1.08へと増加している。

表3-21（h） 卸売・小売業事業所数と従業者数の変化（第6区：市川・船橋）

第6区	事業所数		従業者数	
	1981年	1986年	1981年	1986年
絶対変化指数	1.26	1.30	1.37	1.51
相対変化指数	1.07	1.08	1.15	1.12

従業者数は、絶対変化指数を見ると、1981年に1.37、1986年にかけて1.51へと極めて大きく増加しており、相対変化指数を見ても、1981年に1.15、1986年にかけて1.12へと大きく増加している。

(9) 第7区（都区東）

表3-21（i）の絶対変化指数を見ると、第7区の事業所数は、1981年に1.17、1986年に1.14へと大きく増加しているが、相対変化指数を見ると、1981年に0.99と横ばいの後、1986年に0.94へと減少している。

表3-21（i） 卸売・小売業事業所数と従業者数の変化（第7区：都区東）

第7区	事業所数		従業者数	
	1981年	1986年	1981年	1986年
絶対変化指数	1.17	1.14	1.24	1.31
相対変化指数	0.99	0.94	1.04	0.97

従業者数は、絶対変化指数を見ると、1981年に1.24、1986年に1.31へと大きく増加しているが、相対変化指数を見ると、1981年に1.04とやや増加した後、1986年に0.97へとやや減少に転じている。

(10) 第8区（都区北）

表3-21（j）の絶対変化指数を見ると、第8区の事業所数は、1981年に1.04、1986年にかけて1.03へとやや増加している。相対変化指数を見ると、1981年に0.89、1986年にかけて0.85へと大きく減少している。

表3-21（j） 卸売・小売業事業所数と従業者数の変化（第8区：都区北）

第8区	事業所数		従業者数	
	1981年	1986年	1981年	1986年
絶対変化指数	1.04	1.03	1.04	1.09
相対変化指数	0.89	0.85	0.87	0.81

従業者数は、絶対変化指数を見ると、1981年に1.04へとやや増加し、1986年にかけて1.09へと増加しているが、相対変化指数を見ると、1981年に0.87、1986年に0.81へと大きく減少している。

(11) 第9区（都区中心）

表 3-21 (k) の絶対変化指数を見ると、第9区の事業所数は、1981 年に 1.16、1986 年に 1.21 へと大きく増加している。相対変化指数を見ると、1981 年、1986 年ともにほぼ横ばいである。

表 3-21 (k) 卸売・小売業事業所数と従業者数の変化（第9区：都区中心）

第9区	事業所数		従業者数	
	1981年	1986年	1981年	1986年
絶対変化指数	1.16	1.21	1.04	1.14
相対変化指数	0.99	1.00	0.87	0.85

従業者数は、絶対変化指数を見ると、1981 年に 1.04 へとやや増加し、1986 年にかけて 1.14 へとさらに大きく増加しているが、相対変化指数を見ると、1981 年に 0.87、1986 年に 0.85 へと大きく減少している。

(12) 第10区（都区南）

表 3-21 (l) の絶対変化指数を見ると、第10区の事業所数は、1981 年に 1.05 へと増加し、1986 年にかけて 1.03 へとやや増加しているが、相対変化指数は、1981 年に 0.89、1986 年に 0.85 へと大きく減少している。

表 3-21 (l) 卸売・小売業事業所数と従業者数の変化（第10区：都区南）

第10区	事業所数		従業者数	
	1981年	1986年	1981年	1986年
絶対変化指数	1.05	1.03	1.07	1.20
相対変化指数	0.89	0.85	0.89	0.89

従業者数は、絶対変化指数を見ると、1981 年に 1.07 へと増加し、1986 年にかけて 1.20 へとさらに大きく増加しているが、相対変化指数を見ると、1981 年、1986 年ともに 0.89 へと大きく減少している。

(13) 第11区（東京空港周辺）

表 3-21 (m) の絶対変化指数を見ると、第11区の事業所数は、1981 年に 1.07 へと増加し、1986 年に 1.04 へとやや増加しているが、相対変化指数は、1981 年に 0.91 へと減少し、1986 年に 0.86 へとさらに大きく減少している。

表 3-21 (m) 卸売・小売業事業所数と従業者数の変化（第11区：東京空港周辺）

第11区	事業所数		従業者数	
	1981年	1986年	1981年	1986年
絶対変化指数	1.07	1.04	1.06	1.04
相対変化指数	0.91	0.86	0.88	0.78

従業者数は、絶対変化指数を見ると、1981年に1.06へと増加し、1986年にかけて1.04へとやや増加している。相対変化指数を見ると、1981年に0.88、1986年にかけて0.78へと大きく減少している。

　ここまで（3）〜（13）で見てきた相対変化指数を、記号化してわかりやすく整理したものが表3-22である。これに基づいて、成田空港立地と卸売・小売業の集積との関係を、各区域の分析結果を踏まえながら考察を行う。

　分析対象期間における、東京圏域における産業立地政策の状況と、成田空港の空港関連事業所の立地状況は、既に記述したとおりである。
　成田空港内事業所が存在する第1区では、小売・卸売業の従業者数の伸びが極めて大きい。空港内事業所の業種構成には、小売・卸売業に属する「飲食業」「物販業」が含まれることから、第1区では、成田空港立地による卸売・小売業の集積への影響があったと見られる。
　千葉県下の第2区〜第6区でも、第1区ほど大きくないが、1981年、1986年と増加しており、人口集積との関連性も考えられる。

表3-22　卸売・小売業事業所数及び従業者数の相対変化指数による比較

卸売・小売業	事業所数		従業者数	
	1981年	1986年	1981年	1986年
第1区　成田空港周辺	◎◎	◎◎	◎◎◎	◎◎◎
第2区　成田・富里	◎	◎◎	◎◎	◎◎
第3区　佐倉	○○○	◎◎	◎	◎◎
第4区　八千代	○○○	◎	◎	◎◎
第5区　習志野	◎	◎	◎◎	◎◎
第6区　市川・船橋	○○	○○	○○○	○○○
第7区　都区東	→	▼▼	○	▼
第8区　都区北	▼▼▼	▼▼▼	▼▼▼	▼▼▼
第9区　都区中心	▼	→	▼▼▼	▼▼▼
第10区　都区南	▼▼▼	▼▼▼	▼▼▼	▼▼▼
第11区　東京空港周辺	▼▼	▼▼▼	▼▼▼	■

表 3-23 成田空港開港前後に開業した主な大規模商業施設

開業年月	施設名	
1976年5月	成田空港開港	千葉県成田市
1976年11月	イトーヨーカドー津田沼店	千葉県習志野市
1976年12月	千葉パルコ	千葉市中央区
1977年7月	津田沼パルコ	千葉県船橋市
1977年12月	ユアエルム八千代台店	千葉県八千代市
1980年10月	プラーレ松戸	千葉県松戸市
1981年4月	ららぽーと船橋ショッピングセンター	千葉県船橋市
1984年4月	マリンピア	千葉市美浜区

資料：（一社）日本ショッピングセンター協会「全国都道府県別SC一覧」より作成

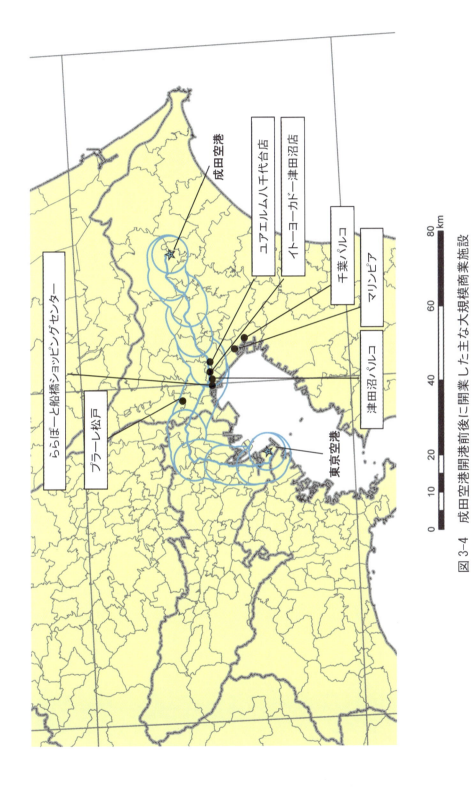

図 3-4 成田空港開港前後に開業した主な大規模商業施設

3－3　公示地価の分析

3－3－1　公示地価の概要

　本節では、成田空港開港前（1975年）、開港直後（1980年）、開港7年後（1985年）における、公示地価に基づく地価の平均値（以下、平均地価とする）の変化を、同空港からの距離に応じて設定した11の区について分析し、成田空港立地による影響を考察する。

　なお、公示地価の概要については、「2－3－1　公示地価の概要」を、1次メッシュ圏域、路線5km圏及び第1区～第11区については、「3－1　国勢調査メッシュデータの分析」の図3-1を参照していただきたい。

　ここでは、1975年、1980年、1985年の公示地価データを用いて、用途地域により住宅地、商業地、工業地の三つに分類し、1次メッシュ圏域、路線5km圏及び第1区～第11区について、平均地価と相対価格指数[8]、絶対変化指数と相対変化指数[9]を算出して、分析を行う。

　なお、国土数値情報ダウンロードサービス（国土交通省）から取得できる公示地価データは1983年以降に限られている（2015年3月現在）。そこで1975年と1980年の公示地価データは、一般財団法人　土地情報センターから提供されている「地価公示時系列データ　平成24年度版」から抽出したものを用いている。

　1975年と1980年のデータには緯度・経度の情報が存在しないため、住所情報から旧測地系（＝日本測地系）の緯度・経度を推計する必要があり、アドレスマッチング作業を行っている。このアドレスマッチング作業については、「1－4－2　1982年以前の公示地価に関するアドレスマッチング」を参照していただきたい。

---

[8] 1次メッシュ圏域の平均地価を1.00とする値に変換したものが、相対価格指数である。
[9] 絶対変化指数と相対変化指数については、「1－3－3　空港影響圏域の考え方と分析例」の「（2）絶対変化指数と相対変化指数」を参照。

3-3-2　住宅地価の分析

住宅地価の平均地価と、1次メッシュ圏域に対する相対価格指数の推移は、表3-24のとおりである。これらから次のことが見て取れる。

① 1次メッシュ圏域では、1985年の平均地価が1975年の約3倍となっている。
② 成田空港と羽田空港を結んだ帯状の圏域である路線5km圏では、1975年から1985年にかけて、1次メッシュ圏域よりも平均地価が上昇している。

　相対価格指数を見ると、三時点（1975年、1980年、1985年）とも1次メッシュ圏域を上回っている。
③ 第1区～第6区（成田空港周辺から市川・船橋）では、1975年から1985年にかけて、平均地価が上昇し続けている。

　相対価格指数を見ると、第1区～第3区（佐倉）では年々指数値は小さくなっているが、第4区（八千代）～第6区では年々大きくなっている。
④ 第7区～第11区（都区東から東京空港周辺）でも、平均地価が上昇し続けている。特に第9区（都区中心）では、1985年に約92万円／㎡と突出した高値を示している。

　相対価格指数を見ると、1次メッシュ圏域を上回っており、その中でも第9区～第11区では年々上昇している。特に、第9区（都区都心）では、指数値が1975年の3.12から1985年の4.57まで増加しており、平均地価の上昇度合が特異であったと見られる。

表 3-24 住宅地価の平均地価及び1次メッシュ圏域に対する相対価格指数の推移

	平均地価 [円/m^2]			相対価格指数		
	1975年	1980年	1985年	1975年	1980年	1985年
1次メッシュ圏域	74,671	109,062	201,059	1.00	1.00	1.00
路線5km圏	106,056	142,594	274,914	1.42	1.31	1.37
第1区　成田空港周辺	19,900	21,950	35,850	0.27	0.20	0.18
第2区　成田・富里	31,381	38,995	62,212	0.42	0.36	0.31
第3区　佐倉	33,078	52,043	77,940	0.44	0.48	0.39
第4区　八千代	40,124	64,931	110,775	0.54	0.60	0.55
第5区　習志野	53,540	74,003	145,580	0.72	0.68	0.72
第6区　市川・船橋	64,519	101,139	180,985	0.86	0.93	0.90
第7区　都区東	88,390	138,060	242,128	1.18	1.27	1.20
第8区　都区北	162,009	240,000	441,316	2.17	2.20	2.19
第9区　都区中心	233,106	360,703	918,947	3.12	3.31	4.57
第10区　都区南	128,789	193,548	373,536	1.72	1.77	1.86
第11区　東京空港周辺	102,000	164,000	357,000	1.37	1.50	1.78

次に、絶対変化指数と相対変化指数を用いて、各区域ごとに詳細な変化を分析する。

(1) 1次メッシュ圏域

表 3-25 (a) の絶対変化指数を見ると、1980年に 1.46、1985年に 2.69 と大きく上昇している。

表3-25(a) 住宅地価の変化
（1次メッシュ圏域）

1次メッシュ圏域	住宅地価	
	1980年	1985年
絶対変化指数	1.46	2.69
相対変化指数	1.00	1.00

(2) 路線 5km 圏

表 3-25 (b) の絶対変化指数を見ると、1980年に 1.34、1985年に 2.59 と大きく上昇し、絶対変化指数の幅が大きい。

相対変化指数を見ると、1980年、1985年ともに、1.00 よりも下回り、1980年に 0.92 と減少し、1985年に 0.96 とやや減少している。

表3-25(b) 住宅地価の変化
（路線5km圏）

路線5km圏	住宅地価	
	1980年	1985年
絶対変化指数	1.34	2.59
相対変化指数	0.92	0.96

(3) 第1区（成田空港周辺）

表 3-25 (c) の絶対変化指数を見ると、路線5km 圏と類似した動向を示している。

相対変化指数を見ると、各区の中で最も値が小さく、1980年に 0.76 と大きく減少し、1985年 0.67 と極めて大きく減少したことを示している。

表3-25(c) 住宅地価の変化
（第1区：成田空港周辺）

第1区	住宅地価	
	1980年	1985年
絶対変化指数	1.10	1.80
相対変化指数	0.76	0.67

(4) 第2区（成田・富里）

表 3-25 (d) の絶対変化指数を見ると、路線5km 圏と類似した動向を示している。

相対変化指数を見ると、1980年に 0.85、1985年に 0.74 と大きく減少している。

表3-25(d) 住宅地価の変化
（第2区：成田・富里）

第2区	住宅地価	
	1980年	1985年
絶対変化指数	1.24	1.98
相対変化指数	0.85	0.74

(5) 第3区（佐倉）

表 3-25 (e) の絶対変化指数を見ると、路線5km圏と類似した動向を示している。

相対変化指数を見ると、1980年に1.08と増加しているが、1985年に0.88と大きく減少に転じている。

表3-25(e)　住宅地価の変化（第3区：佐倉）

第3区	住宅地価	
	1980年	1985年
絶対変化指数	1.57	2.36
相対変化指数	1.08	0.88

(6) 第4区（八千代）

表 3-25 (f) の絶対変化指数を見ると、路線5km圏と類似した動向を示しいる。

相対変化指数を見ると、1980年 1.11 と大きく増加しているものの、1985年に1.03とやや増加と、増加の幅が小さくなっている。

表3-25(f)　住宅地価の変化（第4区：八千代）

第4区	住宅地価	
	1980年	1985年
絶対変化指数	1.62	2.76
相対変化指数	1.11	1.03

(7) 第5区（習志野）

表 3-25 (g) の絶対変化指数を見ると、路線5km圏と類似した動向を示している。

相対変化指数を見ると、1980年に0.95とやや減少しているものの、1985年に1.01と横ばいとなっている。

表3-25(g)　住宅地価の変化（第5区：習志野）

第5区	住宅地価	
	1980年	1985年
絶対変化指数	1.38	2.72
相対変化指数	0.95	1.01

(8) 第6区（市川・船橋）

表 3-25 (h) の絶対変化指数を見ると、路線5km圏と類似した動向を示している。

相対変化指数を見ると、1980年に1.07に増加しているものの、1985年に1.04とやや増加となっている。

表3-25(h)　住宅地価の変化（第6区：市川・船橋）

第6区	住宅地価	
	1980年	1985年
絶対変化指数	1.57	2.81
相対変化指数	1.07	1.04

(9) 第7区（都区東）

表3-25（i）の絶対変化指数を見ると、路線5km圏と類似した動向を示している。

相対変化指数を見ると、1980年に1.07と増加しているが、1985年に1.02とやや増加し、増加の幅が小さくなっている。

表3-25(i) 住宅地価の変化
（第7区：都区東）

第7区	住宅地価	
	1980年	1985年
絶対変化指数	1.56	2.74
相対変化指数	1.07	1.02

(10) 第8区（都区北）

表3-25（j）の絶対変化指数を見ると、路線5km圏と類似した動向を示している。

相対変化指数を見ると、1980年、1985年ともに1.01とやや増加が継続している。

表3-25(j) 住宅地価の変化
（第8区：都区北）

第8区	住宅地価	
	1980年	1985年
絶対変化指数	1.48	2.72
相対変化指数	1.01	1.01

(11) 第9区（都区中心）

表3-25（k）の絶対変化指数を見ると、路線5km圏と類似した動向を示し、1985年に3.94と上昇の幅が最も大きい。

相対変化指数を見ると、1980年に1.06と増加し、1985年に1.46と極めて大きく増加し、1985年の値が各区の中で最も高く、他区に比べれば相対的に上昇の幅が大きいことがわかる。

表3-25(k) 住宅地価の変化
（第9区：都区中心）

第9区	住宅地価	
	1980年	1985年
絶対変化指数	1.55	3.94
相対変化指数	1.06	1.46

(12) 第10区（都区南）

表3-25（l）の絶対変化指数を見ると、路線5km圏と類似した動向を示している。

相対変化指数を見ると、1980年に1.03とやや増加し、1985年に1.08と増加している。

表3-25(l) 住宅地価の変化
（第10区：都区南）

第10区	住宅地価	
	1980年	1985年
絶対変化指数	1.50	2.90
相対変化指数	1.03	1.08

（13）第 11 区（東京空港周辺）

表 3-25（m）の絶対変化指数を見ると、路線5km 圏と類似した動向を示している。

相対変化指数を見ると、1980 年、1985 年ともに、1.00 を上回り、1985 年に 1.30 と大きく増加している。

表3-25(m) 住宅地価の変化
（第11区：東京空港周辺）

第11区	住宅地価	
	1980年	1985年
絶対変化指数	1.61	3.50
相対変化指数	1.10	1.30

ここまで（3）〜（13）で見てきた相対変化指数を、記号化[10]してわかりやすく整理したものが表 3-26 である。

表 3-26　住宅地価の相対変化指数による比較

		住宅地価	
		1980年	1985年
第1区	成田空港周辺	■	■■
第2区	成田・富里	▼▼▼	■
第3区	佐倉	○○	▼▼▼
第4区	八千代	○○○	○
第5区	習志野	▼▼	→
第6区	市川・船橋	○○	○
第7区	都区東	○○	○
第8区	都区北	○	○
第9区	都区中心	○○	◎◎
第10区	都区南	○	○○
第11区	東京空港周辺	○○○	◎

---

[10] 相対変化指数の記号化については、「3−1　国勢調査メッシュデータの分析」を参照のこと。

3-3-3 商業地価の分析

商業地価の平均地価と、1次メッシュ圏域に対する相対価格指数の推移は、表3-27のとおりである。これらから次のことが見て取れる。

① 1次メッシュ圏域では、1985年の平均地価が1975年の約3倍となっている。
② 路線5km圏では、1975年から1985年にかけて、1次メッシュ圏域よりも平均地価が上昇している。
   相対価格指数を見ると、三時点ともに1次メッシュ圏域を上回っている。
③ 第2区～第6区では、平均地価の上昇が継続しているものの、相対価格指数を見ると、年々指数値は小さくなっている。
④ 第7区～第11区では、平均地価の上昇が継続し、特に第9区(都区中心)では、1985年に約464万円／㎡と突出した高値を示している。
   相対価格指数を見ると、第9区では指数値が1975年の2.27から1985年の3.41まで増加しており、平均地価の上昇度合が特異であったと見られる。

表3-27 商業地価の平均地価及び1次メッシュ圏域に対する相対価格指数の推移

		平均地価 [円/㎡]			相対価格指数		
		1975年	1980年	1985年	1975年	1980年	1985年
1次メッシュ圏域		451,239	520,915	1,361,456	1.00	1.00	1.00
路線5km圏		661,778	734,556	2,158,599	1.47	1.41	1.59
第1区	成田空港周辺						
第2区	成田・富里	276,500	306,500	337,500	0.61	0.59	0.25
第3区	佐倉			320,000			0.24
第4区	八千代	241,333	276,333	408,333	0.53	0.53	0.30
第5区	習志野	236,000	291,286	353,500	0.52	0.56	0.26
第6区	市川・船橋	430,300	489,500	710,800	0.95	0.94	0.52
第7区	都区東	399,200	513,778	801,059	0.88	0.99	0.59
第8区	都区北	461,654	543,467	1,194,371	1.02	1.04	0.88
第9区	都区中心	1,023,971	1,161,247	4,643,066	2.27	2.23	3.41
第10区	都区南	443,267	460,316	1,025,045	0.98	0.88	0.75
第11区	東京空港周辺	183,500	216,333		0.41	0.42	

注)第1区(1975、1980、1985年)、第2区(1975、1980年)、第11区(1985年)には、商業地価の調査地点が設置されていない。

次に、絶対変化指数と相対変化指数を用いて、各区域ごとに詳細な変化を分析する。

なお、第1区には、商業地価の調査地点が設置されていないため、分析対象から除外している。第3区では、1985年に調査地点が設置され、第11区では、1985年に調査地点がなくなっている。

(1) 1次メッシュ圏域

表3-28(a)の絶対変化指数を見ると、1980年に1.15、1985年に3.02と大きく上昇している。

表3-28(a)　商業地価の変化（1次メッシュ圏域）

1次メッシュ圏域	商業地価	
	1980年	1985年
絶対変化指数	1.15	3.02
相対変化指数	1.00	1.00

(2) 路線5km圏

表3-28(b)の絶対変化指数を見ると、1980年に、1.11と1985年に3.26とともに大きく上昇している。

相対変化指数を見ると、1980年に0.96とやや減少しているが、1985年に1.08と増加に転じている。

表3-28(b)　商業地価の変化（路線5km圏）

路線5km圏	商業地価	
	1980年	1985年
絶対変化指数	1.11	3.26
相対変化指数	0.96	1.08

(3) 第2区（成田・富里）

表3-28(c)の絶対変化指数を見ると、路線5km圏と類似した動向を示している。

相対変化指数を見ると、1980年に0.96とやや減少し、1985年に0.40と極めて大きく減少し、1975年からの減少の幅が最も大きい。

表3-28(c)　商業地価の変化（第2区：成田・富里）

第2区	商業地価	
	1980年	1985年
絶対変化指数	1.11	1.22
相対変化指数	0.96	0.40

(4) 第4区（八千代）

表3-28(d)の絶対変化指数を見ると、路線5km圏と類似した動向を示している。

相対変化指数を見ると、1980年に横ばいののち、1985年に0.56と極めて大きく減少に転じている。

表3-28(d)　商業地価の変化（第4区：八千代）

第4区	商業地価	
	1980年	1985年
絶対変化指数	1.15	1.69
相対変化指数	0.99	0.56

(5) 第5区（習志野）

表3-28 (e) の絶対変化指数を見ると、路線5km圏と類似した動向を示している。

相対変化指数を見ると、1980年1.07と増加しているが、1985年に0.50と極めて大きく減少に転じている。

表3-28(e) 商業地価の変化（第5区：習志野）

第5区	商業地価	
	1980年	1985年
絶対変化指数	1.23	1.50
相対変化指数	1.07	0.50

(6) 第6区（市川・船橋）

表3-28 (f) の絶対変化指数を見ると、路線5km圏と類似した動向を示している。

相対変化指数を見ると、1980年に0.99とやや減少し、1985年に0.55と極めて大きく減少している。

表3-28(f) 商業地価の変化（第6区：市川・船橋）

第6区	商業地価	
	1980年	1985年
絶対変化指数	1.14	1.65
相対変化指数	0.99	0.55

(7) 第7区（都区東）

表3-28 (g) の絶対変化指数を見ると、路線5km圏と類似した動向を示している。

相対変化指数を見ると、1980年に1.11と大きく増加したが、1985年に0.67と極めて大きく減少に転じている。

表3-28(g) 商業地価の変化（第7区：都区東）

第7区	商業地価	
	1980年	1985年
絶対変化指数	1.29	2.01
相対変化指数	1.11	0.67

(8) 第8区（都区北）

表3-28 (h) の絶対変化指数を見ると、路線5km圏と類似した動向を示している。

相対変化指数を見ると、1980年に1.02とやや増加したが、1985年に0.86と大きく減少に転じている。

表3-28(h) 商業地価の変化（第8区：都区北）

第8区	商業地価	
	1980年	1985年
絶対変化指数	1.18	2.59
相対変化指数	1.02	0.86

(9) 第9区（都区中心）

表3-28 (i) の絶対変化指数を見ると、路線5km圏と類似した動向を示し、1985年に4.53と上昇の幅が最も大きい。

相対変化指数を見ると、1980年に0.98とやや減少しているが、1985年に1.50と極めて大きく増加に転じている。

表3-28(i) 商業地価の変化（第9区：都区中心）

第9区	商業地価	
	1980年	1985年
絶対変化指数	1.13	4.53
相対変化指数	0.98	1.50

（10）第10区（都区南）

表3-28（j）の絶対変化指数を見ると、路線5km圏と類似した動向を示している。

相対変化指数を見ると、1980年に0.90と減少し、1985年に0.77と大きく減少した。

表3-28(j)　商業地価の変化（第10区：都区南）

第10区	商業地価	
	1980年	1985年
絶対変化指数	1.04	2.31
相対変化指数	0.90	0.77

（11）第11区（東京空港周辺）

表3-28（k）の絶対変化指数を見ると、1980年には上昇している。

相対変化指数を見ると、1980年1.02とやや増加したのち、1985年では調査地点がなくなった。

表3-28(k)　商業地価の変化（第11区：東京空港周辺）

第11区	商業地価	
	1980年	1985年
絶対変化指数	1.18	-
相対変化指数	1.02	-

ここまで（3）〜（11）で見てきた相対変化指数を、記号化してわかりやすく整理したものが表3-29である。

表3-29　商業地価の相対変化指数による比較

		商業地価	
		1980年	1985年
第1区	成田空港周辺		
第2区	成田・富里	▼	■■
第3区	佐倉		
第4区	八千代	→	■■
第5区	習志野	○○	■■
第6区	市川・船橋	▼	■■
第7区	都区東	○○○	■■
第8区	都区北	○	▼▼▼
第9区	都区中心	▼	◎◎
第10区	都区南	▼▼▼	■
第11区	東京空港周辺	○	

3-3-4 工業地価の分析

工業地価の平均地価と、1次メッシュ圏域に対する相対価格指数の推移は、表3-30のとおりである。これらから次のことが見て取れる。

① 1次メッシュ圏域では、1985年の平均地価が1975年の約3倍となっている。
② 第3区～第6区では、平均地価の上昇が継続しているものの、相対価格指数を見ると、三時点とも1次メッシュ圏域を下回り、年々指数値が低下している。
③ 第7区～第11区では、平均地価の上昇が継続している、特に第9区（都区中心）では、1985年に約53万円／㎡と突出した高値を示している。
　　相対価格指数を見ると、三時点とも1次メッシュ圏域を上回っており、その中でも第9区では、1985年に2.78と最も高い指数値を示している。

表3-30　工業地価の平均地価及び1次メッシュ圏域に対する相対価格指数の推移

	平均地価［円/㎡］			相対価格指数		
	1975年	1980年	1985年	1975年	1980年	1985年
1次メッシュ圏域	69,881	95,909	191,217	1.00	1.00	1.00
路線5km圏	108,629	150,579	321,666	1.55	1.57	1.68
第1区　成田空港周辺						
第2区　成田・富里						
第3区　佐倉	19,500	20,400	32,000	0.28	0.21	0.17
第4区　八千代	21,000	29,650	63,000	0.30	0.31	0.33
第5区　習志野	37,300	45,750	75,825	0.53	0.48	0.40
第6区　市川・船橋	40,960	60,200	124,600	0.59	0.63	0.65
第7区　都区東	99,125	147,363	256,667	1.42	1.54	1.34
第8区　都区北	114,087	161,090	349,650	1.63	1.68	1.83
第9区　都区中心	172,250	230,889	530,909	2.46	2.41	2.78
第10区　都区南	141,000	187,429	365,286	2.02	1.95	1.91
第11区　東京空港周辺	66,500	79,500	208,000	0.95	0.83	1.09

注）第1区（1975、1980、1985年）、第2区（1975、1980、1985年）には、
　　工業地価の調査地点が設置されていない。

次に、絶対変化指数と相対変化指数を用いて、各区域ごとに詳細な変化を分析する。

なお、第1区及び第2区には、工業地価の調査地点が設置されていないため、分析対象から除外している。

(1) 1次メッシュ圏域

表3-31(a)の絶対変化指数を見ると、1980年に1.37、1985年に2.74と大きく上昇している。

表3-31(a) 工業地価の変化（1次メッシュ圏域）

1次メッシュ圏域	工業地価	
	1980年	1985年
絶対変化指数	1.37	2.74
相対変化指数	1.00	1.00

(2) 路線5km圏

表3-31(b)の絶対変化指数を見ると、1980年に、1.39と大きく上昇し、1985年に2.96と値の幅が大きい。

相対変化指数を見ると、1980年に1.01と横ばいののち、1985年に1.08と増加している。

表3-31(b) 工業地価の変化（路線5km圏）

路線5km圏	工業地価	
	1980年	1985年
絶対変化指数	1.39	2.96
相対変化指数	1.01	1.08

(3) 第3区（佐倉）

表3-31(c)の絶対変化指数を見ると、路線5km圏と類似した動向を示している。

相対変化指数を見ると、1980年に0.76と大きく減少し、1985年に0.60と極めて大きく減少し、各区の中で最も減少している。

表3-31(c) 工業地価の変化（第3区：佐倉）

第3区	工業地価	
	1980年	1985年
絶対変化指数	1.05	1.64
相対変化指数	0.76	0.60

(4) 第4区（八千代）

表3-31(d)の絶対変化指数を見ると路線5km圏と類似した動向を示し、1985年に3.00と上昇の幅は大きい。

相対変化指数を見ると、1980年に1.03とやや増加し、1985年に1.10と大きく増加している。

表3-31(d) 工業地価の変化（第4区：八千代）

第4区	工業地価	
	1980年	1985年
絶対変化指数	1.41	3.00
相対変化指数	1.03	1.10

（5）第5区（習志野）

表 3-31 (e) の絶対変化指数を見ると、路線5km圏と類似した動向を示している。

相対変化指数を見ると、1980年に0.89、1985年に0.74と大きく減少している。

表3-31(e)　工業地価の変化
（第5区：習志野）

第5区	工業地価	
	1980年	1985年
絶対変化指数	1.23	2.03
相対変化指数	0.89	0.74

（6）第6区（市川・船橋）

表 3-31 (f) の絶対変化指数を見ると、路線5km圏と類似した動向を示し、1985年に3.04と上昇の幅は大きい。

相対変化指数を見ると、1980年に1.07と増加し、1985年に1.11と大きく増加している。

表3-31(f)　工業地価の変化
（第6区：市川・船橋）

第6区	工業地価	
	1980年	1985年
絶対変化指数	1.47	3.04
相対変化指数	1.07	1.11

（7）第7区（都区東）

表 3-31 (g) の絶対変化指数を見ると、路線5km圏と類似した動向を示し、1980年に1.49と上昇の幅は大きい。

相対変化指数を見ると、1980年に1.08と増加しているが、1985年に0.95と減少に転じている。

表3-31(g)　工業地価の変化
（第7区：都区東）

第7区	工業地価	
	1980年	1985年
絶対変化指数	1.49	2.59
相対変化指数	1.08	0.95

（8）第8区（都区北）

表 3-31 (h) の絶対変化指数を見ると、路線5km圏と類似した動向を示し、1985年に3.06と上昇の幅は大きい。

相対変化指数を見ると、1980年に1.03とやや増加し、1985年に1.12と大きく増加している。

表3-31(h)　工業地価の変化
（第8区：都区北）

第8区	工業地価	
	1980年	1985年
絶対変化指数	1.41	3.06
相対変化指数	1.03	1.12

（9）第9区（都区中心）

表 3-31 (i) の絶対変化指数を見ると、路線5km圏と類似した動向を示し、1985年に3.08と上昇の幅は大きい。

相対変化指数を見ると、1980年に0.98と

表3-31(i)　工業地価の変化
（第9区：都区中心）

第9区	工業地価	
	1980年	1985年
絶対変化指数	1.34	3.08
相対変化指数	0.98	1.13

やや減少しているが、1985 年に 1.13 と大きく増加に転じている。

（10）第 10 区（都区南）

表 3-31 (j) の絶対変化指数を見ると、路線 5km 圏と類似した動向を示している。

相対変化指数を見ると、1980 年、1985 年ともに 1.00 を下回り、1980 年に 0.97 とやや減少し、1985 年に 0.95 と減少している。

表3-31(j)　工業地価の変化
（第10区：都区南）

第10区	工業地価	
	1980年	1985年
絶対変化指数	1.33	2.59
相対変化指数	0.97	0.95

（11）第 11 区（東京空港周辺）

表 3-31 (k) の絶対変化指数を見ると、路線 5km 圏と類似した動向を示し、1985 年に 3.13 と上昇の幅が区の中で最も大きい。

相対変化指数を見ると、1980 年に 0.87 と大きく減少しているが、1985 年に 1.14 と大きく増加に転じている。

表3-31(k)　工業地価の変化
（第11区：東京空港周辺）

第11区	工業地価	
	1980年	1985年
絶対変化指数	1.20	3.13
相対変化指数	0.87	1.14

ここまで（3）〜（11）で見てきた相対変化指数を、記号化してわかりやすく整理したものが表 3-32 である。

表 3-32　工業地価の相対変化指数による比較

		工業地価	
		1980年	1985年
第1区	成田空港周辺		
第2区	成田・富里		
第3区	佐倉	■	■■
第4区	八千代	○	○○
第5区	習志野	▼▼▼	■
第6区	市川・船橋	○○	○○○
第7区	都区東	○○	▼▼
第8区	都区北	○	
第9区	都区中心	▼	○○○
第10区	都区南	▼	▼▼
第11区	東京空港周辺	▼▼▼	○○○

3－3－5　公示地価に関するまとめと考察

　ここでは、成田空港立地と公示地価との関係について、全国的な地価の動向並びに、1次メッシュ圏域と路線5km圏及び各区の分析結果から考察を行う。

　分析対象期間（1975年～1985年）において、我が国の地価に関連する事象としては、1985年、米国の対日貿易赤字を是正するための、円高ドル安への為替協調介入の合意、いわゆる「プラザ合意」がある。プラザ合意以降、我が国においては、円高による輸出企業の業績悪化への懸念から、製造業への投資が急減し、不動産業や金融・保険業への投資が急増したといわれ、特に東京都心部の商業地価が一時的に急騰した。

　図3-5からわかるように、すべての用途地域の平均地価が、1975年から1980年にかけてなだらかに上昇していたが、1980年から1985年にかけては、上昇勾配が大きくなっている。また分析対象期間を見ると、3つの用途地域とも、全国の平均地価と南関東1都3県の平均地価との乖離が大きくなっている。

　ところで、対前年平均地価変動率を表す図3-6を見ると、分析対象期間の中に、バブル期のピークにあたる1987～1988年ほどではないが、どの用途地域においても、1983年頃に小さなピークがある。

　バブル前の時期において、地価変動の小さなピークと成田開港後の時期が重なっていることには、地価分析をするにあたって十分留意しておく必要がある。

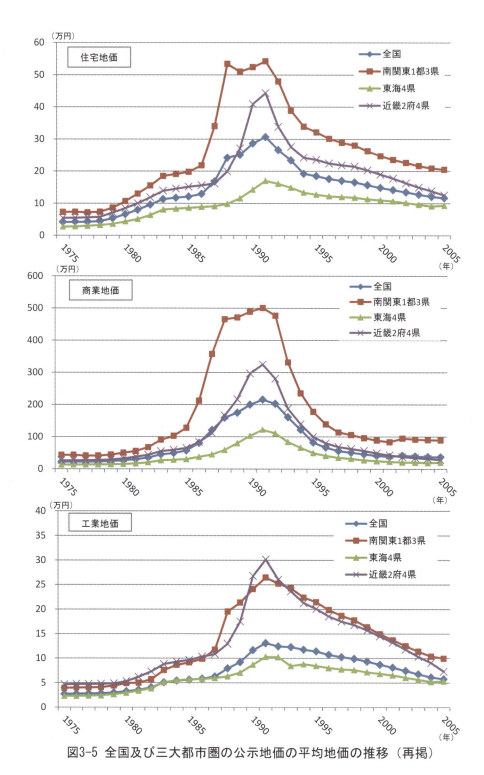

図3-5 全国及び三大都市圏の公示地価の平均地価の推移（再掲）

資料：(一財)土地情報センター「地価公示時系列データ 平成24年版」より作成

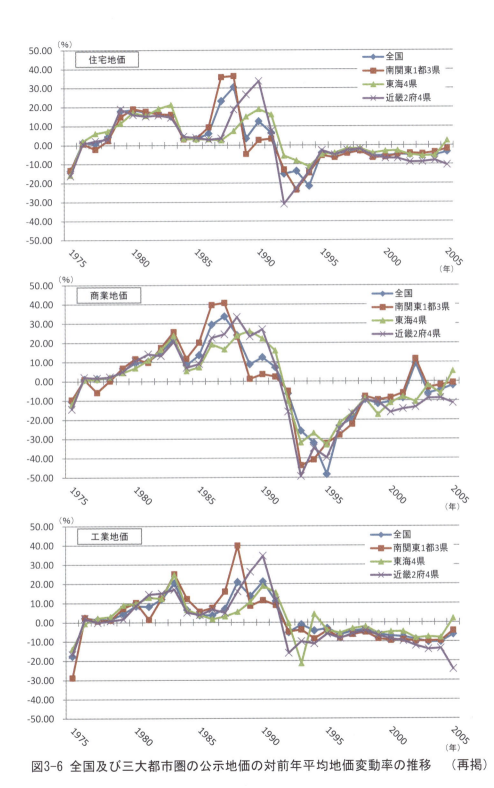

図3-6 全国及び三大都市圏の公示地価の対前年平均地価変動率の推移 （再掲）

資料：(一財)土地情報センター「地価公示時系列データ 平成24年版」より作成

各区の絶対変化指数を見ると、住宅地、商業地、工業地のすべてについて、1980年、1985年ともに1.00を超えており、特に1985年の指数値が大きくなっている。商業地については、第7区〜第10区の東京都区部において、極めて大きい値を示している。

　各区の相対変化指数を見ると、住宅地については、成田空港に近い第1区と第2区で減少傾向、第3区〜第6区では増加あるいは横ばい、第7区〜第11区では1.00を上回り増加傾向を示している。商業地については、第9区を除いて1985年の値が大きく減少傾向を示している。工業地については、第3区と第5区の値が1980年、1985年ともに大きく減少し、第6区、第8区、第9区、第11区の値が1985年に大きく増加している。

　一方、マクロ経済の動向を見ておくと、分析対象年次（1975年、1980年、1985年）は、バブル景気前であるため、バブル経済の影響があまりない時期と考えられる。ただし、本項の冒頭で述べたように、東京都心部（本研究では第9区）の商業地については、1980年から1985年にかけて地価の急騰があり、対前年平均地価変動率では、南関東のすべての用途について1983年頃に小さなピークがみられた。

　以上を総合的に考察すると、マクロ経済の動向による東京都心の地価の一時的な高騰の影響が非常に大きく、空港関連事業所の立地や空港関連地域整備等による成田空港立地による地価上昇地区を抽出することはできず、今回の対象とした地域の公示地価の分析結果から、成田空港立地による影響を見いだすのは困難であった。

3－4　人口・産業集積と地価との関連

3－4－1　分析の考え方

　人口・産業集積に関する指標の変化と公示地価に関する指標の変化については、「3－1　国勢調査メッシュデータの分析」、「3－2　事業所・企業統計調査メッシュデータの分析」、「3－3　公示地価の分析」において別個に見てきたわけだが、ここでは両者の関連性に注目して分析を行う。

　具体的には、成田空港の「開港前」、「開港直後」、「開港7～8年後」の三時点[11]について、「夜間人口と住宅地価」、「卸売・小売業の従業者数と商業地価」、「製造業の従業者数と工業地価」の関係を成田空港からの距離に応じて設定した区（第1区～第11区）ごとに分析・考察する。

　比較に際しては、路線5km圏あるいは各区の動向をわかりやすく表現するため、グラフ化を行った。横軸に人口・産業集積の絶対変化指数（あるいは相対変化指数）を、縦軸に公示地価の絶対変化指数（あるいは相対変化指数）をとって、開港直後の値を矢印の始点で、開港7年後（または8年後）の値を矢印の終点で表した。

　いずれのグラフにおいても、横軸・縦軸とも、開港前（1975年）の値はすべて1.0となるため、座標軸の交点の座標を［1.0，1.0］とし、座標軸に対して右上の領域を第1象限、左上の領域を第2象限、左下の領域を第3象限、右下の領域を第4象限と定義した。なお、相対変化指数のグラフにおいては、1次メッシュ圏域の値は、すべて［1.0，1.0］となるため、矢印は存在しない。

---

[11] 1975年の国勢調査及び公示地価並びに事業所統計調査を成田空港の「開港前」、1980年の国勢調査及び公示地価並びに1981年事業所統計調査を成田空港の「開港直後」、1985年の国勢調査及び公示地価を「開港7年後」、そして、1986年事業所統計調査を成田空港の「開港8年後」のデータとしている。

表 3-33 (a)　人口・産業集積の変化と公示地価の変化

	夜間人口 [人]			卸売・小売業従業者数 [人]			製造業従業者数 [人]		
	1975年	1980年	1985年	1975年	1981年	1986年	1975年	1981年	1986年
1次メッシュ圏域	24,468,150	25,988,867	27,464,952	3,108,362	3,711,665	4,174,659	3,028,690	3,087,599	3,113,605
路線5km圏	5,609,325	5,551,360	5,622,444	1,528,226	1,649,503	1,799,485	1,198,577	1,174,034	1,075,849
第1区　成田空港周辺	14,500	17,228	20,405	670	3,656	4,531	521	709	1,119
第2区　成田・富里	47,503	71,147	86,896	5,147	9,650	11,908	2,762	2,520	3,407
第3区　佐倉	50,489	69,515	83,985	2,744	3,963	5,945	3,659	4,946	6,171
第4区　八千代	163,940	211,241	229,185	8,650	13,375	16,703	10,981	10,299	12,249
第5区　習志野	439,459	479,368	523,884	19,003	36,235	42,319	21,152	20,049	24,634
第6区　市川・船橋	515,702	569,016	597,172	38,881	53,211	58,735	50,368	47,040	51,134
第7区　都区東	962,163	942,815	939,695	86,736	107,225	113,319	104,959	103,510	96,078
第8区　都区北	1,660,069	1,526,419	1,481,912	357,736	373,550	390,153	327,816	305,280	273,402
第9区　都区中心	843,955	797,069	779,179	885,550	917,376	1,010,663	453,486	478,120	427,925
第10区 都区南	824,744	783,875	796,758	109,734	117,142	131,251	167,197	147,571	127,309
第11区 東京空港周辺	86,801	83,667	83,373	13,375	14,120	13,958	55,676	53,990	52,421

	住宅地の平均地価 [円/㎡]			商業地の平均地価 [円/㎡]			工業地の平均地価 [円/㎡]		
	1975年	1980年	1985年	1975年	1980年	1985年	1975年	1980年	1985年
1次メッシュ圏域	74,671	109,062	201,059	451,239	520,915	1,361,456	69,881	95,909	191,217
路線5km圏	106,056	142,594	274,914	661,778	734,556	2,158,599	108,629	150,579	321,666
第1区　成田空港周辺	19,900	21,950	35,850						
第2区　成田・富里	31,381	38,995	62,212	276,500	306,500	337,500			
第3区　佐倉	33,078	52,043	77,940			320,000	19,500	20,400	32,000
第4区　八千代	40,124	64,931	110,775	241,333	276,333	408,333	21,000	29,650	63,000
第5区　習志野	53,540	74,003	145,580	236,000	291,286	353,500	37,300	45,750	75,825
第6区　市川・船橋	64,519	101,139	180,985	430,300	489,500	710,800	40,960	60,200	124,600
第7区　都区東	88,390	138,060	242,128	399,200	513,778	801,059	99,125	147,363	256,667
第8区　都区北	162,009	240,000	441,316	461,654	543,467	1,194,371	114,087	161,090	349,650
第9区　都区中心	233,106	360,703	918,947	1,023,971	1,161,247	4,643,066	172,250	230,889	530,909
第10区 都区南	128,789	193,548	373,536	443,267	460,316	1,025,045	141,000	187,429	365,286
第11区 東京空港周辺	102,000	164,000	357,000	183,500	216,333		66,500	79,500	208,000

注) 商業地価の第1区 (1975、1980、1985年)、第3区 (1975、1980年)、第11区 (1985年) と工業地価の第1区 (1975、1980、1985年)、第2区 (1975、1980、1985年) には、公示地価の調査地点が設置されていない。

表 3-33（b）　　人口・産業集積の変化と公示地価の変化（絶対変化指数*）

	夜間人口		卸売・小売業従業者数		製造業従業者数		住宅地価		商業地価		工業地価	
	1980年	1985年	1981年	1986年	1981年	1986年	1980年	1985年	1980年	1985年	1980年	1985年
1次メッシュ圏域	1.06	1.12	1.19	1.34	1.02	1.03	1.46	2.69	1.15	3.02	1.37	2.74
路線5km圏	0.99	1.00	1.08	1.18	0.98	0.90	1.34	2.59	1.11	3.26	1.39	2.96
第1区　成田空港周辺	1.19	1.41	5.46	6.76	1.36	2.15	1.10	1.80				
第2区　成田・富里	1.50	1.83	1.87	2.31	0.91	1.23	1.24	1.98	1.11	1.22		
第3区　佐倉	1.38	1.66	1.44	2.17	1.35	1.69	1.57	2.36			1.05	1.64
第4区　八千代	1.29	1.40	1.55	1.93	0.94	1.12	1.62	2.76	1.15	1.69	1.41	3.00
第5区　習志野	1.09	1.19	1.91	2.23	0.95	1.16	1.38	2.72	1.23	1.50	1.23	2.03
第6区　市川・船橋	1.10	1.16	1.37	1.51	0.93	1.02	1.57	2.81	1.14	1.65	1.47	3.04
第7区　都区東	0.98	0.98	1.24	1.31	0.99	0.92	1.56	2.74	1.29	2.01	1.49	2.59
第8区　都区北	0.92	0.89	1.04	1.09	0.93	0.83	1.48	2.72	1.18	2.59	1.41	3.06
第9区　都区中心	0.94	0.92	1.04	1.14	1.05	0.94	1.55	3.94	1.13		1.34	3.08
第10区　都区南	0.95	0.97	1.07	1.20	0.88	0.76	1.50	2.90	1.04	2.31	1.33	2.59
第11区　東京空港周辺	0.96	0.96	1.06	1.04	0.97	0.94	1.61	3.50	1.18		1.20	3.13

表 3-33（c）　　人口・産業集積の変化と公示地価の変化（相対変化指数*）

	夜間人口		卸売・小売業従業者数		製造業従業者数		住宅地価		商業地価		工業地価	
	1980年	1985年	1981年	1986年	1981年	1986年	1980年	1985年	1980年	1985年	1980年	1985年
1次メッシュ圏域	1.00	1.00	1.00	1.00	1.00	1.00	1.00	1.00	1.00	1.00	1.00	1.00
路線5km圏	0.93	0.89	0.90	0.88	0.96	0.87	0.92	0.96	0.96	1.08	1.01	1.08
第1区　成田空港周辺	1.12	1.25	4.57	5.04	1.33	2.09	0.76	0.67				
第2区　成田・富里	1.41	1.63	1.57	1.72	0.89	1.20	0.85	0.74	0.96	0.40		
第3区　佐倉	1.30	1.48	1.21	1.61	1.33	1.64	1.08	0.88			0.76	0.60
第4区　八千代	1.21	1.25	1.29	1.44	0.92	1.09	1.11	1.03	0.99	0.56	1.03	1.10
第5区　習志野	1.03	1.06	1.60	1.66	0.93	1.13	0.95	1.01	1.07	0.50	0.89	0.74
第6区　市川・船橋	1.04	1.03	1.15	1.12	0.92	0.99	1.07	1.04	0.99	0.55	1.07	1.11
第7区　都区東	0.92	0.87	1.04	0.97	0.97	0.89	1.07	1.02	1.11	0.67	1.08	0.95
第8区　都区北	0.87	0.80	0.87	0.81	0.91	0.81	1.01	1.01	1.02	0.86	1.03	1.12
第9区　都区中心	0.89	0.82	0.87	0.85	1.03	0.92	1.06	1.46	0.98	1.50	0.98	1.13
第10区　都区南	0.89	0.86	0.89	0.89	0.87	0.74	1.03	1.08	0.90	0.77	0.97	0.95
第11区　東京空港周辺	0.91	0.86	0.88	0.78	0.95	0.92	1.10	1.30	1.02		0.87	1.14

*「絶対変化指数」と「相対変化指数」については、「1－3－3　空港影響圏域の考え方と分析例」の「（2）絶対変化指数と相対変化指数」を参照。

3－4－2　人口集積と公示地価

　ここでは、成田空港の開港前後における人口集積と公示地価の動きの関連性を見るために、夜間人口と住宅地価に注目して分析を行う。

　まず、絶対変化指数の動き（図 3-7）を見てみると、1 次メッシュ圏域では、1975 年から 1985 年にかけて夜間人口は増加し続けており、住宅地価も同様に上昇し続けている。路線 5km 圏では、夜間人口はほぼ横ばいであり、住宅地価は増加し続けている。

　絶対変化指数の動きを区別に見ると、成田空港に近い第 1 区〜第 4 区（成田空港周辺から八千代）では、夜間人口の増加が大きく、東京空港に近づくほど、夜間人口の増加が小さく、減少に転じる。一方、住宅地価は、どの区も上昇し続けており、特に第 9 区（都区中心）と第 11 区（東京空港周辺）で、1980 年から 1985 年にかけての上昇幅が大きい。

　次に、相対変化指数の動き（図 3-8）を見てみると、路線 5km 圏については、夜間人口の値が継続的に微減し、住宅地価の値も低いままである。

　相対変化指数の動きを区別に見てみると、成田空港に近い第 1 区〜第 5 区（習志野）だけで、夜間人口の値が増加し続けている。しかし第 1 区〜第 4 区の住宅地価の値については低下傾向が見られる。

　それとは逆に、東京空港に近い第 9 区〜第 11 区では、夜間人口の値が 1975 年から 1985 年にかけて減少し続ける一方で、住宅地価の値は上昇し続けている。

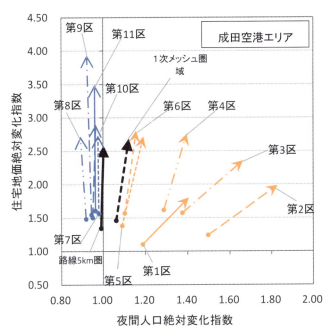

図 3-7　夜間人口と住宅地価（絶対変化指数）

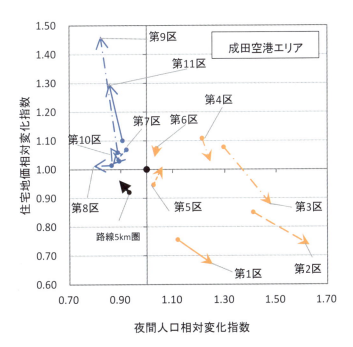

図 3-8　夜間人口と住宅地価（相対変化指数）

3−4−3 産業集積と公示地価

ここでは、成田空港の開港前後における産業集積と公示地価の動きの関連性を見るための分析を行う。

(1) 卸売・小売業の集積と商業地価

1つめの産業集積の指標として、卸売・小売業の従業者数をとりあげ、商業地価との関係に注目してみよう。

まず、絶対変化指数の動き（図 3-9）を見てみると、1次メッシュ圏域、路線 5km 圏ともに、1981 年から 1986 年にかけて卸売・小売業の従業者数は増加し、商業地価も上昇し続けている。

絶対変化指数の動きを区別に見ると、いずれの区でも 1981 年から 1986 年にかけて、従業者数が増加し商業地価も上昇し続けている。その中で、成田空港に近い区において、従業者数の増加が顕著である。

次に相対変化指数の動き（図 3-10）を見てみると、路線 5km 圏については、従業者数の値が減少し続けているのに対して、商業地価の値は、開港直後の低下から 1985 年には上昇に転じている。

相対変化指数の動きを区別に見ると、第 9 区では 1981 年から 1986 年にかけて、従業者数の値が減少し続ける一方で、唯一、商業地価の値が大幅に上昇している。このような、圧倒的な規模の商業集積を有する第 9 区の動向が、路線 5km 圏の動向を強く牽引したことはまちがいない。

その他の区では、基本的には成田空港に近い区ほど従業者数の値は増加し、東京空港に近い区ほど減少するという傾向がみられる。また、いずれの区でも商業地価の値は 1980 年から 1985 年にかけて大幅に低下している。

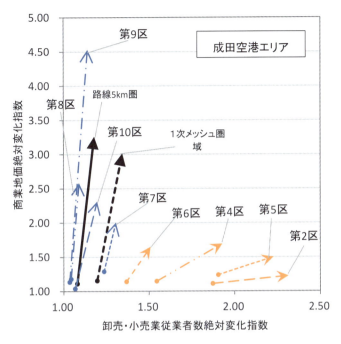

図3-9　卸売・小売業従業者数と商業地価（絶対変化指数）

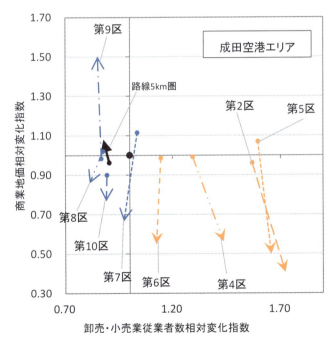

図3-10　卸売・小売業従業者数と商業地価（相対変化指数）

（2）製造業の集積と工業地価

2つめの産業集積の指標として、製造業の従業者数をとりあげ、工業地価との関係に注目してみよう。

まず、絶対変化指数の動き（図3-11）を見てみると、1次メッシュ圏域、路線5km圏ともに、開港直後から開港8年後にかけて製造業の従業者数に大きな変化はない。しかし、工業地価は上昇し続けており、特に1980年から1985年にかけての上昇幅は大きい。

絶対変化指数の動きを区別に見ると、いずれの区でも工業地価は上昇し続けている。しかし、製造業従業者数については、成田空港に近い第3区～第5区で増加し、東京空港に近い第7区～第11区で減少するという違いがはっきりと見られる。

次に相対変化指数の動き（図3-12）を見てみると、路線5km圏については、開港直後から開港8年後にかけて、製造業従業者数の値が継続的に減少し、工業地価の値は継続的に上昇している。

相対変化指数の動きを区別に見たとき、各区は異なる動きを示している。成田空港に近い区を見ると、第3区と第5区では従業者数の値が増加し、工業地価の値が大幅に低下しているのに対して、第4区と第6区では従業者数の値が1.00付近にあって、工業地価の値は上昇し続けている。東京空港に近い第7区～第11区についても、従業者数の値が減少傾向にあるという以外は、一定の傾向を見出すことは難しい。

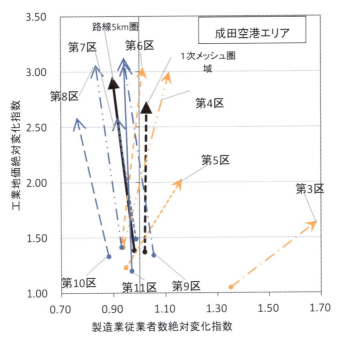

図 3-11 製造業従業者数と工業地価（絶対変化指数）

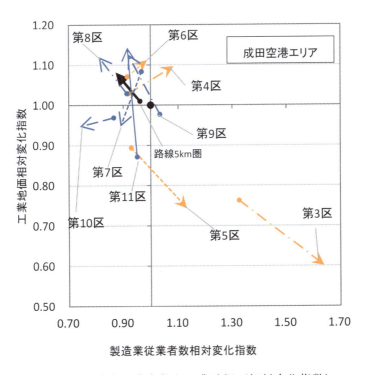

図 3-12 製造業従業者数と工業地価（相対変化指数）

3-4-4 まとめと考察

(1) 人口集積と住宅地価

　人口集積と住宅地価の関係を絶対変化指数の動きで見たときの特徴は、すべての矢印が第1象限及び第2象限に入っており、いずれも上向きであること、つまり、夜間人口は開港前と比べて減った地域があるものの、住宅地価は1975年から1985年までの10年間で一貫して上昇したということである。

　これを、相対変化指数の動きで見た時、第7区～第11区はすべて第2象限に入っており、第1区から第6区にかけては第4象限もしくは第4象限に近い第1象限に入っている。

　住宅地価が低く、かつ相対的に上昇度が小さかった千葉県下の第1区～第6区で夜間人口が増加したのに対して、住宅地価が高く、かつ相対的に上昇度も大きかった東京都下の第7区～第11区では減少となっている。したがって、人口集積と住宅地価には密接な関係があったものと考えられる。

(2) 卸売・小売業の集積と商業地価

　卸売・小売業の集積と商業地価の関係を絶対変化指数の動きで見た時の特徴は、すべての矢印が第1象限に入っていていずれも右上向きであること、つまり、卸売・小売業の従業者数は開港前と比べて増加し、商業地価も1975年から1985年にかけての10年間で、一貫して上昇しているということである。

　一方、相対変化指数の動きで見たとき、第9区（都区中心）を除くすべての区の矢印が下向きであり、第3象限及び第4象限に入っていることが特徴的である。表3-33(a)を見ると、すべての区で1975年からの1985年にかけて商業地価が大幅に上昇しているにも関わらず、第9区以外のすべての区域で相対的な上昇幅が小さくなっていることは興味深い。

　千葉県下の第2区～第6区については、卸売・小売業の従業者数の伸びは、東京都下の各区よりも大きいが、商業地価の伸びは相対的に小さく、かつ商業地価が低いことから、これらの地区には人口集積に対応した郊外、近隣型の商業集積が立地したものと考えられる。

(3) 製造業の集積と工業地価

　製造業の集積と工業地価の関係を絶対変化指数の動きで見た時の特徴は、すべての矢印が第1象限及び第2象限に入っていていずれも矢印が上向きになっていることである。また成田空港に近い第3区から第6区では矢印の終点が第1象限に入っており、東京空港に近い第7区〜第11区では矢印の終点が第2象限に入っている。

　また、相対変化指数の動きで見たとき、矢印が第1象限〜第4象限に散らばって、その方向にも共通性が見られない点は、直前の二つの分析と異なる傾向を示すものである。

　「3－2　事業所統計メッシュデータの分析」で述べたように、国土政策・産業政策により、首都圏では、既成市街地に該当する東京都下では事業所の新規立地・増設が制限された一方で、近郊整備地帯に該当する千葉県下では工業団地の造成が行われた。東京都区部のすべての区域で製造業従業者数が減少しているのに対して、千葉県下のすべての区域で製造業従業者数が増加しており、このことが裏付けられる。

　以上のことから、圏域レベルの産業政策による製造業集積への影響は見出せるものの、製造業の集積と工業地価との関連性を明確に把握することはできなかった。

＊参考文献、ウェブサイト（2015 年 1 月時点）

[1] 一般財団法人 土地情報センター 「地価公示時系列データ 平成 24 年版」
[2] 国土交通省 「国土数値情報ダウンロードサービス」、
 http://nlftp.mlit.go.jp/ksj/index.html
[3] 国土交通省 土地・建設産業局 土地総合情報ライブラリー
 「全国のニュータウンリスト」（平成 25 年度作成）、
 http://tochi.mlit.go.jp/shoyuu-riyou/takuchikyokyu
[4] 国土交通省 白書等データベースシステム 「首都圏白書（首都圏整備に関する年次報告）」 昭和 50 年版、昭和 55 年版、昭和 60 年版、
 http://wwwwp.mlit.go.jp/hakusyo/index.html
[5] 国土交通省 白書等データベースシステム
 「土地白書（土地の動向に関する年次報告）」 平成 2 年版、平成 3 年版、
 http://wwwwp.mlit.go.jp/hakusyo/index.html
[6] 内閣府 「経済白書」 昭和 50 年度、昭和 55 年度、昭和 60 年度、
 http://www5.cao.go.jp/keizai3/keizaiwp/index.html

第4章　関西空港エリアと成田空港エリアの比較

4−1　比較に際して考慮すべき諸条件

　関西空港の開港は1994年9月であり、その前後期間を1990〜2000年と考えると、我が国のバブル経済がほぼ頂点に達した時点に始まり、それが突然崩壊し、その後の長期にわたる低迷が続く時期とほぼ一致する。

　一方、成田空港の開港は1978年5月であり、その前後期間を1975〜1985年と考えると、我が国が2度にわたるオイルショックを克服し、ドル高・円安傾向の中で輸出産業が価格競争力を格段に強めて、経常収支黒字を拡大していった時期に重なる。

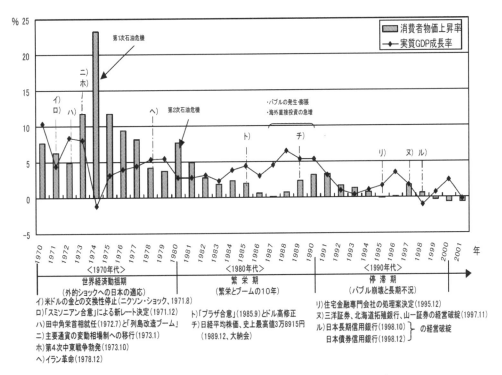

図4-1　1970年代以降の日本経済の動向と重要なトピックス

出典：経済社会総合研究所「1970年代以降の日本経済の動向と重要なトピックス」（2003年3月）

　このように、2つの空港が立地した時代の社会・経済状況がまったく異なることに注意しなければならない。つまり、関西空港エリアにおいては、多くの社会経済指標

がマイナス成長する中で、相対的にプラスに転じている指標を見出す工夫が、成田空港エリアにおいては、多くの社会経済指標がプラス成長する中で、相対的に見てさらにプラスが拡大している指標を見出す工夫が必要であった。

　この指標は同時に、関西空港エリアにおける大阪都心部と関西空港対岸、成田空港エリアにおける東京都区部と成田空港周辺のように、もともとの人口・産業・都市機能等のストックに大きな差がある場合でも、客観的に評価できるものでなければならなかった。

　そのような工夫として、本研究では、絶対変化指数と相対変化指数という2つの指標を提案した。そして、ある圏域の相対変化指数の値が 1.00 よりも大きければ、その圏域には相対的にプラスの影響があったことを、逆に小さければ相対的にマイナスの影響があったことを示してきた。

　本章では、両エリアにおける路線 5km 圏内の各区を、「関西空港－大阪空港」と「成田空港－東京空港」という位置関係で対応させながら、各種指標の相対変化指数を比較していく。その際には、空港立地による影響がどのような位置で見られたか、影響が見られた時期は開港直後か経年後か、という点にも注目したい。

　なお、表現上の工夫として、両エリアにおける時系列を、以下では次のように統一的に表現する。
　　・開港前　：関西空港エリアにおける 1990 年（または 1991 年）、
　　　　　　　　成田空港エリアにおける 1975 年
　　・開港直後：関西空港エリアにおける 1995 年（または 1996 年）、
　　　　　　　　成田空港エリアにおける 1980 年（または 1981 年）
　　・経年後　：関西空港エリアにおける 2000 年（または 2001 年）、
　　　　　　　　成田空港エリアにおける 1985 年（または 1986 年）

また、両エリアにおける位置関係を、次のように統一的に表現する。
　　・新空港側：関西空港エリアにおける第 1 区（関西空港島）寄りの区間、
　　　　　　　　成田空港エリアにおける第 1 区（成田空港周辺）寄りの区間
　　・旧空港側：関西空港エリアにおける第 9 区（大阪空港周辺）寄りの区間、
　　　　　　　　成田空港エリアにおける第 11 区（東京空港周辺）寄りの区間

4-2 人口集積の比較

図 4-2 は、2 つのエリアにおける夜間人口の絶対変化指数を、路線 5km 圏及び各区別に比較したものである。

関西空港エリアにおける路線 5km 圏の絶対変化指数は、開港直後、経年後とも 1.00 となっており、路線 5km 圏全体としての夜間人口の変化が、ほとんどなかったことがわかる。これを区別に見ても、最大値は経年後の第 3 区で 1.08、最小値は経年後の第 6 区で 0.97 となっており、大きな差は見られない。

成田空港エリアにおける路線 5km 圏の絶対変化指数は、開港直後に 0.99、経年後に 1.00 となっており、路線 5km 圏全体としての夜間人口の変化が、ほとんどなかったことがわかる。しかし、これを区別に見ると、最大値は経年後の第 2 区で 1.83、最小値は経年後の第 8 区で 0.89 となっており、大きな差が見られる。

大きな傾向として、両エリアとも、新空港側で絶対変化指数が大きくなっている点が共通している。

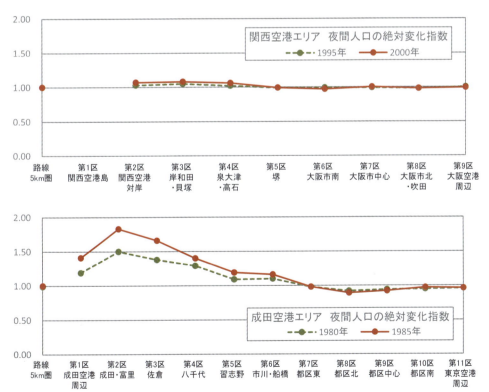

図 4-2 路線 5km 圏の比較：夜間人口の絶対変化指数

図4-3は、2つのエリアにおける夜間人口の相対変化指数を、路線5km圏及び各区別に比較したものである（相対変化指数の比較では、変動幅を強調するために、縦軸のスケールを変えている；以下同じ）。

路線5km圏の相対変化指数が1.00よりも低くなっているのは、路線5km圏の人口がメッシュ1km圏と比べて相対的に低下していることを意味しており、両エリアに共通の特徴である。

位置関係で見たとき、開港直後も経年後も、新空港側で相対変化指数が1.00を上回り、旧空港側で1.00を下回る傾向は、両エリアに共通している。

これをさらに時系列で見ると、両エリアで見られた上の傾向が、開港直後から経年後に向けてさらに拡大していることも共通している。

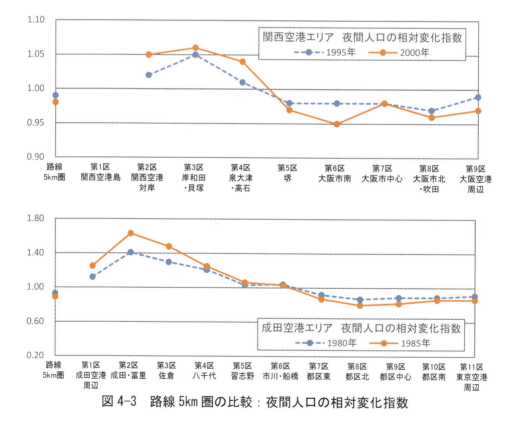

図4-3　路線5km圏の比較：夜間人口の相対変化指数

4－3　産業集積の比較

4－3－1　全産業の集積

図4-4は、2つのエリアにおける全産業従業者数の絶対変化指数を、路線5km圏及び各区別に比較したものである。

関西空港エリアにおける路線5km圏の絶対変化指数は、開港直後に1.01、経年後に0.91となっており、路線5km圏全体としての全産業の集積が縮小していったことがわかる。これを区別に見ると、最大値は開港直後の第2区で1.11、最小値は経年後の第6区で0.87であり、増減の幅に差が見られる。

成田空港エリアにおける路線5km圏の絶対変化指数は、開港直後に1.08、経年後に1.13となっており、路線5km圏全体としての全産業の集積が拡大していったことがわかる。これを区別に見ると、最大値は経年後の第1区で9.51、最小値は開港直後及び経年後の第11区で0.92となっており、増減幅に極めて大きな差が見られる。

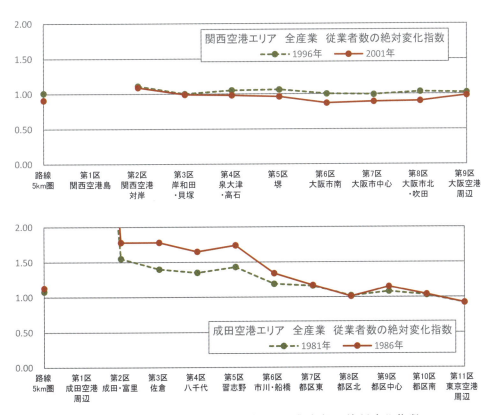

図4-4　路線5km圏の比較：全産業 従業者数の絶対変化指数

図4-5は、2つのエリアにおける全産業従業者数の相対変化指数を、路線5km圏及び各区別に比較したものである。

路線5km圏の相対変化指数が1.00よりも低くなっているのは、路線5km圏の産業集積がメッシュ1km圏と比べて相対的に低下しているのは人口集積と同様であり、両エリアに共通の特徴でもある。

位置関係で見たとき、新空港側で相対変化指数が高めになり旧空港側で低めになるという傾向は両エリアで見られるが、その傾向は成田空港エリアの方が顕著である。

これをさらに時系列で見ると、両エリアで見られた上の傾向が、開港直後から経年後に向けてさらに顕著になっていることも共通している。

ただし、関西空港エリアにおいて、経年後の第9区（大阪空港周辺）で相対変化指数が1.00を上回り1.02となっていることは、成田空港エリアと異なる特徴としてあげることができる。

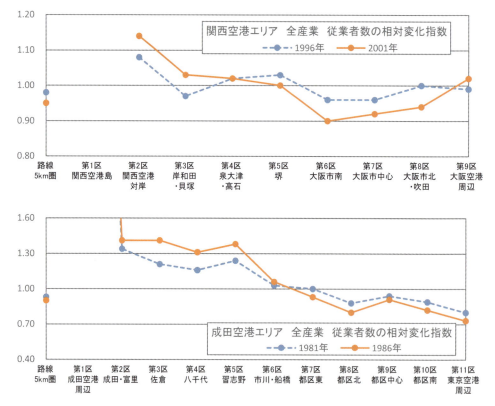

図4-5　路線5km圏の比較：全産業 従業者数の相対変化指数

4-3-2 製造業の集積

図4-6は、2つのエリアにおける製造業従業者数の相対変化指数を、路線5km圏及び各区別に比較したものである。

路線5km圏における集積が、メッシュ1km圏と比べて相対的に低下しているのは全産業の集積と同様であり、両エリアに共通の特徴でもある。

位置関係で見たとき、新空港側で相対変化指数が高めになり旧空港側で低めになるという傾向は、成田空港エリアでわずかに見られる。しかし、関西空港エリアにおいて一定の傾向を見出すことは難しい。

これをさらに時系列で見ると、成田空港エリアで見られた傾向は、開港直後から経年後に向けてさらに顕著になっている。

なお、関西空港エリアにおいて、経年後の第9区（大阪空港周辺）で相対変化指数が1.09に達していることは、全産業の集積で見られた特徴の重要な要因になっているものと考えられる。

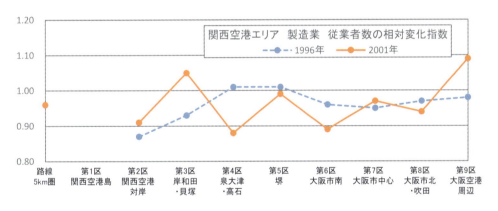

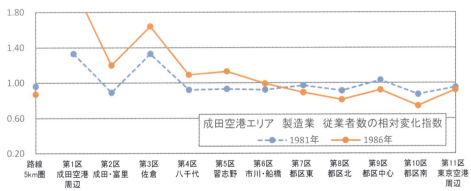

図4-6　路線5km圏の比較：製造業 従業者数の相対変化指数

4-3-3 運輸・通信業の集積

図 4-7 は、2 つのエリアにおける運輸・通信業従業者数の相対変化指数を、路線 5km 圏及び各区別に比較したものである。

路線 5km 圏における集積が、メッシュ 1km 圏と比べて相対的に低下しているのは全産業の集積と同様であり、両エリアに共通の特徴でもある。

位置関係で見たとき、新空港側で相対変化指数が高めになり旧空港側で低めになるという傾向は両エリアで見られるが、その傾向は関西空港エリアの方が顕著である。

これをさらに時系列で見ると、関西空港エリアで見られた傾向は、開港直後から経年後に向けてさらに顕著になっている。

とはいえ、関西空港エリアにおいて、経年後の第 9 区（大阪空港周辺）で相対変化指数が大きく上昇している点、成田空港エリアにおいて、経年後の第 2〜4 区で相対変化指数が大きく上下している点など、他の産業には無い特徴が見られる。

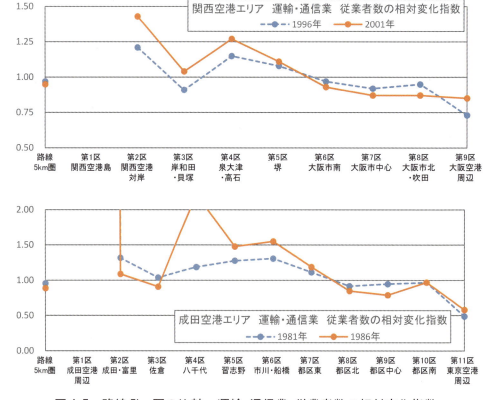

図 4-7　路線 5km 圏の比較：運輸・通信業 従業者数の相対変化指数

4-3-4 卸売・小売業の集積

図 4-8 は、2 つのエリアにおける卸売・小売業従業者数の相対変化指数を、路線 5km 圏及び各区別に比較したものである。

路線 5km 圏における集積が、メッシュ 1km 圏と比べて相対的に低下しているのは全産業の集積と同様であり、両エリアに共通の特徴でもある。

位置関係で見たとき、新空港側で相対変化指数が高めになり旧空港側で低めになるという傾向は両エリアで見られ、全産業の傾向と非常によく一致している。

これをさらに時系列で見ると、両エリアで見られた上の傾向が、開港直後から経年後に向けてさらに顕著になっていることも共通している。

相対変化指数が 1.00 を挟んで逆転するおおよその境界は、関西空港エリアにおいては第 5～6 区、成田空港エリアにおいては第 6～7 区にあり、いずれも新空港側における都心と郊外の境界付近にあることが読み取れる。

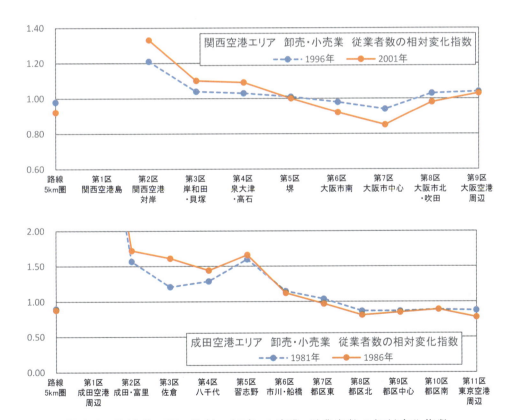

図 4-8　路線 5km 圏の比較：卸売・小売業 従業者数の相対変化指数

4－4　公示地価の比較

4－4－1　住宅地価の変動

図 4-9 は、2 つのエリアにおける住宅地価の絶対変化指数を、路線 5km 圏及び各区別に比較したものである。

関西空港エリアにおける路線 5km 圏の絶対変化指数は、開港直後に 0.54、経年後に 0.43 まで低下しており、路線 5km 圏全体の住宅地価が継続的に下落していったことがわかる。これを区別に見ると、最大値は開港直後の第 8 区で 0.59、最小値は経年後の第 3 区で 0.39 であり、大きな差は見られない。

成田空港エリアにおける路線 5km 圏の絶対変化指数は、開港直後に 1.34、経年後に 2.59 まで上昇しており、路線 5km 圏全体の住宅地価が継続的に上昇していったことがわかる。これを区別に見ると、最大値は経年後の第 9 区で 3.94、最小値は開港直後の第 1 区で 1.10 となっており、経年後において特に大きな差が見られる。

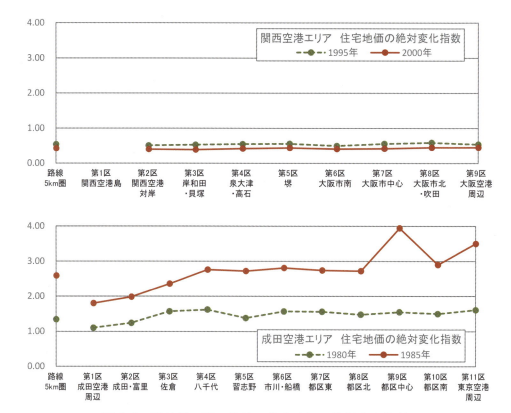

図 4-9　路線 5km 圏の比較：住宅地価の絶対変化指数

221

　図4-10は、2つのエリアにおける住宅地価の相対変化指数を、路線5km圏及び各区別に比較したものである（ここでは、変動幅を強調するために、縦軸のスケールを変えている）。

　路線5km圏の相対変化指数が1.00よりも低くなっているのは、路線5km圏の住宅地価がメッシュ1km圏と比べて相対的に低下している。これは人口集積や産業集積とも同様の傾向であり、両エリアに共通の特徴でもある。

　位置関係で見たとき、大まかな傾向として新空港側で低めに、旧空港側で高めに推移していることがうかがえる。ただし、関西空港エリアでは開港直後の第8区を除くすべての値が1.00を下回っているのに対して、成田空港エリアでは新空港周辺を除く大半のエリアで1.00を上回っている点は、大きく異なる特徴である。

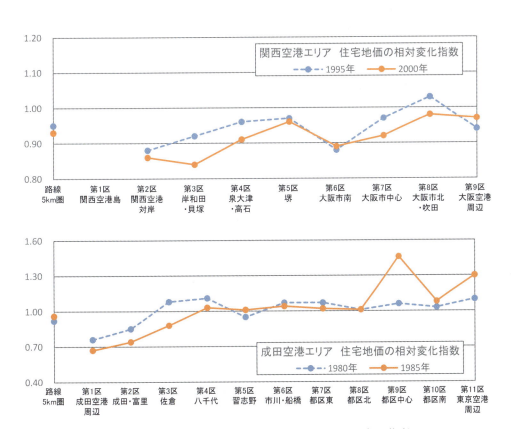

図4-10　路線5km圏の比較：住宅地価の相対変化指数

4-4-2　商業地価の変動

図4-11は、2つのエリアにおける商業地価の相対変化指数を、路線5km圏及び各区別に比較したものである。

路線5km圏の相対変化指数が、関西空港エリアにおいて1.00よりも低く、成田空港エリアにおいては1.00よりも高くなっているのは、住宅地価と共通の特徴である。

位置関係で見たとき、関西空港エリアと成田空港エリアとでは、まったく異なる傾向を見出すことができる。関西空港エリアの相対変化指数は、大阪都心部で1.00を下回るのみで、他の区では1.00を上回っており、この傾向は開港直後から経年後にかけてさらに顕著になっている。

これに対して、成田空港エリアの相対変化指数は、開港直後と経年後で異なる動きを見せている。開港直後の相対変化指数は0.90～1.11の範囲にあり、区別には大きな差が見られない。しかし、経年後を見ると、第9区で1.50に達しているほかは、すべて1.00を下回り、新空港側でより低い値となっている。

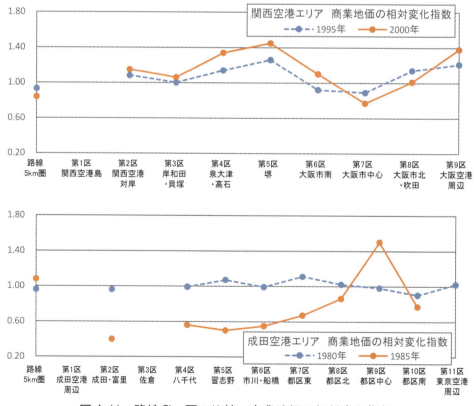

図4-11　路線5km圏の比較：商業地価の相対変化指数

4-4-3　工業地価の変動

図4-12は、2つのエリアにおける工業地価の相対変化指数を、路線5km圏及び各区別に比較したものである。

路線5km圏の相対変化指数が、関西空港エリアにおいて1.00よりも低く、成田空港エリアにおいては1.00よりも高くなっているのは、住宅地価及び商業地価と共通の特徴である。

位置関係で見たとき、関西空港エリアでは、大阪都心部で1.00を下回るのに対して、成田空港エリアでは、東京都心部で1.00を上回っている。これは、商業地価でも見られた傾向である。

また、時系列で見たとき、関西空港エリアでは開港直後の傾向が経年後にもほぼ継続して見られるのに対して、成田空港エリアでは開港直後の傾向と経年後の傾向に関連性が見られない点が、大きく異なっている。

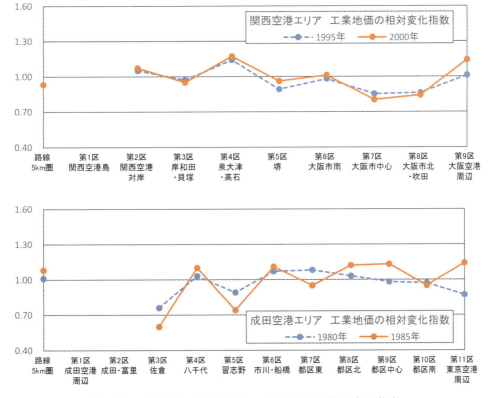

図4-12　路線5km圏の比較：工業地価の相対変化指数

4-5 人口・産業集積と地価との関連の比較

4-5-1 夜間人口と住宅地価の比較

図 4-13 は、2 つのエリアにおける夜間人口と住宅地価（絶対変化指数）の動きを、路線 5km 圏及び各区別に比較したものである。

両エリアにおいて、新空港側の矢印が X 軸の右側に、旧空港側の矢印が X 軸の左側にあって、しかも新空港側の矢印が X 軸のプラス方向を向いている。これは「4-2 人口集積の比較」で述べたことを、異なる形で示すものである。つまり、両エリアとも、新空港側で開港直後に夜間人口が増加し、経年後はこの傾向がさらに拡大している。その一方で、旧空港側では開港直後に人口がやや減少し、経年後にかけてはほぼ横ばいになっている。

住宅地価との関連に注目すると、両エリアの動きはまったく異なるものとなる。関西空港エリアでは、あらゆる矢印が下向きになっているのに対して、成田空港エリアでは、あらゆる矢印が上向きになっている。これは「4-4-1 住宅地価の変動」で述べたことを、異なる形で示すものである。つまり、前者ではすべての圏域あるいは区で住宅地価が下落し続けているのに対して、後者では、すべての圏域あるいは区で住宅地価が上昇し続けている。

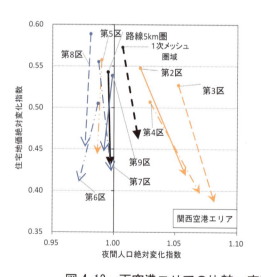 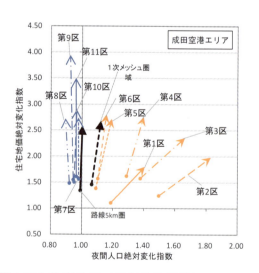

図 4-13 両空港エリアの比較：夜間人口と住宅地価（絶対変化指数）

図4-14は、2つのエリアにおける夜間人口と住宅地価（相対変化指数）の動きを、路線5km圏及び各区別に比較したものである。

大まかな傾向として、両エリアにおいて新空港側の矢印がX軸の右側に、旧空港側の矢印がX軸の左側にある。これは、「4－2　人口集積の比較」で述べたとおりのことを、違う形で示すものである。

住宅地価との関連を表す矢印の向きに注目してみると、両エリアにおいて、新空港側の矢印はおおむね右下方にあって、しかも右下を向いている、つまり夜間人口が相対的に減るとともに、住宅地価も相対的には低下するという共通の傾向がうかがえる。

しかしながら、旧空港側の矢印を見ると、関西空港エリアでは左下方に、成田空港エリアでは左上方にあってまったく異なる傾向がうかがえる。

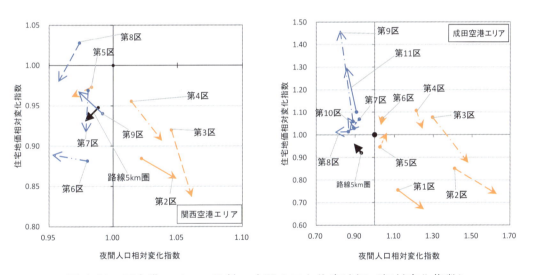

図4-14　両空港エリアの比較：夜間人口と住宅地価（相対変化指数）

4-5-2 卸売・小売業従業者数と商業地価の比較

図4-15は、2つのエリアにおける卸売・小売業従業者数と商業地価（相対変化指数）の動きを、路線5km圏及び各区別に比較したものである。

大まかな傾向として、両エリアにおいて新空港側の矢印がX軸の右側に、旧空港側の矢印がX軸の左側にある。これは、「4-3-4　卸売・小売業の集積」で述べたとおりのことを、違う形で示すものである。

商業地価との関連を表す矢印の向きに注目してみると、関西空港エリアと成田空港エリアの間で共通性を見出すことは難しい。

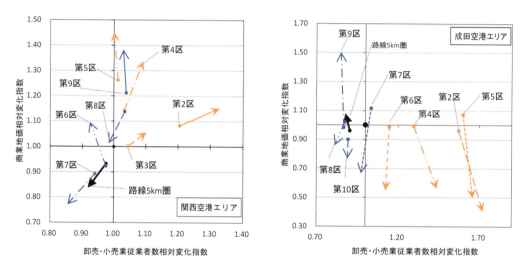

図4-15　両空港エリアの比較：卸売・小売業従業者数と商業地価（相対変化指数）

4－5－3　製造業従業者数と工業地価の比較

図 4-16 は、2 つのエリアにおける製造業従業者数と工業地価（相対変化指数）の動きを、路線 5km 圏及び各区別に比較したものである。

先の製造業の集積、あるいは工業地価の変動でも見たように、それぞれの指標だけを取り上げても一定の傾向を見出すことは難しく、それらを組み合わせた分析でも一定の傾向、あるいは両エリアでの共通性を見出すことはできない。

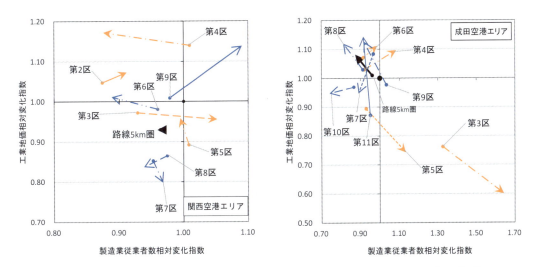

図 4-16　両空港エリアの比較：製造業従業者数と工業地価（相対変化指数）

第5章　まとめと今後の課題

5－1　空間情報的アプローチの有効性

　国際拠点空港のような大規模プロジェクトが立地したことによる空間的な影響範囲の分析は、一般に、行政的観点から区分された都道府県～市区町村単位で行われることが多い。しかしながら現実の影響範囲は、人口・産業の立地状況や交通網の整備状況などの要因によって、行政区分に縛られない複雑な空間的広がりを持つ。

　そこで、我々は緯度・経度に基づく区画である地域メッシュを用いて、地域の母体に相当する空港周辺地域として「1次メッシュ圏域」を、その内部に空港影響圏域として新空港と旧空港とを結ぶ「路線5km圏」を定義した。前者は2つの1次メッシュで、後者は多くの1kmメッシュ（3次メッシュ）で、容易に構成することができる。路線5km圏については、さらに10個前後の区画に分割することで、空港立地による影響の有無や強弱を、空間的に比較分析することが可能となった。

　このような空間情報的アプローチを用いることで、人口と産業の集積に関する多くの1kmメッシュデータを利用することができただけでなく、公示地価のように質の異なるデータと関連付けて分析することもできた。つまり、空間情報を持つデータであれば、容易に関連付けて分析できることがわかった。

5－2　分析手法の有効性

　我々が分析対象としたのは、1994年9月に開港した関西空港と、1978年5月に開港した成田空港の2つであるが、それぞれが建設された時代の、社会・経済状況はまったく異なるものであった。

　関西空港エリアにおいては多くの社会経済指標がマイナス成長する中で、成田空港エリアにおいては、多くの社会経済指標がプラス成長する中で、それぞれ空港立地が周辺地域に与えた影響を抽出する必要がある。

　それに対する工夫として、本研究では、絶対変化指数と相対変化指数という2つの指標を提案した。これは、ある圏域の絶対変化指数の値が1.00よりも小さい場合でも、相対変化指数の値が1.00よりも大きければその圏域には相対的にプラスの影響があったとみなすものである。それとは逆に、ある圏域の絶対変化指数の値が1.00よりも

大きい場合でも、相対変化指数の値が 1.00 よりも小さければ、その圏域には相対的にマイナスの影響があったとみなすことができる。

ここまで分析してきた結果を振り返ると、公示地価のように、両エリアでまったく異なる動きを示す指標において、相対変化指数の有効性が発揮された。

「4-4-1 住宅地価の変動」で見たように、関西空港エリアにおける住宅地価の絶対変化指数はすべて 1.00 よりも小さいのに対して、成田空港エリアにおける住宅地価の絶対変化指数はすべて 1.00 を上回っている。これを相対変化指数で比較すると、実は両エリアにおいて、大まかな傾向として新空港側で低めに、旧空港側では高めに推移するという共通の特徴を見出すことができた。これは相対変化指数の有効性を示す顕著な例である。

人口集積と産業集積のように、両エリアの絶対変化指数が 1.00 付近であまり差がないような場合であっても、相対変化指数で評価するほうが、路線 5km 圏内の区別の差や年次別の差がわかりやすくなる。つまり、相対変化指数を用いることによって、空港立地に伴う影響を抽出しやすくなったと考えている。

5-3 今後の課題

国際拠点空港のように、大規模な公共施設が立地することに伴う周辺地域への影響を検討する際に、常に付きまとう議論の一つは次のようなものである；人口規模 2000 万人の関西圏、3000 万人の首都圏という、世界でも有数の巨大都市圏における社会経済全体の動きからみれば、大阪都心や東京都区部といった都市圏レベルで、空港立地による影響だけを抽出することは難しいのではないか。

あるいは、別に次のような議論もある；都心部への過度な集中が進んだ反動によって、人口や産業が郊外へ出ようとする動きと、都心にある空港機能の一部を郊外へ移そうとする動き、それぞれの要因を切り分けて空港立地による影響だけを抽出することは難しいのではないか。

さらにいえば、空港の建設が決まった段階からすぐに経済への影響は現れるのか、空港が完成した後でどれくらい遅れて経済への影響が現れるのかも、解明されているわけではない。

我々が本研究で示した空間情報的アプローチと相対変化指数による分析手法が、一定の有効性を有していることを示すことができたと考えている。

しかしながら、分析結果として紹介してきた種々の分析データは、「こちらではプラスの影響が、あちらではマイナスの影響が、結果として見られた」という、いわば空港立地との相関関係の有無または強弱を示したにすぎない。

　いくつかの指標については、分析データから観測された影響と空港立地との因果関係に踏み込んで言及したものの、不十分のそしりは免れないだろう。因果関係を追究するためには、時代背景や経済状況、地域的特性、他の大規模プロジェクト（大規模ニュータウン、大型ショッピングセンター、工業団地など）の存在など、考慮すべき要因が多岐に渡り、本研究の範囲を超えるものであった。

　研究手法における検討課題としては、路線の選択や距離帯の選択など空港影響圏域の設定の見直し、人口・産業・地価に続く空間情報データの採用、などをあげることができる。

　最後に重要な課題としてあげておきたいのは、「はじめに」でも触れた、中部国際空港（2000年着工、2005年開港）に関する分析の実施である。研究開始時には、開港前後にわたる分析を行うための、十分な時系列データが入手できないことから断念したのだが、今ならば可能な状況になっている。中部空港エリアでも、関西空港エリア、成田空港エリアと同様の傾向を見出すことができるのか、まったく異なる特徴を見出すことになるのか、大きな関心を持っている。

---

sinfonica 研究叢書

国際拠点空港が周辺地域に与えた影響
～地域メッシュ統計による人口・産業の分析～

平成 27 年 3 月 31 日　発行

　　　　　　　　　　　　　　定価　本体 2,000 円＋消費税

編　集　統計分析プロジェクト研究会
発　行　公益財団法人　統計情報研究開発センター
　　　　　　　　　　　（略称：Sinfonica）
〒101-0051　東京都千代田区神田神保町 3-6　能楽書林ビル 5 階
　　　　　　TEL(03)3234-7471　FAX(03)3234-7472
印　刷　富士プリント株式会社

NO. 24

ISBN978-4-925079-74-7　C3333　¥2,000E